中國稅收理論與實務

企業西進大陸必了解中國稅務

（第四版）

主　編●鄭　劬
副主編●李　君

崧燁文化

第四版前言

本書第四版是在前三版的基礎上，適應國內經濟形勢的變化和教學需求，根據截至 2017 年 3 月的稅法新變化、新內容，對教材內容進行了補充和調整，突出了日常應用中的各稅種的具體政策，彰顯教材「全面」「求新」「實用」的風格。

本次修訂的主要內容：

（1）增值稅：根據 2016 年 5 月在全國範圍全面實行「營改增」試點的內容進行了全面修訂，同時刪除了營業稅的相關內容；

（2）消費稅：根據最新消費稅的規定，對化妝品消費稅進行了調整，補充了電池、塗料全國平均成本利潤率；

（3）資源稅：根據資源稅全面改革的最新規定，礦產資源稅修改為從價計徵，增加河北省開徵水資源稅改革試點，修改《資源稅稅目稅率幅度表》。

在此謹向給予本書關心和支持的人以及各方面的讀者表示真誠的感謝！由於編者水平有限，在修訂過程中難免出現一些錯誤和疏漏之處，懇請讀者予以指正。

編　者

目 錄

第一章 稅收基礎知識 ……………………………………………………… (1)
  第一節 稅收的概念 ……………………………………………………… (2)
  第二節 稅法概述 ………………………………………………………… (9)
  第三節 稅法的構成要素 ………………………………………………… (17)
  第四節 稅務機構設置和稅收徵管範圍 ………………………………… (23)
  本章小結 …………………………………………………………………… (25)
  思考與練習題 ……………………………………………………………… (25)
  第一章練習題答案 ………………………………………………………… (27)
  【案例分析】 ……………………………………………………………… (27)

第二章 增值稅 …………………………………………………………… (28)
  第一節 增值稅概述 ……………………………………………………… (28)
  第二節 增值稅的基本要素 ……………………………………………… (32)
  第三節 增值稅應納稅額的計算 ………………………………………… (50)
  第四節 增值稅的稅收優惠和出口貨物、服務、無形資產退（免）稅 …… (68)
  第五節 增值稅的徵收管理及增值稅專用發票的使用和管理 ………… (73)
  本章小結 …………………………………………………………………… (78)
  思考與練習題 ……………………………………………………………… (79)
  第二章練習題答案 ………………………………………………………… (86)
  【案例分析】 ……………………………………………………………… (86)

第三章 消費稅 …………………………………………………………… (87)
  第一節 消費稅概述 ……………………………………………………… (87)
  第二節 消費稅的基本要素 ……………………………………………… (89)
  第三節 消費稅的計稅依據 ……………………………………………… (93)
  第四節 消費稅應納稅額的計算 ………………………………………… (96)
  第五節 消費稅的徵收管理 ……………………………………………… (102)
  本章小結 …………………………………………………………………… (105)
  思考與練習題 ……………………………………………………………… (105)
  第三章練習題答案 ………………………………………………………… (108)

【案例分析】·· (108)

第四章　城市維護建設稅 ·· (109)
　　第一節　城市維護建設稅概述 ······································ (109)
　　第二節　城市維護建設稅的基本要素 ······························ (111)
　　第三節　城市維護建設稅應納稅額的計算 ······················· (112)
　　第四節　城市維護建設稅的徵收管理 ······························ (112)
　　本章小結 ·· (113)
　　思考與練習題 ··· (114)
　　第四章練習題答案 ··· (115)
　　【案例分析】·· (115)

第五章　資源稅 ·· (116)
　　第一節　資源稅概述 ··· (116)
　　第二節　資源稅的基本要素 ·· (119)
　　第三節　資源稅應納稅額的計算 ··································· (122)
　　第四節　資源稅的徵收管理 ·· (125)
　　本章小結 ·· (126)
　　思考與練習題 ··· (126)
　　第五章練習題答案 ··· (128)
　　【案例分析】·· (128)

第六章　關稅 ··· (129)
　　第一節　關稅概述 ·· (129)
　　第二節　中國的關稅制度 ··· (131)
　　第三節　關稅應納稅額的計算 ······································ (134)
　　第四節　關稅的徵收管理 ··· (137)
　　本章小結 ·· (138)
　　思考與練習題 ··· (138)
　　第六章練習題答案 ··· (140)
　　【案例分析】·· (140)

第七章　企業所得稅 (141)
　　第一節　企業所得稅概述 (141)
　　第二節　企業所得稅的基本要素 (143)
　　第三節　應納稅所得額的確定 (148)
　　第四節　資產的稅務處理 (159)
　　第五節　企業所得稅應納稅額的計算 (164)
　　第六節　企業所得稅的徵收管理 (169)
　　本章小結 (171)
　　思考與練習題 (171)
　　第七章練習題答案 (174)
　　【案例分析】 (174)

第八章　個人所得稅 (175)
　　第一節　個人所得稅概述 (175)
　　第二節　個人所得稅的基本要素 (176)
　　第三節　個人所得稅應納稅額的計算 (183)
　　第四節　個人所得稅的徵收管理 (193)
　　本章小結 (196)
　　思考與練習題 (196)
　　第八章練習題答案 (198)
　　【案例分析】 (198)

第九章　印花稅和契稅 (199)
　　第一節　印花稅 (199)
　　第二節　契稅 (207)
　　本章小結 (210)
　　思考與練習題 (210)
　　第九章練習題答案 (211)
　　【案例分析】 (211)

第十章　土地增值稅法 (212)
　　第一節　土地增值稅概述 (212)

第二節　土地增值稅的基本要素 …………………………………… (214)
　　第三節　轉讓房地產增值額的確定 ………………………………… (218)
　　第四節　土地增值稅應納稅額的計算 ……………………………… (221)
　　第五節　土地增值稅的稅收優惠和申報繳納 ……………………… (222)
　　本章小結 ……………………………………………………………… (226)
　　思考與練習題 ………………………………………………………… (226)
　　第十章練習題答案 …………………………………………………… (228)
　　【案例分析】 ………………………………………………………… (228)

第十一章　房產稅、城鎮土地使用稅、耕地占用稅 ……………… (229)
　　第一節　房產稅 ……………………………………………………… (229)
　　第二節　城鎮土地使用稅 …………………………………………… (235)
　　第三節　耕地占用稅 ………………………………………………… (240)
　　本章小結 ……………………………………………………………… (243)
　　思考與練習題 ………………………………………………………… (243)
　　第十一章練習題答案 ………………………………………………… (244)
　　【案例分析】 ………………………………………………………… (244)

第十二章　車船稅、車輛購置稅 …………………………………… (245)
　　第一節　車船稅 ……………………………………………………… (245)
　　第二節　車輛購置稅 ………………………………………………… (250)
　　本章小結 ……………………………………………………………… (255)
　　思考與練習題 ………………………………………………………… (255)
　　第十二章練習題答案 ………………………………………………… (256)
　　【案例分析】 ………………………………………………………… (256)

第十三章　稅收徵收管理法 ………………………………………… (257)
　　第一節　稅收徵收管理法概述 ……………………………………… (257)
　　第二節　稅務管理 …………………………………………………… (259)
　　第三節　稅款徵收 …………………………………………………… (266)
　　第四節　稅務檢查 …………………………………………………… (270)
　　第五節　法律責任 …………………………………………………… (272)

本章小結 …………………………………………………………（276）
思考與練習題 ……………………………………………………（276）
第十三章練習題答案 ……………………………………………（277）
【案例分析】………………………………………………………（277）

參考文獻…………………………………………………………（278）

第一章　稅收基礎知識

【學習目標】

本章為課程的入門篇。通過本章的學習，使學生熟悉稅收與稅法的基本概念和特徵，瞭解中國稅收的分類、稅收管理體制，重點掌握稅法的構成要素，形成稅法知識的基本框架，為以後各章內容的學習打下基礎。

【導入案例】

「營改增」領航財稅改革

2016 年，中國以推進供給側結構性改革為主線，有效實施積極的財政政策，財稅改革迎難而上、砥礪前行。試點多年的「營改增」落地生根、發葉開花，由此帶來的減稅效應、溢出效應、長期效應「三箭齊發」。全面推開「營改增」意義重大，相當於財稅領域的「農村聯產承包責任制」。2017 年全國「兩會」的政府工作報告中明確提出，繼續推進財稅體制改革，落實和完善全面推開「營改增」試點政策。

助推企業減負增效

全面推開「營改增」，不能導致地方收入大幅減少，不能加劇中央地方財政失衡。只有在保持地方財力總體不變的情況下，相關改革才能順理成章、水到渠成。

近期，關於中國實體經濟特別是製造業稅費重、成本高的討論引發輿論廣泛關注。應該說，包括調高小微企業增值稅起徵點、實施固定資產折舊稅前加計扣除和研發費用稅前加計扣除、推進「營改增」全覆蓋等政策措施，總體上呈現出明確的減稅效應，比如以前購進固定資產、不動產不能抵扣，製造業購買技術、設計、諮詢等服務不能抵扣，人員出差住宿、參加會議等費用不能抵扣……現在都可以抵扣進項稅了，實際上相當於給製造業提供了一種稅收優惠。

「營改增」成為改造提升傳統動能、培育壯大新動能的「觸媒」。「營改增」后，建築業積極探索裝配式、工廠化模式，房地產業剝離施工、園林、物業等實行專業化、產業化發展，金融行業向資產管理、金融產品等現代金融服務延伸，餐飲業等服務業專業外包迅速發展、創新意願強烈。

「營改增」成為撬動財稅改革的典型槓桿。全面推進「營改增」優化了稅制結構，促進了專業化分工，培育壯大了新動能，包括經濟發展與合作組織（OECD）在內的眾多國際組織都給予充分肯定與專業認可，認為「營改增」展示了中國財稅部門高效的執行力，不僅直接降低了企業稅收負擔，而且助推了供給側結構性改革和企業轉型升級，激勵了了大眾創業、萬眾創新，對經濟穩增長和市場增活力起到了重要促進作用。

理順央地財政關係

「營改增」后的央地財政關係更精準。財稅改革的目標是：圍繞解決中央與地方事權和支出責任劃分、完善地方稅體系、增加地方發展能力、減輕企業負擔等關鍵性問題，深化財稅體制改革，建立健全現代財稅制度。2016 年 8 月份，國務院發佈《關於推進中央與地方財政事權和支出責任劃分改革的指導意見》，這是國務院第一次比較系統提出從財政事權和支出責任劃分即政府公共權力縱向配置角度推進財稅體制改革的重要文件。

改革將適度加強中央的財政事權，保障地方履行財政事權，減少並規範中央與地方共同的財政事權，提出了分領域推進的工作安排。2016 年，結合「營改增」試點情況，中央和地方增值稅收入劃分作了調整完善。從 2016 年 5 月 1 日起，所有行業企業繳納的增值稅均納入中央和地方共享範圍，中央和地方各分享 50%。過渡方案確保地方既有財力不變，中央集中的收入增量通過均衡性轉移支付分配給地方，主要用於加大對中西部地區的支持力度。

改革永遠在路上

「營改增」只是邁出了稅制改革第一步。減稅降費同樣是積極的財政政策，要落準、落深、落細中央經濟工作會議關於「振興實體經濟」的重要方略，以深化供給側結構性改革為主線，落實「三去一降一補」重點任務，在減稅、降費、降低要素成本上「立竿見影」，重塑中國製造業國際競爭力，推進「有溫度、可感知」的財稅改革，緩解實體經濟特別是製造業的「痛點」。進一步推進「放管服」改革，降低制度性交易成本，下大力氣清理整頓「權力仲介」，通過國務院督查、政府專項審計等手段遏制名目繁多的收費，嚴厲追究亂收費部門的主體責任，向各種名目的亂收費開刀。

2017 年，個人所得稅改革可能成為「營改增」後的稅改突破口。逐步建立「基本扣除＋專項扣除」機制，研究決定專項扣除可能的方向。根據綜合配套條件和徵管機制的完善程度，適當增加專項附加扣除項目，以此降低中低收入群體稅負，使廣大人民群眾有更多獲得感。

盡快修改完善稅收徵管法。健全針對自然人的稅收管理法律制度，特別是明確稅務機關、自然人的相關權利與義務及法律責任，為加強個人所得稅徵管提供法律保障。繼續強化協稅護稅機制。建立涉稅信息傳遞機制，拓寬居民收入信息的來源渠道。逐步推進由企業代扣代繳過渡個人申報制。建立健全社會信用評價體系，將個人納稅信息納入到個人信用評價體系之中，促進居民的納稅遵從（作者張連起為全國政協委員、註冊會計師）。(《瞭望》2017 年 12 期)

第一節　稅收的概念

稅收是經濟活動和日常生活中常見的現象，在現代社會裡，稅收和人們的生活息息相關，經營單位和個人向政府交稅這種經濟現象大家都很熟悉。經營單位有了經營收入要按一定比例交稅，個人有了特定收入也要按一定比例交納稅金，等等。那麼，

什麼是稅收呢？為什麼要向國家納稅呢？哪些人、哪些企業要納稅呢？我們國家有哪些稅種呢？為什麼很多人往往把稅收看成經濟過程中外部強加於納稅人的一種額外負擔，從而不能樹立自覺納稅意識呢？這些都是我們學習稅收首先要瞭解的問題。

一、稅收的本質

稅收的本質問題是有層次的，應該分為兩個層次：第一層次是稅收最本質的規定性，它說明稅收在社會產品分配中屬於哪一部分的分配，這種分配的根本性質是什麼。第二層次是由第一層次所決定的稅收的具體形式特徵，它說明稅收與其他分配在形式上有什麼區別。兩個層次共同說明稅收的本質，缺一不可。

(一) 稅收是滿足社會公共需要的分配形式

從現象上看，人們向政府交稅是價值量的單方面轉移。和商品交換一手交錢一手交貨不一樣，稅收是一個分配問題。因此要說明稅收的本質首先必須對社會產品分配過程作簡單的描述。

1. 社會產品的分配過程

任何社會分配都是社會再生產過程的一個重要環節。在自給自足的自然經濟條件下，社會再生產過程由生產、分配和消費等環節構成。而在商品經濟條件下，中間多了一個交換環節，即社會再生產過程由生產、分配、交換和消費環節構成。可見，任何社會，從社會再生產過程看，分配總處於生產和消費之間的仲介地位，社會產品只有經過分配，才能最後進入消費，再生產才算最後實現。

因此，分配就是指社會產品價值量的分割，即解決社會產品歸誰佔有、支配，以及佔有、支配多少的問題。社會產品按最終用途來劃分，通常可以分為補償、累積和消費三個部分。這種概括還不能清晰說明稅收屬於社會產品分配中的哪部分分配。社會產品的最終用途，我們可從另一個角度來劃分，使分析稅收的本質問題變得更加清晰明了。

(1) 滿足生產的需要

滿足生產的需要包括簡單再生產的補償和擴大再生產的追加。簡單再生產的補償部分，由生產經營者直接從所生產和實現的社會產品價值中以成本形式扣除，然後為生產經營者自己支配使用，顯然，這部分分配是在生產經營單位內部進行的。擴大再生產的追加部分，由生產經營者從實現的社會產品價值中以利潤追加投資形式來進行，也是在生產經營單位內部進行的。

(2) 滿足生產者及其家屬的個人生活需要

在商品經濟條件下，這部分需要一般是按勞動報酬形式由生產經營單位分配給勞動者本人，構成生產經營單位產品或勞務成本的組成部分。從個體勞動者來說是直接從他所實現的產品或勞務的價值中扣除。顯然，這部分分配是在生產經營單位內部進行的。

(3) 滿足社會公共需要

社會公共需要是不同社會形態社會所共有的一種客觀存在，是不以人的意志為轉

移的。這部分不論在何種社會，都不可能在生產者內部進行，而必須通過作為社會管理者的國家來集中分配。這是由公共需要的性質和特徵決定的。

2. 社會公共需要的特徵

社會公共需要就是不能通過市場機制提供的由社會成員共同享用的事業，在西方經濟學中通常稱為「公共產品」或「公共物品」。在現代生活中，諸如國防、安全、環境保護、氣象、公共衛生、義務教育、公共道路等都是公共需要。

社會公共需要具有三方面特徵：

(1) 公共需要消費的非排他性

不論公共需要的設施還是公共需要的服務，對社會成員來說都是共享的。一個單位或一個人享受公共需要事業提供的利益不能排斥別的單位和個人同時也享受該公共需要事業提供的利益。如國防服務，除非某一居民遷出國境，否則他一定會享受到國防的保護，而且不管他願意與否都不可拒絕接受國防保護。這是因為公共需要的效用是不能分割的。這和企業生產消耗的生產資料與個人消費的消費品顯著不同。

(2) 社會成員享受公共需要的利益是不直接付費的

既然公共需要的利益是非排他的享用，即使不付費也能享用，消費者在享用某項公共需要利益時自然不願像購買日用品一樣直接付費。退一步說，即使消費者願意直接付費，但由於具體社會成員享用公共需要的具體的量無法確定，從而也無法按有償原則直接付費。

(3) 社會公共需要事業只能是非經營性、非營利性的事業

公共需要的消費是不直接付費的，那麼它就不可能像生產經營事業那樣建立「產出—銷售—收入—補償」的直接的資金循環。

社會公共需要的上述特徵決定了公共需要事業不能按市場交換機制來建立，從而除少數慈善事業外，不可能由個人或單位來舉辦。也就是說社會公共需要事業只能由作為社會管理者的國家通過非市場方法籌集費用來集中舉辦。

3. 稅收是滿足社會公共需要的分配形式

我們知道，從現象看，分配是價值量的單方面轉移，和市場的直接等價交換一手交錢一手交貨不同，分配的結果，總是關係到利益的得失。任何分配，除饋贈和捐獻外，都要發生財富所有權、佔有權或支配權的轉移，涉及相關方面的經濟利益，這就決定了任何分配的實現都要以一定的權力為依託。要從分配中取得收入，不同的經濟主體總是要憑藉一定的權力才能實現。

在現實經濟中參與分配的權力不外有三個方面：①財產所有者憑藉財產所有權參與分配。財產所有權在分配上的體現就是收益權，即財產所有者可以直接分享生產經營成果。中國現階段，在所有制多元的情況下，對國有經濟，國家是所有者終極代表，在國有企業所有權與經營管理權分離的情況下，企業作為法人也可以憑藉經營管理權支配和使用相應部分的經營成果，這種經營管理權是從屬財產所有權的，是財產所有權派生出來的一種權力。②勞動者取得工資薪金收入是憑藉勞動力的所有權。③國家作為社會管理者憑藉社會賦予的公共權力參與分配。這種公共權力在國家存在的條件下，表現為國家的政治權力。這種權力是因全體公民需要委託一個公共管理者管理公

共事務而授予政府的。公民委託政府管理公共事務和向政府納稅是出於權利與義務的對等，一方面，國家公共權力要靠徵稅取得賴以存在的物質基礎；另一方面，徵稅又必須以各種強制性的公共權力作后盾。這種分配形式就是稅收。

由此，什麼是稅收的概念就比較清楚了。稅收是作為社會管理者的國家為滿足社會公共需要憑藉政治權力按法定標準所進行的分配。

(二) 稅收的形式特徵

在現代社會中，財政分配除稅收外還有其他形式，如國有企業的各種形式的利潤上繳、國債以及貨幣發行等。稅收和其他財政分配形式是根本不同，因此要解決稅收的本質問題，還要進行第二層次的剖析，即稅收的形式特徵。

1. 稅收的無償性

稅收的無償性是指國家徵稅以後對具體納稅人既不需要直接償還，也不付出任何直接形式的報酬，納稅人從政府支出所獲利益通常與其支付的稅款不完全成一一對應的比例關係。無償性是稅收的關鍵特徵，它使稅收明顯地區別於國債等財政收入形式，決定了稅收是國家籌集財政收入的主要手段，並成為調節經濟和矯正社會分配不公的有力工具。

2. 稅收的強制性

稅收的強制性是指稅收是國家憑藉政治權力，通過法律形式對社會產品進行的強制性分配，而非納稅人的一種自願交納，納稅人必須依法納稅，否則會受到法律制裁。強制性是國家的權力在稅收上的法律體現，是國家取得稅收收入的根本前提。它也是與稅收的無償性特徵相對應的一個特徵。正因為稅收具有無償性，才需要通過稅收法律的形式規範徵納雙方的權利和義務，對納稅人而言依法納稅既是一種權利，更是一種義務。

3. 稅收的固定性

稅收的固定性是指稅收是國家通過法律形式預先規定了對什麼徵稅及其徵收比例等稅制要素，並保持相對的連續性和穩定性，即使稅制要素的具體內容也會因經濟發展水平、國家經濟政策的變化而進行必要的改革和調整，但這種改革和調整也總是要通過法律形式事先規定，而且改革調整后要保持一定時期的相對穩定。基於法律的稅收固定性始終是稅收的固有形式特徵，稅收固定性對國家和納稅人都具有十分重要的意義。對國家來說，可以保證財政收入的及時、穩定和可靠，可以防止國家不顧客觀經濟條件和納稅人的負擔能力，濫用徵稅權力；對於納稅人來說，可以保護其合法權益不受侵犯，增強其依法納稅的法律意識，同時也有利於納稅人通過稅收籌劃選擇合理的經營規模、經營方式和經營結構等，降低經營成本。

稅收的「三性」是一個完整的統一體，它們相輔相成、缺一不可。其中，無償性是核心，強制性是保障，固定性是對強制性和無償性的一種規範和約束。

二、稅收的產生和發展

稅收作為一個分配範疇，經歷了不同生產方式的社會，逐漸從簡單到複雜，從原

始形式到現代形式，歸根到底是由社會生產力以及生產關係的發展決定的。其產生和存在是由四個條件共同決定的。

(一) 剩餘產品是稅收產生和存在的物質前提

剩餘產品是相對於必要產品而言的。它是全社會一定時期的總產品扣除補償經濟活動中的物化勞動耗費和活勞動耗費以後的剩餘部分。稅收分配的物資來源在數量規定上只能是剩餘產品。因為，社會產品中用於補償物化勞動耗費和活勞動耗費部分在產品分配中必須首先滿足，否則簡單再生產就無法維持，這是生產活動自身的客觀要求。從歷史的邏輯看，在人類社會早期，在生產力極端低下獲取食物維持生存外別無剩餘的情況下，是絕沒有稅收問題的。

但是，剩餘產品只是稅收產生和存在的一個前提條件，並不是剩餘產品一出現就引致稅收的產生。從歷史發展看，剩餘產品存在的歷史是遠早於稅收的，稅收的產生還需要其他決定性條件。

(二) 經常化的公共需要是稅收產生和存在的社會前提

稅收作為一種分配形式本質上是以滿足公共需要為目的的，如果不存在公共需要當然也就不會有稅收。社會公共需要是早在原始社會中期就已經存在的一種人類社會的客觀需要，如調節氏族部落之間的糾紛、宣戰、舉行宗教儀式，以及水利灌溉等。這些公共事務，有的是直接屬於集體勞動的組成部分，有的必須從共同勞動成果中拿出一部分來專門滿足這種需要，當這種公共需要成為經常化時，客觀上就要求分配要從滿足生產和生活的分配中分離出來成為獨立的分配。

當然，經常化的公共需要只是稅收產生和存在的一個社會前提，並不是說經常化的公共需要的存在一定同時決定稅收的存在。

(三) 獨立經濟利益主體的存在是稅收產生和存在的經濟前提

獨立的利益主體是一定生產力條件下社會分工發展的結果。社會分工使原來必須由氏族和部落的集體生產逐漸被以家庭為單位的個體生產所替代，即整個社會的經濟活動由處於分散狀態下的經濟單位（如家庭）和個人進行。社會分工還促進了交換的發展，加速了私有制的發展，原來需要靠集體生產才能獲得生活上所需的東西，現在可以靠交換來解決。

分工和交換的發展，逐漸破壞了生產和佔有的共同性，使私人佔有逐漸占了優勢。經濟利益獨立化的結果，使經濟組織和社會成員為維持生產和生活的客觀需要必然分離為內部條件和外部條件。內部條件是生產過程直接消耗的生產要素，即生產工具、勞動力以及勞動對象。外部條件就是各經濟組織和社會成員共同享用的公共設施和公共服務。內部條件即生產要素的再生產由經濟組織內部自主完成，靠內部分配來解決；外部條件即公共設施和公共服務的再生產，由於公共需要的共享性，要由外部分配來解決，即由社會公共職能機構完成。如果社會沒有分解為許多具有獨立經濟利益的經濟主體，生產資料共同佔有，共同生產、共同消費，那麼，社會總需要和實現這種需要的客觀條件及再生產就不會分為內部條件和外部條件，也就不會有內部分配和外部

分配的劃分，當然更不會有稅收。

還要指出，獨立經濟利益主體在原始社會中期就已經出現，並不是隨之就產生了稅收。

(四) 強制性的公共權利是稅收產生和存在的上層條件

稅收是一種分配，分配和交換不一樣，是價值量的單方面轉移，分配的結果是經濟利益的此得彼失。這決定了稅收分配必須有超越於所有者權力的某種權力的介入，徵稅權是以強制性的公共權力為后盾的。

強制性的公共權利從歷史來說都是由具有政治權力的國家來代表。國家是階級矛盾不可調節的產物。國家和氏族制度的區別，除了國家是按地區來劃分它的國民外，最重要的就在於特殊的公共權力的設立。國家的公共權力和氏族機關的權力的根本區別在於前者是統治階級的機器，具有強制手段，而後者則沒有。即氏族機關的權力是靠氏族成員自由的自願的尊敬來維護，而國家權力則要靠法律的強制手段來維護。正是由於原始社會的公共職能機關沒有這種強制手段，所以在國家產生以前，儘管已經存在公共需要和獨立的經濟利益主體，但還沒有條件產生稅收。

國家出現以後，政治權力與一般的社會公共權力結合在一起，並以社會代表的名義實行階級統治。國家化的社會公共權力有一整套強制機關，包括武裝人員、監獄、法庭等。這種強制性公共權力的存在為稅收的產生和存在提供了最後的決定性條件。一方面，社會公共權力國家化所派生出來的「公共需要」是龐大的和經常的，需要稅收這種規範的分配來滿足；另一方面，也是最重要的方面，這種公共權力為稅收的存在提供了可能的條件，即強制性的徵稅權。

三、稅收的分類

稅收的分類是按一定的標準將性質相同或相近的稅種劃歸為一類，以同其他稅種加以區別。科學合理的稅收分類，有助於研究各類稅種的性質、特點、作用和它們之間的內部聯繫；有助於分析各種稅制的結構；有助於發揮稅收的槓桿作用；有助於分析稅源的分佈和稅收負擔的狀況。

(一) 按徵稅對象的性質分類

按徵稅對象的不同，可將稅種劃分為流轉稅、所得稅、資源稅、財產稅和行為稅五大類，這是一種最基本的分類方法。

1. 流轉稅

流轉稅是指以商品交換或提供勞務為前提，以商品流轉額或勞務流轉額為徵稅對象的稅種。商品流轉額是指在商品買賣過程中發生的交易額。勞務流轉額是指企業、事業單位以及個體經濟因其向社會提供交通運輸、郵電通信、金融保險、文化體育、娛樂與服務等勞務服務所取得的收入額。中國現行稅制中的增值稅、消費稅、關稅屬於流轉稅系。

2. 所得稅

所得稅是指以所得額為徵稅對象的稅種的統稱，是國家調節企業收入和居民個人

收入的重要手段。所得稅是世界各國普遍開徵的稅種，也是許多國家特別是發達國家的主要財政收入來源，中國現行稅制中的企業所得稅和個人所得稅屬於所得稅系。

3. 資源稅

資源稅是對佔有和開發國有自然資源獲取的收入為徵稅對象建立的一類稅收。自然資源是指未經人類加工而可以利用的天然物質資源，包括地下、地上和空間資源，各國對資源的徵稅是有選擇的，而不是對所有的資源都徵稅。開徵資源稅是為了保護和合理使用國家自然資源，為了促使人類合理開發和節約使用自然資源，避免資源的無效損耗，調節資源的級差收入。中國現行稅制中的資源稅、城鎮土地使用稅、土地增值稅、耕地佔用稅屬於資源稅類。

4. 財產稅

財產稅是以納稅人擁有或支配的財產為徵稅對象開徵的一類稅收。財產包括動產和不動產，從世界各國稅收實踐看，主要是以不動產徵稅為主。中國現行稅制中的房產稅、契稅、車船稅屬於財產稅系。

5. 行為稅

行為稅是以某些特定行為為徵稅對象建立的一類稅收。開徵行為稅一是為了加強對某些特定行為的監督、限制、管理，或是對某些特定行為的認可，從而實現國家政治上或經濟上的某種特定目的或管理上的某種需要。二是為了開闢財源，增加財政收入，特別是為地方政府籌措財政資金。從世界範圍來看，各國開徵行為稅的名目繁多，如一些國家開徵的賭博稅、彩票稅、狩獵稅等。中國現行稅制中的印花稅、城市維護建設稅屬於行為稅系。

(二) 按稅收計稅標準分類

按稅收計稅標準不同，可將稅種分為從價稅、從量稅和複合稅。從價稅是以徵稅對象的價值或價格為計稅依據徵收的一種稅，是現代稅收的基本稅種，如增值稅、營業稅、企業所得稅等；從量稅是以徵稅對象的重量、體積、面積等實物數量為計稅依據的一種稅，如資源稅、耕地佔用稅等；複合稅是對徵稅對象採取從量和從價相結合的計稅方式徵收的一種稅，如對白酒、卷菸徵收的消費稅。

(三) 按稅收與價格的組成關係分類

以計稅價格中是否包含稅款為依據，可將從價計徵的稅種分為價內稅和價外稅。凡稅金構成商品或勞務價格組成部分的，稱為價內稅，如消費稅；凡稅金不構成商品或勞務價格組成部分的，稱為價外稅，如增值稅。

(四) 按稅收負擔能否轉嫁劃分

按照稅收負擔的最終歸宿，即稅負能否轉嫁為標準，稅收可分為直接稅和間接稅。直接稅是指稅負不能由納稅人轉嫁出去，必須由自己負擔的各稅種，如所得稅、財產稅和社會保險稅等。間接稅是指稅負可以由納稅人轉嫁出去，由他人負擔的各稅種，如增值稅、消費稅等。

（五）按稅收管理和受益權限分類

按稅收管理和受益權限的不同，可將稅種劃分為中央稅、地方稅及中央和地方共享稅。中央稅是指屬於中央財政固定收入，歸中央政府支配和使用的稅種，如中國現行稅制中的關稅、消費稅等；地方稅是指屬於地方財政固定收入，歸地方政府支配和使用的稅種，如中國現行稅制中的房產稅、土地增值稅等；中央和地方共享稅則是指屬於中央政府和地方政府共同享有，按一定比例分成的稅種。如現行稅制中的增值稅。

第二節　稅法概述

一、稅法的概念

稅法是國家制定的用以調整國家與納稅人之間在徵納稅方面的權利及義務關係的法律規範的總稱。它是國家及納稅人依法徵稅、依法納稅的行為準則，其目的是保障國家利益和納稅人的合法權益，維護正常的稅收秩序，保證國家的財政收入。

稅法與稅收密不可分，稅法是稅收的法律表現形式，稅收則是稅法所確定的具體內容。有稅必有法，有稅無法是一種不正常的現象。稅法充分體現了稅收的強制性、無償性、固定性的特徵。國家稅務機關徵稅和納稅人納稅，都必須按法律標準或規定的程序進行，任何一方違反稅法，都要承擔法律責任。國家向納稅人無償的取得貨幣或實物，如果沒有法律的強制力予以保證，是行不通的。稅與法具有共存性。

稅法與稅收制度存在密切的關係。稅收制度是在稅法分配活動中稅收徵納雙方所應遵守的行為規範的總和。其內容主要包括各稅種的法律法規以及為了保證這些稅法得以實施的稅收徵管制度和稅收管理體制。稅法是稅收制度的核心內容，其目的、本質、性質、作用等方面的內容與稅收制度是一致的，都是國家對稅收分配所做的具體規定。任何稅制都必須經過立法，得到國家和政府的確認、保護和推動，才能充分發揮其職能作用。因而，古今中外的稅制改革總是與制定、修訂稅法聯繫在一起，稅制建設與稅收法制建設密不可分。稅制決定稅法，稅法為稅制服務；稅法是稅收制度的法律體現形式，稅法付諸實施後，就轉化為稅收制度，成為國家社會經濟秩序的有機組成部分。

二、稅法的作用

稅法調整的對象涉及社會經濟活動的各個方面，與國家的整體利益及企業、單位、個人的直接利益有著密切的關係，正確認識稅法的功能價值，對於我們在實際工作中準確地把握和認真執行稅法的各項規定，促進稅收法制水平、推動稅收事業，具有重要意義。

（一）稅法是國家組織財政收入的法律保障

為了維護國家機器的正常運轉以及促進國民經濟健康發展，必須籌集大量的資金，

即組織國家財政收入。為了保證稅收組織財政收入職能的發揮，必須通過制定稅法，以法律的形式確定企業、單位和個人履行納稅義務的具體項目、數額和納稅程序，懲治偷逃稅款的行為，防止稅款流失，保證國家依法徵稅，及時足額地取得稅收收入。

（二）稅法是國家宏觀調控經濟的法律手段

中國建立和發展社會主義市場經濟體制，一個重要的改革目標，就是國家從過去習慣運用行政手段直接管理經濟，向主要運用法律、經濟的手段宏觀調控經濟轉變。稅收作為國家宏觀調控的重要手段，通過制定稅法，以法律的形式確定國家與納稅人之間的利益分配關係，調節社會成員的收入水平，調整產業結構和社會資源的優化配置，使之符合國家的宏觀經濟政策；同時，以法律的平等原則，公平納稅人的稅收負擔，鼓勵平等競爭，為市場經濟的發展創造良好的條件。

（三）稅法是維護經濟秩序的法律工具

由於稅法的貫徹執行，涉及從事生產經營活動的每個單位和個人，一切經營單位和個人通過辦理稅務登記、建帳建制、納稅申報，其各項經營活動都將納入稅法的規範制約和管理範圍，都將較全面地反映出納稅人的生產經營情況。這樣稅法就確定了一個規範有效的納稅秩序和經濟秩序，監督經營單位和個人依法經營，加強經濟核算，提高經營管理水平；同時，稅務機關按照稅法規定對納稅人進行稅務檢查，嚴肅查處偷逃稅款及其他違反稅法規定的行為，也將有效地打擊各種違法經營活動，為國民經濟的健康發展創造一個良好、穩定的環境。

（四）稅法是保護納稅人合法權益的法律依據

由於國家徵稅直接涉及納稅人的切身利益，如果稅務機關隨意徵稅，就會侵犯納稅人的合法權益，影響納稅人的正常經營，這是法律所不允許的。因此，稅法在確定稅務機關徵稅權力和納稅人履行納稅義務的同時，相應規定了稅務機關必盡的義務和納稅人享有的權利，如納稅人享有延期納稅權、申請減稅免稅權、多繳稅款要求退還權、不服稅務機關的處理決定申請復議或提起訴訟權等；稅法還嚴格規定了對稅務機關執法行為的監督制約制度，如進行稅收徵收管理必須按照法定的權限和程序行事，造成納稅人合法權益損失的要負賠償責任等。所以說，稅法不僅是稅務機關徵稅的法律依據，同時也是納稅人保護自身合法權益的重要法律依據。

（五）稅法是維護國家權益，促進國際經濟交往的法律保證

在國際經濟交往中，任何國家對在本國境內從事生產、經營的外國企業或個人都擁有稅收管轄權，這是國家權益的具體體現。中國自1978年實行對外開放以來，在平等互利的基礎上，不斷擴大和發展同各國、各地區的經濟交流與合作，利用外資、引進技術的規模、渠道和形式都有了很大發展。中國在建立和完善涉外稅法的同時，還同80多個國家簽訂了避免雙重徵稅的協定。這些稅法規定既維護了國家的權益，又為鼓勵外商投資，保護國外企業或個人在華合法經營，發展國家間平等互利的經濟技術合作關係，提供了可靠的法律保證。

三、稅法的原則

稅法的原則反映了稅收活動的根本屬性，是稅收法律制度建立的基礎，包括稅法基本原則和稅法適用原則。

(一) 稅法基本原則

稅法基本原則是統領所有稅收規範的基本準則，包括稅收立法、執法、司法在內的一切稅收活動都必須遵守。

1. 稅收法定原則

稅收法定原則也稱稅收法定主義，是指稅收主體的權利義務必須由法律加以規定，稅法的各類構成要素都必須且只能由法律予以明確。

2. 稅收公平原則

稅收公平原則源於法律上的平等性原則，一般包括稅收橫向公平和縱向公平，即稅收負擔必須根據納稅人的負擔能力分配，負擔能力相等，稅負相同；負擔能力不等，稅負不同。

3. 稅收效率原則

稅收效率原則包含兩方面，一是指經濟效益，要求稅法的制定要有利於資源的有效配置和經濟體制的有效運行；二是指行政效率，要求提高稅收行政效率。

4. 實質課稅原則

實質課稅原則是指應根據客觀事實確定是否符合課稅要件，並根據納稅人的真實負擔能力決定納稅人的稅負，而不能僅考慮相關外觀和形式。

(二) 稅法的適用原則

稅法適用原則是指稅務行政機關和司法機關運用稅收法律規範解決具體問題所必須遵循的準則。稅法適用原則並不違背稅法基本原則，而且在一定程度上體現著稅法基本原則。但是與其相比，稅法適用原則含有更多的法律技術性準則，更為具體化。

1. 法律優位原則

法律優位原則的基本含義為法律的效力高於行政立法的效力。法律優位原則明確了稅收法律的效力高於稅收行政法規的效力，對此還可以進一步推論為稅收行政法規的效力優於稅收行政規章的效力。效力低的稅法與效力高的稅法發生衝突，效力低的稅法即是無效的。

2. 法律不溯及既往原則

法律不溯及既往原則是絕大多數國家所遵循的法律程序技術原則，其基本含義為：一部新法實施后，對新法實施之前人們的行為不得適用新法，而只能沿用舊法。在稅法領域內堅持這一原則，目的在於維護稅法的穩定性和可預測性，使納稅人能在知道納稅結果的前提下做出相應的經濟決策，其稅收的調節作用才會較為有效。

3. 新法優於舊法原則

新法優於舊法原則也稱后法優於先法原則，其含義為：新法、舊法對同一事項有不同規定時，新法的效力優於舊法。其作用在於避免因法律修訂帶來新法、舊法對同

一事項有不同的規定而給法律適用帶來的混亂，為法律的更新與完善提供法律適用上的保障。

4. 特別法優於普通法的原則

特別法優於普通法的原則的含義為對同一事項兩部法律分別訂有一般和特別規定時，特別規定的效力高於一般規定的效力。特別法優於普通法原則打破了稅法效力等級的限制，即居於特別法地位級別較低的稅法，其效力可以高於作為普通法的級別較高的稅法。

5. 實體從舊，程序從新原則

實體從舊，程序從新原則的含義包括兩個方面，一是實體稅法不具備溯及力，二是程序性稅法在特定條件下具備一定的溯及力。即對於一項新稅法公布實施之前發生的納稅義務，在新稅法公布實施之后進入稅款徵收程序的原則上新稅法具有約束力。

6. 程序優於實體原則

程序優於實體原則是關於稅收爭訟法的原則，其基本含義為在訴訟發生時稅收程序法優於稅收實體法適用。適用這一原則，是為了確保國家課稅權的實現，不因爭議的發生而影響稅款的及時、足額入庫。

四、稅收法律關係

稅收法律關係是稅法所確認和調整的，國家與納稅人之間、國家與國家之間以及各級政府之間在稅收分配過程中形成的權利與義務關係。國家徵稅與納稅人納稅形式上表現為利益分配的關係，但經過法律明確其雙方的權利與義務后，這種關係實質上已上升為一種特定的法律關係。瞭解稅收法律關係，對於正確理解國家稅法的本質，嚴格依法納稅、依法徵稅都具有重要的意義。

（一）稅收法律關係的構成

稅收法律關係在總體上與其他法律關係一樣，都是由稅收法律關係的主體、客體和內容三方面構成的，但在三方面的內涵上，稅收法律關係又具有一定的特殊性。

1. 稅收法律關係的主體

法律關係的主體是指法律關係的參加者。稅收法律關係的主體即稅收法律關係中享有權利和承擔義務的當事人。在中國稅收法律關係的主體包括徵納雙方，一方是代表國家行使徵稅職責的國家行政機關，包括國家各級稅務機關、海關和財政機關，另一方是履行納稅義務的人，包括法人、自然人和其他組織，在華的外國企業、組織、外籍人、無國籍人，以及在華雖然沒有機構、場所但有來源於中國境內所得的外國企業或組織。納稅人的確定，在中國採取的是屬地兼屬人的原則。

在稅收法律關係中權利主體雙方法律地位平等，只是因為主體雙方是行政管理者與被管理者的關係，所以雙方的權利與義務不對等，因此，與一般民事法律關係中主體雙方權利與義務平等是不一樣的，這是稅收法律關係的一個重要特徵。

2. 稅收法律關係的客體

客體即稅收法律關係主體的權利、義務所共同指向的對象，也就是徵稅對象。例

如，所得稅法律關係客體就是生產經營所得和其他所得；財產稅法律關係客體即是財產；流轉稅法律關係客體就是貨物銷售收入或勞務收入。稅收法律關係客體也是國家利用稅收槓桿調整和控制的目標，國家在一定時期根據客觀經濟形勢發展的需要，通過擴大或縮小徵稅範圍調整徵稅對象，以達到限制或鼓勵國民經濟中某些產業、行業發展的目的。

3. 稅收法律關係的內容

稅收法律關係的內容就是主體所享有的權利和所應承擔的義務，這是稅收法律關係中最實質的東西，也是稅法的靈魂。它規定權利主體可以有什麼行為，不可以有什麼行為，若違反了這些規定，須承擔相應的法律責任。

稅務機關的權利主要表現在依法進行徵稅、稅務檢查以及對違章者進行處罰；其義務主要是向納稅人宣傳、諮詢、輔導解讀稅法，及時把徵收的稅款解繳國庫，依法受理納稅人對稅收爭議的申訴等。

納稅義務人的權利主要有多繳稅款申請退還權、延期納稅權、依法申請減免稅權、申請復議和提起訴訟權等。其義務主要是按稅法規定辦理稅務登記、進行納稅申報、接受稅務檢查、依法繳納稅款等。

(二) 稅收法律關係的產生、變更與消滅

稅法是引起稅收法律關係的前提條件，但稅法本身並不能產生具體的稅收法律關係。稅收法律關係的產生、變更和消滅必須有能夠引起稅收法律關係產生、變更或消滅的客觀情況，也就是由稅收法律事實來決定。稅收法律事實可以分為稅收法律事件和稅收法律行為，稅收法律事件是指不以稅收法律關係權力主體的意志為轉移的客觀事件，例如，自然災害可以導致稅收減免，從而改變稅收法律關係內容的變化。稅收法律行為是指稅收法律關係主體在正常意志支配下做出的活動，例如，納稅人開業經營即產生稅收法律關係，納稅人轉業或停業就造成稅收法律關係的變更或消滅。

(三) 稅收法律關係的保護

稅收法律關係是同國家利益及企業和個人的權益相聯繫的。保護稅收法律關係，實質上就是保護國家正常的經濟秩序，保障國家財政收入，維護納稅人的合法權益。稅收法律關係的保護形式和方法是很多的，稅法中關於限期納稅、徵收滯納金和罰款的規定，中國《中華人民共和國刑法》(以下簡稱《刑法》)對構成逃稅、抗稅罪給予刑罰的規定，以及稅法中對納稅人不服稅務機關徵稅處理決定，可以申請復議或提出訴訟的規定等都是對稅收法律關係的直接保護。稅收法律關係的保護對權利主體雙方是平等的，不能只對一方保護，而對另一方不予保護。同時對其享有權利的保護，就是對其承擔義務的制約。

五、稅收立法和稅法的實施

稅法的制定和實施就是我們通常所說的稅收立法和稅收執法。稅法的制定是稅法實施的前提，有法可依，有法必依，執法必嚴，違法必究，是稅法制定與實施過程中必須遵循的基本原則。

(一) 稅收立法

　　稅收立法是指有權的機關依據一定的程序，遵循一定的原則，運用一定的技術，制定、公布、修改、補充和廢止有關稅收法律、法規、規章的活動。稅收立法是稅法實施的前提，有法可依，有法必依，執法必嚴，違法必究，是稅收立法與稅法實施過程中必須遵循的基本原則。

　　1. 稅收立法機關

　　我們平時所說的稅法，有廣義和狹義之分。廣義概念上的稅法包括所有調整稅收關係的法律、法規、規章和規範性文件，是稅法體系的總稱；而狹義概念上的稅法是特指由全國人民代表大會及其常務委員會制定和頒布的稅收法律。由於制定稅收法律、法規和規章的機關不同，其法律級次不同，因此其法律效力也不同。下面簡單地予以介紹：

　　(1) 全國人民代表大會和全國人大常委會制定的稅收法律

　　中國稅收法律的立法權由全國人大及其常委會行使，其他任何機關都沒有制定稅收法律的權力。在國家稅收中，凡是基本的、全局性的問題，例如，國家稅收的性質，稅收法律關係中徵納雙方權利與義務的確定，稅種的設置、稅目、稅率的確定等，都需要由全國人大及其常委會以稅收法律的形式制定實施，並且在全國範圍內普遍適用。在現行稅法中，如《企業所得稅法》、《個人所得稅法》、《稅收徵收管理法》等都是稅收法律。除《憲法》外，在稅收法律體系中，稅收法律具有最高的法律效力，是其他機關制定稅收法規、規章的法律依據，其他各級機關制定的稅收法規、規章，都不得與《憲法》和稅收法律相抵觸。

　　(2) 全國人大或人大常委會授權立法

　　授權立法是指全國人民代表大會及其常務委員會根據需要授權國務院制定某些具有法律效力的暫行規定或者條例。授權立法與制定行政法規不同。國務院經授權立法所制定的規定或條例等，具有國家法律的性質和地位，它的法律效力高於行政法規，在立法程序上還需報全國人大常委會備案。為待條件成熟上升為法律做好準備。例如《中華人民共和國增值稅暫行條例》等。

　　(3) 國務院制定的稅收行政法規

　　國務院作為最高國家權力機關的執行機關，是最高的國家行政機關，擁有廣泛的行政立法權。中國《憲法》規定，國務院可「根據憲法和法律，規定行政措施，制定行政法規，發布決定和命令」。行政法規作為一種法律形式，在中國法律形式中處於低於憲法、法律和高於地方法規、部門規章、地方規章的地位，也是在全國範圍內普遍適用的。行政法規的立法目的在於保證《憲法》和法律的實施，行政法規不得與憲法、法律相抵觸，否則無效。國務院發布的《企業所得稅法實施條例》、《稅收徵收管理法實施細則》等，都是稅收行政法規。

　　(4) 地方人民代表大會及其常委會制定的稅收地方性法規

　　根據《地方各級人民代表大會和地方各級人民政府組織法》的規定，省、自治區、直轄市的人民代表大會以及省、自治區的人民政府所在地的市和經國務院批准的較大

的市的人民代表大會有制定地方性法規的權力。由於中國在稅收立法上堅持「統一稅法」的原則，因此地方權力機關制定稅收地方法規不是無限制的，而是要嚴格按照稅收法律的授權行事。目前，除了海南省、民族自治地區按照全國人大授權立法規定，在遵循憲法、法律和行政法規的原則基礎上，可以制定有關稅收的地方性法規外，其他省、市一般都無權自定稅收地方性法規。

（5）國務院稅務主管部門制定的稅收部門規章

有權制定稅收部門規章的稅務主管機關是財政部、國家稅務總局及海關總署。其制定規章的範圍包括：對有關稅收法律、法規的具體解釋、稅收徵收管理的具體規定、辦法等，稅收部門規章在全國範圍內具有普遍適用效力，但不得與稅收法律、行政法規相抵觸。例如，財政部頒發的《增值稅暫行條例實施細則》、國家稅務總局頒發的《稅務代理試行辦法》等都屬於稅收部門規章。

（6）地方政府制定的稅收地方規章

《地方各級人民代表大會和地方各級人民政府組織法》規定：「省、自治區、直轄市以及省、自治區的人民政府所在地的市和國務院批准的較大的市的人民政府，可以根據法律和國務院的行政法規，制定規章。」按照「統一稅法」的原則。上述地方政府制定稅收規章，都必須在稅收法律、法規明確授權的前提下進行。並且不得與稅收法律、行政法規相抵觸。沒有稅收法律、法規的授權，地方政府是無權自定稅收規章的，凡越權自定的稅收規章沒有法律效力。例如，國務院發布實施的城市維護建設稅、車船稅、房產稅等地方性稅種暫行條例，都規定省、自治區、直轄市人民政府可根據條例制定實施細則。

2. 稅收立法程序

稅收立法程序是指有權的機關，在制定、認可、修改、補充、廢止等稅收立法活動中，必須遵循的法定步驟和方法。目前中國稅收立法程序主要包括以下幾個階段：

（1）提議階段

無論是稅法的制定。還是稅法的修改、補充和廢止，一般由國務院授權其稅務主管部門（財政部或國家稅務總局）負責立法的調查研究等準備工作，並提出立法方案或稅法草案上報國務院。

（2）審議階段

稅收法規由國務院負責審議。稅收法律在經國務院審議通過後。以議案的形式提交全國人民代表大會常務委員會的有關工作部門，在廣泛徵求意見並做修改後，提交全國人民代表大會或其常務委員會審議通過。

（3）通過和公布階段

稅收行政法規，由國務院審議通過後，以國務院總理名義發布實施。稅收法律，在全國人民代表大會或其常務委員會開會期間，先聽取國務院關於制定稅法議案的說明，然後經過討論按程序表決通過後，以國家主席名義發布實施。

（二）稅法的實施

稅法的實施即稅法的執行。它包括稅收執法和守法兩個方面：一方面要求稅務機

關和稅務人員正確運用稅收法律，並對違法者實施制裁；另一方面要求稅務機關、稅務人員、公民、法人、社會團體及其他組織嚴格遵守稅收法律。

六、稅法的分類

稅法體系中按各稅法的立法目的、徵稅對象、權限劃分、適用範圍、職能作用的不同，可分為不同類型的稅法。

（一）按照稅法的基本內容和效力的不同，可分為稅收基本法和稅收普通法。

稅收基本法是稅法體系的主體和核心，在稅法體系中起著稅收母法的作用。其基本內容一般包括：稅收制度的性質、稅務管理機構、稅收立法與管理權限、納稅人的基本權利與義務、稅收徵收範圍（稅種）等。中國目前還沒有制定統一的稅收基本法，隨著中國稅收法制建設的發展和完善，今後，將研究制定稅收基本法。稅收普通法是根據稅收基本法的原則，對稅收基本法規定的事項分別立法實施的法律。如個人所得稅法、稅收徵收管理法等。

（二）按照稅法的職能作用的不同，可分為稅收實體法和稅收程序法。

稅收實體法主要是指確定稅種立法，具體規定各稅種的徵收對象、徵收範圍、稅目、稅率、納稅地點等。例如，《中華人民共和國企業所得稅法》、《中華人民共和國個人所得稅法》就屬於稅收實體法。稅收程序法是指稅務管理方面的法律，主要包括稅收管理法、納稅程序法、發票管理法、稅務機關組織法、稅務爭議處理法等。《中華人民共和國稅收徵收管理法》就屬於稅收程序法。

（三）按照主權國家行使稅收管轄權的不同，可分為國內稅法、國際稅法、外國稅法等

國內稅法一般是按照屬人或屬地原則，規定一個國家的內部稅收制度。國際稅法是指國家間形成的稅收制度，主要包括雙邊或多邊國家間的稅收協定、條約和國際慣例等，一般而言，其效力高於國內稅法。外國稅法是指外國各個國家制定的稅收制度。

七、中國現行稅法體系

中國的現行稅制就其實體法而言，是1949年新中國成立后經過幾次較大的改革逐步演變而來的，按其性質和作用大致分為五類：

（一）流轉稅類

流轉稅類包括增值稅、消費稅和關稅，主要在生產、流通或者服務業中發揮調節作用。

（二）資源稅類

資源稅類包括資源稅、土地增值稅和城鎮土地使用稅。主要是對因開發和利用自然資源差異而形成的級差收入發揮調節作用。

（三）所得稅類

所得稅類包括企業所得稅、個人所得稅。主要是在國民收入形成后，對生產經營

者的利潤和個人的純收入發揮調節作用。

（四）特定目的稅類

特定目的稅類包括固定資產投資方向調節稅（暫緩徵收）、筵席稅、城市維護建設稅、車輛購置稅、耕地占用稅和菸葉稅，主要是為了達到特定目的，對特定對象和特定行為發揮調節作用。

（五）財產和行為稅類

財產和行為稅類包括房產稅、車船稅、印花稅、契稅，主要是對某些財產和行為發揮調節作用。

上述稅種中的關稅由海關負責徵收管理，其他稅種由稅務機關負責徵收管理。耕地占用稅和契稅，1996年以前由財政機關的農稅部門徵收管理，1996年財政部農稅管理機構劃歸國家稅務總局領導，部分省市機構相應劃轉，這些稅種就改由稅務部門負責徵收，部分省市仍由財政機關負責徵收。

上述稅種，除企業所得稅、個人所得稅、車船稅是以國家法律的形式發布實施外，其他各稅種都是經全國人民代表大會授權立法，由國務院以暫行條例的形式發布實施的。這組成了中國的稅收實體法體系。

除稅收實體法外，中國對稅收徵收管理適用的法律制度，是按照稅收管理機關的不同而分別規定的：

（1）由稅務機關負責徵收的稅種的徵收管理，按照全國人大常委會發布實施的《稅收徵收管理法》執行。

（2）由海關機關負責徵收的稅種的徵收管理，按照《海關法》及《進出口關稅條例》等有關規定執行。

上述稅收實體法和稅收徵收管理的程序法的法律制度構成了中國現行稅法體系。

第三節　稅法的構成要素

稅法的構成要素是指各種單行稅法具有的共同的基本要素的總稱。一般包括總則、納稅義務人、徵稅對象、稅目、稅率、納稅環節、納稅期限、納稅地點、減稅免稅、罰則、附則等項目。

一、總則

總則主要包括立法依據、立法目的、適用原則等。

二、納稅人

納稅人又叫納稅主體，是稅法規定的直接負有納稅義務的單位和個人。任何一個稅種首先要解決的就是國家對誰徵稅的問題，明確稅收任務和法律責任，如中國增值稅、消費稅、營業稅等暫行條例的第一條規定的都是該稅種的納稅義務人。

納稅人有兩種基本形式：法人和自然人。法人是指依法成立，能夠獨立支配財產，能以自己的名義享有民事權利和承擔民事義務的社會組織。自然人是基於自然規律而出生的，有民事權利和義務的主體，包括本國公民，也包括外國人和無國籍人。

與納稅人緊密聯繫的三個概念：①負稅人，是指實際承擔稅款的單位和個人。在實際生活中，有的稅款由納稅人自己負擔，納稅人本身是負稅人，如個人所得稅；有的稅款雖然由納稅人繳納，但實際是由別人負擔的，納稅人就不再是負稅人，這就是通常所說的稅負轉嫁。所謂稅負轉嫁是指納稅人將其所繳納的稅款通過各種方式（提高商品售價或壓低原材料供應價格等）轉移給他人負擔，從而產生納稅人與負稅人不一致的現象。如香菸的消費稅納稅人主要是生產菸的單位和個人，但負擔稅款的卻是香菸的消費者，即「菸民」。②代扣代繳義務人，是指雖不承擔納稅義務，但依照有關規定，在向納稅人支付收入、結算貨款、收取費用時有義務代扣代繳其應納稅款的單位和個人。如出版社代扣作者稿酬所得的個人所得稅等。如果代扣代繳義務人按規定履行了代扣代繳義務，稅務機關將支付一定的手續費。反之，未按規定代扣代繳稅款，造成應納稅款流失或將已扣繳的稅款私自截留挪用、不按時繳入國庫，一經稅務機關發現，將要承擔相應的法律責任。③代收代繳義務人，是指雖不承擔納稅義務，但依照有關規定，在向納稅人收取商品或勞務收入時，有義務代收代繳其應納稅款的單位和個人。如消費稅條例規定，委託加工的應稅消費品，由受託方在向委託方交貨時代收代繳委託方應該繳納的消費稅。

三、徵稅對象

徵稅對象又稱課稅對象、徵稅客體，指稅法規定對什麼徵稅，是徵納稅雙方權利義務共同指向的客體或標的物，是區別一種稅與另一種稅的重要標誌。

徵稅對象是稅法最基本的要素。這是因為：①徵稅對象是一種稅區別於另一種稅的重要標誌，即稅種的不同最主要是起因於徵稅對象的不同。正是由於這一原因，各種稅的名稱通常都是根據徵稅對象確定的。如增值稅是對商品生產和流通中各環節的新增價值進行徵稅，所得稅是對獲取的所得額進行徵稅。②徵稅對象體現著徵稅的最基本界限，決定著某一稅種的基本徵稅範圍，如消費稅是對菸、酒等應稅消費品徵稅。③其他稅制要素的內容一般都是以徵稅對象為基礎確定的。如納稅人，國家開徵一種稅，所以要選擇這些單位和個人作為納稅人，而不選擇其他單位和個人作為納稅人，其原因是這些單位和個人擁有稅法中規定的徵稅對象，或者是發生了規定的課稅行為。可見，納稅人同徵稅對象相比，徵稅對象是第一性的。凡擁有徵稅對象或發生課稅行為的單位和個人，才有可能成為納稅人。又如稅率這一要素，也是以徵稅對象為基礎確定的。稅率本身表示對徵稅對象徵稅的比率或徵收數額，沒有徵稅對象，也就無從確定稅率。此外，納稅環節、減稅免稅等，也都是以徵稅對象為基礎確定的。

與徵稅對象相關的兩個基本概念：

1. 計稅依據

計稅依據又稱稅基，是據以計算徵稅對象應納稅款的直接數量依據，它解決對徵稅對象課稅的計算問題，是對徵稅對象的量的規定。計稅依據按照計量單位的性質劃

分，有兩種基本形態：價值形態和實物形態。價值形態包括應納稅所得額、銷售收入、營業收入等，實物形態包括面積、體積、容積、重量等。以價值形態作為計稅依據，稱為從價計徵，即按徵稅對象的貨幣價值計算，如生產銷售化妝品應納消費稅稅額是由化妝品的銷售收入乘以適用稅率計算產生，其稅基為銷售收入，屬於從價計徵的方法。以實物形態為計稅依據，即直接按徵稅對象的自然單位計算，稱為從量計徵，如城鎮土地使用稅應納稅額是由占用土地面積乘以每單位面積應納稅額計算產生，其稅基為占用土地的面積，屬於從量計徵的方法。

2. 稅目

稅目是在稅法中對徵稅對象分類規定的具體的徵稅項目，反映具體的徵稅範圍，是徵稅對象的具體化。設置稅目的目的首先是明確具體的徵稅範圍，凡列入稅目的即為應稅項目，未列入稅目的，則不屬於應稅項目。其次，劃分稅目是貫徹國家稅收調節政策的需要，國家可根據不同項目的利潤水平以及國家經濟政策等為依據制定高低不同的稅率，以體現不同的稅收政策。並非所有稅種都需規定稅目，有些稅種不分徵稅對象的具體項目，一律按照徵稅對象的應稅數額採用同一稅率計徵稅款，因此一般無須設置稅目，如企業所得稅。有些稅種具體徵稅對象比較複雜，需要規定稅目，如消費稅，一般都規定有不同的稅目。

四、稅率

稅率是對徵稅對象的徵收比率或徵收額度，是計算稅額的尺度，也是衡量稅負輕重與否的重要標誌，解決徵多少的問題。

中國現行的稅率主要有：

1. 比例稅率

比例稅率即對同一徵稅對象，不分數額大小，規定相同的徵收比例。中國的增值稅、城市維護建設稅、企業所得稅等採用的是比例稅率。比例稅率在具體運用中又可分為三種具體形式：

（1）單一比例稅率，是指對同一徵稅對象的所有納稅人都適用同一比例稅率。如企業所得稅適用稅率為25%。

（2）差別比例稅率，是指對同一徵稅對象的不同納稅人適用不同的比例徵稅。如現行消費按產品設置差別比例稅率。

（3）幅度比例稅率，是指對同一徵稅對象，稅法只規定最低稅率和最高稅率，各地區在該幅度內確定具體的適用稅率。如契稅稅率為3%～5%。

比例稅率具有計算簡單、稅負透明度高、有利於保證財政收入、有利於納稅人公平競爭、不妨礙商品流轉額或非商品營業額擴大等優點，符合稅收效率原則。但比例稅率不能針對不同的收入水平實施不同的稅收負擔，在調節納稅人的收入水平方面難以體現稅收的公平原則。

2. 定額稅率

定額稅率按徵稅對象確定的計算單位，直接規定一個固定的稅額。一般適用於從量計徵的稅種。目前採用定額稅率的有城鎮土地使用稅、車船稅等。

定額稅率的優點：①從量計算，有利於鼓勵企業提高產品質量和改進包裝。在優質優價、劣質劣價的情況下，稅額固定的產品相應稅負輕，劣質劣價的產品相對稅負重。企業在改進包裝後，售價提高而稅額不增，避免了從價稅這方面的缺點；②計算簡便，只要有徵稅對象數量，就可直接計算應納稅額；③稅額不受徵稅對象價格變化的影響，負擔相對穩定。缺點：由於稅額一般不隨徵稅對象價值的增長而增長，在調節收入和適用範圍上有局限性。只適用於價格穩定、質量和規格標準比較統一的產品，應用範圍不廣。

3. 累進稅率

累進稅率是指隨著徵稅對象數量增大而隨之提高的稅率，即按徵稅對象數額的大小劃分為若干等級，不同等級分別規定由低到高的不同稅率，徵稅對象數額越大，適用稅率越高。累進稅率可以充分體現對納稅人收入多的多徵、收入少的少徵、無收入的不徵的稅收原則，從而有效地調節納稅人的收入，正確處理稅收負擔的縱向公平問題。

實行累進稅率，注意理解累進依據和累進方法。

（1）累進依據

累進依據是指對徵稅對象劃分級數時所依據的指標形式，表示徵稅對象的指標形式有絕對額和相對率兩種，因此，累進稅率的累進依據也分為絕對額和相對率兩種形式，即額累和率累。額累是以徵稅對象的絕對額為依據劃分級數，分級累進徵稅。如個人所得稅，按所得額大小分級累進徵稅。率累是以徵稅對象的相對率為依據劃分級數，分級累進徵稅。如土地增值稅，按土地增值額的增長率為依據，分級累進徵稅。

（2）累進方法

累進稅率在累進方法上可分為全累和超累。全累稅率是指納稅人的全部徵稅對象都按照與之相應的那一等級的稅率計算應納稅額；超累稅率是指把納稅人的全部徵稅對象按規定劃分為若干等級，每一等級分別採用不同的稅率，分別計算稅款。（見表1－1）

表1－1　　　　　　　　　累進稅率表

級數	全年應納稅所得額	稅率（%）	速算扣除數（元）
1	不超過15,000元的部分	5	0
2	超過15,000～30,000元的部分	10	750
3	超過30,000～60,000元的部分	20	3,750

【例1－1】納稅人甲和納稅人乙全年應稅所得額分別為29,800元和30,100元。要求根據表1－1的稅率，按照全累和超累的方法，分別計算甲、乙的應納稅額。

【解析】：（1）全累方法

納稅人甲應納稅額 ＝ 29,800×10% ＝ 2,980（元）

納稅人乙應納稅額 ＝ 30,100×20% ＝ 6,020（元）

兩者相比，我們不難發現，納稅人乙比甲全年應稅所得額僅多300元，但應納稅額卻增加3,040元。可見，全累稅率計算方法簡便，但稅收負擔不合理，特別是在劃分級距的臨界點附近，稅負呈跳躍式遞增，甚至會出現稅額增加超過徵稅對象數額增加的不合理現象，對納稅人增產增收具有過強的限制作用。

（2）超累方法

納稅人甲應納稅額 = 15,000 × 5% +（29,800 - 15,000）× 10% = 2,230（元）

納稅人乙應納稅額 = 15,000 × 5% +（30,000 - 15,000）× 10%
　　　　　　　　　+（30,100 - 30,000）× 20% = 2,270（元）

和全累稅率相比，超累稅率計算方法較複雜，納稅人的徵稅對象數量越大，包括的級次越多，計算步驟也越多，但是累進幅度緩和，稅收負擔較為合理，特別是在徵稅對象數額剛剛跨入較高一級的級數時，不會發生增加的稅額超過增加的徵稅對象數額的不合理現象。

將不同的累進依據和累進方法交叉組合，可形成全額累進稅率、超額累進稅率、全率累進稅率和超率累進稅率四種累進稅率，中國目前採用了超額累進稅率和超率累進稅率兩種。

超額累進稅率是指把徵稅對象按數額的大小分成若干等級，每一等級規定一個稅率，稅率依次提高，但每一納稅人的徵稅對象則依所屬等級同時適用幾個稅率分別計算，將計算結果相加後得出應納稅款。目前，個人所得稅採用這種稅率。

超率累進稅率是以徵稅對象數額的相對率劃分若干級距，分別規定相應的差別稅率，相對率每超過一個級距的，對超過的部分就按高一級的稅率計算徵稅。目前採用這種稅率的是土地增值稅。

為了簡化計算，可引用速算扣除數。所謂速算扣除數是按全累方法計算的稅額與按超累方法計算的稅額相減而得的差數，當稅率表中的級距和稅率確定以後，各級速算扣除數也固定不變，成為計算應納稅額時的常數。

用公式表示為：

速算扣除數 = 按全累方法計算的稅額 - 按超累方法計算的稅額

公式移項得：

按超累方法計算的應納稅額 = 按全累方法計算的稅額 - 速算扣除數

例1-1 用速算扣除法計算，結果為：

納稅人甲應納稅額 = 29,800 × 10% - 750 = 2,230（元）

納稅人乙應納稅額 = 30,100 × 20% - 3,750 = 2,270（元）

五、納稅環節

納稅環節主要指稅法規定的徵稅對象在從生產到消費的流轉過程中應當繳納稅款的環節。如流轉稅在生產和流通環節納稅、所得稅在分配環節納稅等。納稅環節有廣義和狹義之分。廣義的納稅環節指全部徵稅對象在再生產中的分佈情況。如資源稅分佈在資源生產環節，商品稅分佈在生產或流通環節，所得稅分佈在分配環節等。狹義

的納稅環節特指應稅商品在流轉過程中應納稅的環節。商品從生產到消費要經歷諸多流轉環節，各環節都存在銷售額，都可能成為納稅環節。但考慮到稅收對經濟的影響、財政收入的需要以及稅收徵管的能力等因素，國家常常對在商品流轉過程中所徵稅種規定不同的納稅環節。按照某種稅徵稅環節的多少，可以將稅種劃分為一次課徵制或多次課徵制。合理選擇納稅環節，對加強稅收徵管、有效控製稅源、保證國家財政收入的及時、穩定、可靠，方便納稅人生產經營活動和財務核算，靈活機動地發揮稅收調節經濟的作用，具有十分重要的理論和實踐意義。

六、納稅期限

納稅期限是指稅法規定的關於稅款繳納時間方面的限定。稅法關於納稅期限的規定，有三個概念：一是納稅義務發生時間。納稅義務發生時間，是指應稅行為發生的時間。如《增值稅暫行條例》規定採取預收貨款方式銷售貨物的，其納稅義務發生時間為貨物發出的當天。二是納稅期限。納稅人每次發生納稅義務后，不可能馬上去繳納稅款。稅法規定了每種稅的納稅期限，即每隔固定時間匯總一次納稅義務的時間。如《增值稅暫行條例》規定，增值稅的具體納稅期限分別為1日、3日、5日、10日、15日、1個月或者1個季度。納稅人的具體納稅期限，由主管稅務機關根據納稅人應納稅額的大小分別核定；不能按照固定期限納稅的，可以按次納稅。三是繳庫期限，即稅法規定的納稅期滿后，納稅人將應納稅款繳入國庫的期限。如《增值稅暫行條例》規定，納稅人以1個月或者1個季度為1個納稅期的，自期滿之日起15日內申報納稅；以1日、3日、5日、10日或者15日為1個納稅期的，自期滿之日起5日內預繳稅款，於次月1日起15日內申報納稅並結清上月應納稅款。

七、納稅地點

納稅地點主要是指根據各個稅種納稅對象的納稅環節和有利於對稅款的源泉控製而規定的納稅人（包括代徵、代扣、代繳義務人）的具體納稅地點。明確規定納稅地點，一是為了避免對同一應稅收入、應稅行為重複徵稅或漏徵稅款；二是為了保證各地財政按規定取得收入。

八、減稅免稅

減稅免稅主要是對某些納稅人和徵稅對象採取減少徵稅或者免予徵稅的特殊規定。從某種意義上講，減稅和免稅是稅率的一種輔助和補充手段，由於稅率是根據社會經濟發展的一般情況和社會平均負擔能力來確定的，它可以適用普遍性、一般性的要求，而不能適用個別性、特殊性的要求。具體情況是，不同的納稅人和徵稅對象由於受各種客觀因素的影響，其負擔能力往往有差異，這就需要有減稅、免稅的規定，將稅法的嚴肅性與必要的靈活性結合起來，將稅法的統一性與因地、因時制宜的原則結合起來，以便更好地貫徹國家的稅收政策，實現社會的公平合理。

減稅免稅作為稅法構成的一個特殊組成部分，要注重經濟效益和社會效益，嚴格按照稅收法規和稅收管理體制的規定執行，包括以下三項內容：

1. 減稅、免稅規定

減稅是指稅法規定的對應納稅額少徵一部分；免稅是指稅法規定的對應納稅額全部免徵。

2. 起徵點

起徵點是稅法規定的徵稅對象達到開始徵稅數額的界限。達到起徵點的，按徵稅對象的全部數額徵稅；達不到起徵點的，不徵稅。如中國現行增值稅就有起徵點的規定，其中個人銷售貨物的起徵點為月銷售額 5,000～20,000 元。

3. 免徵額

免徵額是稅法規定在徵稅對象總額中免予徵稅的數額，它是按照一定標準從全部徵稅對象總額中預先減除的部分。實行免徵額規定時，無論徵稅對象數額是多少，每個納稅人都可以按規定扣除等量數額的徵稅對象，對扣除的部分免於徵稅，只就超過的部分徵稅。如中國現行個人所得稅規定的工資、薪金部分的免徵額為每月 3,500 元。

九、罰則

罰則主要是指對納稅人違反稅法的行為採取的處罰措施。

十、附則

附則一般都規定與該法緊密相關的內容，比如該法的解釋權、生效時間等。

第四節　稅務機構設置和稅收徵管範圍

一、稅務機構設置

根據中國經濟和社會發展及實行分稅制財政管理體制的需要，現行稅務機構設置是中央政府設立國家稅務總局（正部級），省及省以下稅務機構分為國家稅務局和地方稅務局兩個系統。

國家稅務總局對國家稅務局系統實行機構、編制、幹部、經費的垂直管理，協同省級人民政府對省級地方稅務局實行雙重領導。國家稅務總局對省級地方稅務局的領導，主要體現在稅收政策、業務的指導和協調，對國家統一的稅收制度、政策的監督，組織經驗交流等方面。省級地方稅務局的局長人選由地方政府徵求國家稅務總局意見之后任免。

二、稅收徵收管理範圍

目前，中國的稅收分別由財政、稅務、海關等系統負責徵收管理。

（一）國家稅務局系統負責徵收和管理的項目

國家稅務局系統負責徵收和管理的項目有：增值稅，消費稅，車輛購置稅，鐵道部門、各銀行總行、各保險總公司集中繳納的所得稅、城市維護建設稅，中央企業繳

納的所得稅、中央與地方所屬企業、事業單位組成的聯營企業、股份制企業繳納的所得稅、地方銀行、非銀行金融企業繳納的所得稅、海洋石油企業繳納的所得稅、資源稅、部分企業的企業所得稅、證券交易稅（開徵之前為對證券交易徵收的印花稅）、個人所得稅中對儲蓄存款利息所得徵收的部分、中央稅的滯納金、補稅、罰款。

(二) 地方稅務局系統負責徵收和管理的項目

地方稅務局系統負責徵收和管理的項目有：城市維護建設稅（不包括上述由國家稅務局系統負責徵收管理的部分）、地方國有企業、集體企業、私營企業繳納的所得稅、個人所得稅（不包括對銀行儲蓄存款利息所得徵收的部分）、資源稅、城鎮土地使用稅、耕地占用稅、土地增值稅、房產稅、車船稅、印花稅、契稅、屠宰稅、筵席稅及其地方附加、地方稅的滯納金、補稅、罰款。

(三) 海關系統負責徵收和管理的項目

海關系統負責徵收和管理的項目有：關稅、行李和郵遞物品進口稅，同時負責代徵進出口環節的增值稅和消費稅。

三、中央政府與地方政府稅收收入劃分

根據國務院關於實行分稅制財政管理體制的規定，中國的稅收收入分為中央政府固定收入、地方政府固定收入和中央政府與地方政府共享收入。

(一) 中央政府固定收入

中央政府固定收入包括消費稅（含進口環節海關代徵的部分）、車輛購置稅、關稅、海關代徵的進口環節增值稅等。

(二) 地方政府固定收入

地方政府固定收入包括城鎮土地使用稅、耕地占用稅、土地增值稅、房產稅、車船稅、契稅。

(三) 中央政府與地方政府共享收入

（1）增值稅（不含進口環節由海關代徵的部分）：中央政府分享50%，地方政府分享50%。

（2）企業所得稅：鐵道部、各銀行總行及海洋石油企業繳納的部分歸中央政府，其餘部分中央與地方政府按60%與40%的比例分享。

（3）個人所得稅：除儲蓄存款利息所得的個人所得稅外，其餘部分的分享比例與企業所得稅相同。

（4）資源稅：海洋石油企業繳納的部分歸中央政府，其餘部分歸地方政府。

（5）城市維護建設稅：鐵道部、各銀行總行、各保險總公司集中繳納的部分歸中央政府，其餘部分歸地方政府。

（6）印花稅：證券交易印花稅收入的94%歸中央政府，其餘6%和其他印花稅收入歸地方政府。

本章小結

思考與練習題

一、單項選擇題

1. 稅法規定徵稅的目的物為（　　），它是區分不同稅種的重要標誌。
   A. 納稅義務人　　　B. 徵稅對象　　　C. 稅目　　　D. 稅率
2. 下列稅種中由地稅局系統徵收管理的有（　　）。
   A. 個體戶的增值稅
   B. 進口環節的消費稅
   C. 中央企業的房產稅
   D. 2010年註冊的繳納增值稅企業的企業所得稅
3. 下列權利中作為國家徵稅依據的是（　　）。
   A. 管理權力　　　B. 政治權利　　　C. 社會權利　　　D. 財產權利
4. 以下關於對稅收概念的相關理解不正確的是（　　）。
   A. 稅收是目前中國政府取得財政收入的最主要工具
   B. 國家徵稅的依據是財產權利
   C. 稅收「三性」是區別稅與非稅的外在尺度和標誌
   D. 國家徵稅是為了滿足社會公共需要
5. 下列稅種中屬於從量稅的是（　　）。
   A. 企業所得稅　　　　　　　　B. 增值稅
   C. 土地增值稅　　　　　　　　D. 城鎮土地使用稅
6. 下列稅種中屬於價外稅的是（　　）。
   A. 車船稅　　　　　　　　　　B. 增值稅
   C. 城鎮土地使用稅　　　　　　D. 消費稅
7. 中國稅法是由一系列要素構成的，其中三個最基本的要素是指（　　）。
   A. 納稅義務人、稅率、納稅期限　　B. 納稅義務人、稅率、違章處理
   C. 納稅義務人、稅目、減免稅　　　D. 納稅義務人、稅率、徵稅對象
8. 下列關於稅收法律關係的表述中，正確的是（　　）。

A. 稅法是引起稅收法律關係的前提條件，稅法可以產生具體的稅收法律關係
B. 稅收法律關係中權利主體雙方法律地位並不平等，雙方的權利義務也不對等
C. 代表國家行使徵稅職責的各級國家稅務機關是稅收法律關係中權利主體之一
D. 稅收法律關係總體上與其他法律關係一樣，都是由權利主體、權利客體兩方面構成

9. 在中國稅收法律關係中，納稅人的確定原則是（　　）。
A. 量力負擔　　　B. 屬人　　　C. 屬地　　　D. 屬人屬地

10. 土地增值稅的稅率屬於（　　）。
A. 全額累進稅率　　　　　　　　B. 超額累進稅率
C. 定額稅率　　　　　　　　　　D. 超率累進稅率

二、多項選擇題

1. 《企業所得稅法》在稅法的不同類型中屬於（　　）。
A. 稅收基本法　　B. 稅收普通法　　C. 稅收程序法　　D. 稅收實體法

2. 下列關於稅制要素的表述不正確的是（　　）。
A. 並非所有稅種都要規定稅目
B. 稅目是對徵稅對象的量的規定
C. 稅目體現徵稅的深度
D. 消費稅、企業所得稅都規定有不同的稅目

3. 中國現行稅制中採用的累進稅率有（　　）。
A. 全額累進稅率　B. 超率累進稅率　C. 超額累進稅率　D. 超倍累進稅率

4. 按照不同的稅收分類標準，消費稅屬於（　　）。
A. 中央稅　　　　　　　　　　　B. 財產稅
C. 流轉稅　　　　　　　　　　　D. 中央地方共享稅

5. 下列稅種全部屬於中央政府固定收入的有（　　）。
A. 消費稅　　　B. 增值稅　　　C. 車輛購置稅　　　D. 資源稅

三、判斷題

1. 定額稅率計算簡便，但稅額隨商品價格變化較大。（　　）
2. 稅收法律關係雙方的權利與義務不對等。（　　）
3. 強制性就是對違法納稅人進行處罰。（　　）
4. 中國稅收取之於民，用之於民，形式特徵上不具備無償性。（　　）
5. 在稅收法律關係中，代表國家行使徵稅職權的稅務機關是權利主體，履行納稅義務的法人、自然人是權利客體。（　　）
6. 某縣政府為發展本地經濟，決定對小規模納稅人的增值稅採取減半徵收的優惠政策。（　　）
7. 中央與地方共享稅由中央稅務機構和地方稅務機構共同負責徵收。（　　）
8. 稅目是徵稅對象的具體化，反映具體的徵稅範圍。（　　）

9. 國家發行國債與國家進行徵稅是同等性質的財政收入形式。　　　　（　　）
10. 稅收法律關係中最實質的東西是享有權利和承擔義務的當事人。　（　　）

第一章練習題答案　　　　　　　　　　【案例分析】

第二章　增值稅

【學習目標】

本章為本書的重要章節之一。通過本章的學習，要求理解增值額的涵義，瞭解增值稅的種類，重點掌握增值稅的徵稅範圍、一般納稅人與小規模納稅人的劃分、增值稅的稅率、銷項稅額、進項稅額和應納稅額的計算，熟悉增值稅專用發票的有關規定。

【導入案例】

某生產企業為增值稅一般納稅人，適用增值稅稅率17%，2017年8月發生以下業務：

(1) 銷售A產品給某商場，開具增值稅專用發票，取得不含稅銷售額80萬元；另外，開具普通發票收取包裝費5.85萬元。

(2) 銷售B產品，開具普通發票，取得含稅銷售額29.25萬元。

(3) 將研製的一批應稅新產品贈送給養老院，成本為20萬元，國家稅務總局規定成本利潤率為10%，該新產品無同類產品市場銷售價格。

(4) 銷售2013年12月購進作為固定資產使用過的小汽車1輛，開具增值稅專用發票，註明銷售額6萬元。

(5) 購進貨物取得增值稅專用發票，註明支付的價款60萬元、進項稅額10.2萬元；另外支付貨運公司運費，取得的增值稅專用發票註明運費6萬元。

(6) 向農業生產者購進免稅農產品一批（不適用進項稅額核定扣除辦法），收購憑證上註明支付的收購價30萬元，另外支付貨運公司運費，取得的增值稅專用發票註明運費5萬元。本月下旬將購進的農產品的20%用於本企業職工福利。

(7) 接受廣告服務，取得的增值稅專用發票上註明廣告費不含稅價款2萬元。

以上相關可抵扣進項稅額的發票均在同月通過認證並在當月抵扣。什麼是增值稅？請計算該企業8月份合計應繳納的增值稅稅額。

第一節　增值稅概述

一、增值稅的概念

增值稅是以商品和勞務在流轉過程中產生的增值額作為徵稅對象而徵收的一種流

轉稅。對增值稅概念的理解，關鍵是要理解增值額的含義。增值額是指企業或者其他經營者從事生產經營或者提供勞務，在購入的商品或者取得勞務的價值基礎上新增加的價值額。

（1）從經濟理論上講，增值額是指生產經營者生產經營過程中新創造的價值額。增值額相當於商品價值 C＋V＋M 中 V＋M 部分。C 即商品生產過程中所消耗的生產資料轉移價值；V 即工資，是勞動者為自己創造的價值；M 即剩餘價值或盈利，是勞動者為社會創造的價值。增值額是勞動者新創造的價值，從內容上講大體相當於淨產值或國民收入。

（2）就一個生產單位而言，增值額是這個單位商品銷售收入額或經營收入額扣除非增值項目（相當於物化勞動，如外購的原材料、燃料、動力、包裝物、低值易耗品等）價值后的餘額。這個餘額，大體相當於該單位活勞動創造的價值。

（3）就一個商品的生產經營全過程來講，不論其生產經營經過幾個環節，其最后的銷售總值，應等於該商品從生產到流通的各個環節的增值額之和，即商品最后銷售價格＝各環節增值額之和。

例如，某商品的最后銷售額為 1,000 元，假定這 1,000 元是經過以下生產和流轉環節逐步形成的。（見表 2-1）

表 2-1　　　　　　　　　　某商品的生產和流轉環節

環節	進價（元）	增值額（元）	售價（元）
原材料生產	0	200	200
半成品生產	200	300	500
產成品生產	500	350	850
商品批發	850	50	900
商品零售	900	100	1,000

可見，該商品的最后銷售額 1,000 元，正是這個商品在五個生產經營環節中創造的增值額之和（200＋300＋350＋50＋100＝1,000）。

（4）從國民收入分配角度看，增值額 V＋M 在中國相當於淨產值，包括工資、利潤、利息、租金和其他屬於增值性的收入。

二、增值稅的類型

從各國實行增值稅的實踐看，作為計稅依據的增值額是法定增值額，而非理論上的增值額。所謂法定增值額，指的是各國政府根據本國的國情和政策要求，在增值稅制度中人為規定的增值額，法定增值額與理論上的增值額往往不相一致，主要區別在於對外購固定資產處理辦法的不同。因此，依據實行增值稅的各個國家允許扣除已納稅款的扣除項目範圍的大小，增值稅分為生產型增值稅、收入型增值稅、消費型增值稅三種類型。

(一) 生產型增值稅

生產型增值稅以納稅人的銷售收入（或勞務收入）減去用於生產、經營的外購原材料、燃料、動力等物質價值後的餘額作為法定的增值額，但對購入的固定資產及其折舊均不予扣除。由於這個法定增值額等於工資、租金、利息、利潤和折舊之和，其內容從整個社會來說相當於國民生產總值，所以稱為生產型增值額。這種類型增值稅存在對固定資產價值重複徵稅問題，對於資本有機構成高的行業的發展以及對於加快技術進步有不利影響，但法定增值額大於理論上的增值額，因而有利於擴大財政收入。

(二) 收入型增值稅

收入型增值稅除允許扣除外購物質資料的價值以外，對於購置用於生產、經營的固定資產，允許將已提折舊的價值額予以扣除。這個法定增值額，就整個社會來說相當於國民收入，所以稱為收入型增值稅。收入型增值稅的法定增值額與理論增值額一致，可以在固定資產的折舊期內逐步解決重複徵稅問題。但這種類型的增值稅在操作上存在一定困難，進而影響了該種類型增值稅的廣泛應用。

(三) 消費型增值稅

消費型增值稅允許將購置物質資料的價值和用於生產、經營的固定資產價值中所含的價款，在購置當期全部一次扣除。雖然固定資產在原生產經營單位作為商品於出售時都已徵稅，但當購置者作為固定資產購進使用時，其已納稅金在購置當期已經全部扣除。因此，就整個社會而言，這部分商品實際上沒有徵稅，所以說這種類型增值稅的徵稅對象不包括生產資料部分，僅限於當期生產銷售的所有消費品，故稱為消費型增值稅。消費型增值稅對於擴大固定資產投資具有較強的激勵效應，它在大部分實行增值稅的國家得到了採用。

開徵任何一種稅都是為政府的經濟政策和財政政策服務的，增值稅也不例外。因此，各國據以徵稅的增值額由政府根據需要來確定，經濟發達的國家為了鼓勵投資，加速固定資產更新，一般採用消費型增值稅或收入型增值稅。發展中國家考慮到財政收入的需要，則規定外購固定資產價款一律不準扣除，一般採用生產型增值稅。中國是發展中的社會主義國家，2009 年前考慮到當時產業發展政策、技術進步水平以及企業經濟效益現狀，為穩定國家財政收入，採用生產型增值稅，2009 年 1 月 1 日起實行消費型增值稅。

三、增值稅的計稅方法

目前實行增值稅的大多數國家，在實際計算增值稅應納稅額時，一般並不直接以增值額作為計稅依據，而是採用間接計算辦法。即以納稅人在納稅期內銷售應稅貨物（或勞務）的銷售額乘以適用稅率，求出銷售應稅貨物（或勞務）的整體稅金（銷項稅額），然後扣除非增值項目，即企業購進貨物或者應稅勞務已納稅額（進項稅額）的方法，其餘額即為納稅人應納的增值稅額。其計算公式為：

應納稅額 = 應稅銷售額 × 增值稅率 − 非增值項目已納稅額

＝銷項稅額－進項稅額

中國目前所採用的增值稅計算方法為購進扣稅法，即在計算進項稅額時，按當期購進商品已納稅額計算。實際徵收中，採用憑增值稅專用發票或其他合法扣稅憑證註明稅款進行抵扣的辦法計算應納稅款。

四、增值稅的產生與發展

增值稅是社會化大生產發展到一定階段的產物，也是為了更好地適應現代經濟的生產社會化、專業化、國際化程度日益提高的客觀要求，對傳統的流轉稅課徵制度進行改革的結果。20世紀50年代，法國在進行稅制改革時率先試行增值稅。1954年，法國在生產階段對原來的按營業額全額課徵改為按全額計算後允許扣除購進項目已繳納的稅款，即按增值額徵稅，開創了增值稅實施之先河。自1963年起，法國又進一步將增值稅的徵收範圍擴大到商品零售環節；到了1968年，法國將所有貨物與勞務的銷售都納入到增值稅的課稅範圍之內。此後，增值稅在歐洲得到推廣，不久又擴展到歐洲以外的許多國家。目前，世界上已有100多個國家實行了增值稅。

中國實行改革開放政策後才引進和逐步推廣增值稅。1979年下半年，中國首先在重複徵稅矛盾比較突出的機器機械和農業機具兩個行業進行增值稅的試點工作。1982年財政部制定了《增值稅暫行辦法》，並自1983年1月1日開始在全國試行。1984年9月，在總結經驗的基礎上，國務院制定了《中華人民共和國增值稅暫行條例（草案）》，進一步擴大了增值稅的徵收範圍，增值稅也由此成為中國的一個獨立稅種。1994年實行稅制改革，國務院發布了《中華人民共和國增值稅暫行條例》，增值稅的稅率與徵收辦法得到了簡化和規範，並形成了以增值稅為骨幹並相應設置消費稅、營業稅的新的流轉稅體系。2008年11月，為進一步完善稅制，國務院決定全面實施增值稅轉型改革，修訂《中華人民共和國增值稅暫行條例》，於2009年1月1日起施行。

2011年，經國務院批准，財政部、國家稅務總局聯合下發營業稅改增值稅（以下稱「營改增」）試點方案。從2012年1月1日起，在上海交通運輸業和部分現代服務業開展「營改增」試點。自2012年8月1日起至年底，國務院擴大「營改增」試點至8省市；2013年8月1日，「營改增」範圍已推廣到全國試行，將廣播影視服務業納入試點範圍。2014年1月1日起，將鐵路運輸和郵政服務業納入「營改增」試點，至此交通運輸業已全部納入「營改增」範圍；2014年6月1日起，將電信業納入「營改增」試點範圍；2016年5月1日起，在全國範圍內全面推開「營改增」試點，建築業、房地產業、金融業、生活服務業等全部營業稅納稅人，納入試點範圍，由繳納營業稅改為繳納增值稅。至此，營業稅退出歷史舞臺，增值稅制度將更加規範。這是自1994年分稅制改革以來，財稅體制的又一次重大變革。

營業稅是以在中國境內提供應稅勞務、轉讓無形資產或銷售不動產所取得的營業額為課稅對象而徵收的一種商品勞務稅，存在重複徵稅弊端，目前世界上僅有很少國家採納。全面實施「營改增」，一是實現增值稅對貨物和服務的全覆蓋，打通增值稅抵扣鏈條，消除重複徵稅；二是進一步減輕企業稅負，有效激發市場主體活力，增強經濟韌性和發展後勁；三是進一步促進社會分工協作，有助於推動服務業加快發展；四

是能夠獲得更多的進項稅抵扣，有助於推動傳統製造業輕裝上陣，實現跨越式轉型升級；五是有利於優化投資、消費和出口結構，增強出口服務企業的國際競爭力，擴大服務貿易規模。

五、增值稅的特點

（一）保持稅收中性

根據增值稅的計稅原理，流轉額中的非增值因素在計稅時被扣除。因此，對同一商品而言，無論流轉環節的多與少，只要增值額相同，稅負就相等，不會影響商品的生產結構、組織結構和產品結構。

（二）普遍徵收

從增值稅的徵稅範圍看，對從事商品生產經營和勞務提供的所有單位和個人，在商品增值的各個生產流通環節向納稅人普遍徵收。

（三）稅收負擔由商品最終消費者承擔

雖然增值稅是向企業主徵收，但企業主在銷售商品時又通過價格將稅收負擔轉嫁給下一生產流通環節，最后由最終消費者承擔。

（四）實行稅款抵扣制度

在計算企業主應納稅款時，要扣除商品在以前生產環節已負擔的稅款，以避免重複徵稅。從世界各國來看，一般都實行憑購貨發票進行抵扣。

（五）實行比例稅率

從實行增值稅制度的國家看，普遍實行比例稅制，以貫徹徵收簡便易行的原則。由於增值額對不同行業和不同企業、不同產品來說性質是一樣的，原則對增值額應採用單一比例稅率。但為了貫徹一些經濟社會政策也會對某些行業或產品實行不同的政策，因而引入增值稅的國家一般都規定基本稅率和優惠稅率或稱低稅率。

（六）實行價外稅制度

在計稅時，作為計稅依據的銷售額中不包含增值稅稅額，這樣有利於形成均衡的生產價格，並有利於稅負轉嫁的實現。這是增值稅與傳統的以全部流轉額為計稅依據的流轉稅或商品課稅的一個重要區別。

第二節　增值稅的基本要素

一、增值稅徵稅範圍

根據現行《增值稅暫行條例》和「營改增」的規定，中國將增值稅的徵稅範圍分為一般規定和特殊規定。

(一) 徵稅範圍的一般規定

銷售貨物，是指有償轉讓貨物的所有權。貨物是指有形動產，包括電力、熱力、氣體在內。

提供應稅勞務，是指有償提供加工、修理修配勞務。加工是指受託加工貨物，即委託方提供原料及主要材料，受託方按照委託方的意願製造貨物並收取加工費的業務；提供修理修配是指受託方對損傷或喪失自身使用功能的貨物進行修復，使其恢復原狀或功能的業務。單位或個體經營者聘用的員工為本單位服務或受雇為雇主提供加工、修理修配勞務不包括在內。

進口貨物是指從中國境外移送至中國境內的貨物。確定一項貨物是否屬於進口貨物，關鍵要看其是否辦理了報關進口手續。通常情況下，境外貨物要輸入中國境內，必須向中國海關申報進口，並辦理相應的報關手續。中國現行稅法規定，凡經報海關進入中國國境或關境的貨物，包括國外產制和中國已出口又轉內銷的貨物、進口者自行採購的貨物、國外捐贈的貨物、進口者用於貿易行為的貨物以及自用或用於其他方面的貨物，都屬於增值稅的徵收範圍（免稅的除外），其進口方必須向海關繳納增值稅。

銷售服務、無形資產或者不動產（以下稱應稅行為），是指有償提供服務、有償轉讓無形資產或者不動產，但屬於下列非經營活動的情形除外：

（1）行政單位收取的同時滿足以下條件的政府性基金或者行政事業性收費。

①由國務院或者財政部批准設立的政府性基金、由國務院或者省級人民政府及其財政、價格主管部門批准設立的行政事業性收費；

②收取時開具省級以上（含省級）財政部門監（印）制的財政票據；

③所收款項全額上繳財政。

（2）單位或者個體工商戶聘用的員工為本單位或者雇主提供取得工資的服務。

（3）單位或者個體工商戶為聘用的員工提供服務。

（4）財政部和國家稅務總局規定的其他情形。

理解徵稅範圍一般規定，要注意以下幾方面：

第一，境內銷售貨物、提供應稅勞務，是指銷售貨物的起運地或所在地在境內、提供的應稅勞務發生在境內；

第二，境內銷售服務、無形資產或者不動產，是指：

（1）服務（租賃不動產除外）或者無形資產（自然資源使用權除外）的銷售方或者購買方在境內；

（2）所銷售或者租賃的不動產在境內；

（3）所銷售自然資源使用權的自然資源在境內；

（4）財政部和國家稅務總局規定的其他情形。

下列情形不屬於在境內銷售服務或者無形資產：

（1）境外單位或者個人向境內單位或者個人銷售完全在境外發生的服務。

（2）境外單位或者個人向境內單位或者個人銷售完全在境外使用的無形資產。

（3）境外單位或者個人向境內單位或者個人出租完全在境外使用的有形動產。
（4）財政部和國家稅務總局規定的其他情形。
第三，有償，是指取得貨幣、貨物或者其他經濟利益。

附：應稅行為的具體範圍

一、銷售服務

銷售服務，是指提供交通運輸服務、郵政服務、電信服務、建築服務、金融服務、現代服務、生活服務。

（一）交通運輸服務

交通運輸服務，是指利用運輸工具將貨物或者旅客送達目的地，使其空間位置得到轉移的業務活動。包括陸路運輸服務、水路運輸服務、航空運輸服務和管道運輸服務。

1. 陸路運輸服務

陸路運輸服務，是指通過陸路（地上或者地下）運送貨物或者旅客的運輸業務活動，包括鐵路運輸服務和其他陸路運輸服務。

（1）鐵路運輸服務，是指通過鐵路運送貨物或者旅客的運輸業務活動。

（2）其他陸路運輸服務，是指鐵路運輸以外的陸路運輸業務活動。包括公路運輸、纜車運輸、索道運輸、地鐵運輸、城市輕軌運輸等。

出租車公司向使用本公司自有出租車的出租車司機收取的管理費用，按照陸路運輸服務繳納增值稅。

2. 水路運輸服務

水路運輸服務，是指通過江、河、湖、川等天然、人工水道或者海洋航道運送貨物或者旅客的運輸業務活動。

水路運輸的程租、期租業務，屬於水路運輸服務。

程租業務，是指運輸企業為租船人完成某一特定航次的運輸任務並收取租賃費的業務。

期租業務，是指運輸企業將配備有操作人員的船舶承租給他人使用一定期限，承租期內聽候承租方調遣，不論是否經營，均按天向承租方收取租賃費，發生的固定費用均由船東負擔的業務。

3. 航空運輸服務

航空運輸服務，是指通過空中航線運送貨物或者旅客的運輸業務活動。

航空運輸的濕租業務，屬於航空運輸服務。

濕租業務，是指航空運輸企業將配備有機組人員的飛機承租給他人使用一定期限，承租期內聽候承租方調遣，不論是否經營，均按一定標準向承租方收取租賃費，發生的固定費用均由承租方承擔的業務。

航天運輸服務，按照航空運輸服務繳納增值稅。

航天運輸服務，是指利用火箭等載體將衛星、空間探測器等空間飛行器發射到空間軌道的業務活動。

4. 管道運輸服務

管道運輸服務，是指通過管道設施輸送氣體、液體、固體物質的運輸業務活動。

無運輸工具承運業務，按照交通運輸服務繳納增值稅。

無運輸工具承運業務，是指經營者以承運人身分與托運人簽訂運輸服務合同，收取運費並承擔承運人責任，然后委託實際承運人完成運輸服務的經營活動。

(二) 郵政服務

郵政服務，是指中國郵政集團公司及其所屬郵政企業提供郵件寄遞、郵政匯兌和機要通信等郵政基本服務的業務活動。包括郵政普遍服務、郵政特殊服務和其他郵政服務。

1. 郵政普遍服務

郵政普遍服務，是指函件、包裹等郵件寄遞，以及郵票發行、報刊發行和郵政匯兌等業務活動。

函件，是指信函、印刷品、郵資封片卡、無名址函件和郵政小包等。

包裹，是指按照封裝上的名址遞送給特定個人或者單位的獨立封裝的物品，其重量不超過50千克，任何一邊的尺寸不超過150厘米，長、寬、高合計不超過300厘米。

2. 郵政特殊服務

郵政特殊服務，是指義務兵平常信函、機要通信、盲人讀物和革命烈士遺物的寄遞等業務活動。

3. 其他郵政服務

其他郵政服務，是指郵冊等郵品銷售、郵政代理等業務活動。

(三) 電信服務

電信服務，是指利用有線、無線的電磁系統或者光電系統等各種通信網路資源，提供語音通話服務，傳送、發射、接收或者應用圖像、短信等電子數據和信息的業務活動。包括基礎電信服務和增值電信服務。

1. 基礎電信服務

基礎電信服務，是指利用固網、移動網、衛星、互聯網，提供語音通話服務的業務活動，以及出租或者出售帶寬、波長等網路元素的業務活動。

2. 增值電信服務

增值電信服務，是指利用固網、移動網、衛星、互聯網、有線電視網路，提供短信和彩信服務、電子數據和信息的傳輸及應用服務、互聯網接入服務等業務活動。

衛星電視信號落地轉接服務，按照增值電信服務繳納增值稅。

(四) 建築服務

建築服務，是指各類建築物、構築物及其附屬設施的建造、修繕、裝飾、線路、管道、設備、設施等的安裝以及其他工程作業的業務活動。包括工程服務、安裝服務、修繕服務、裝飾服務和其他建築服務。

1. 工程服務

工程服務，是指新建、改建各種建築物、構築物的工程作業，包括與建築物相連的各種設備或者支柱、操作平臺的安裝或者裝設工程作業，以及各種窯爐和金屬結構工程作業。

2. 安裝服務

安裝服務，是指生產設備、動力設備、起重設備、運輸設備、傳動設備、醫療實驗設備以及其他各種設備、設施的裝配、安置工程作業，包括與被安裝設備相連的工作臺、梯子、欄杆的裝設工程作業，以及被安裝設備的絕緣、防腐、保溫、油漆等工程作業。

固定電話、有線電視、寬帶、水、電、燃氣、暖氣等經營者向用戶收取的安裝費、初裝費、開戶費、擴容費以及類似收費，按照安裝服務繳納增值稅。

3. 修繕服務

修繕服務，是指對建築物、構築物進行修補、加固、養護、改善，使之恢復原來的使用價值或者延長其使用期限的工程作業。

4. 裝飾服務

裝飾服務，是指對建築物、構築物進行修飾裝修，使之美觀或者具有特定用途的工程作業。

5. 其他建築服務

其他建築服務，是指上列工程作業之外的各種工程作業服務，如鑽井（打井）、拆除建築物或者構築物、平整土地、園林綠化、疏浚（不包括航道疏浚）、建築物平移、搭腳手架、爆破、礦山穿孔、表面附著物（包括岩層、土層、沙層等）剝離和清理等工程作業。

納稅人將建築施工設備出租給他人使用並配備操作人員的，按照「建築服務」繳納增值稅。

物業服務企業為業主提供的裝修服務，按照「建築服務」繳納增值稅。

（五）金融服務

金融服務，是指經營金融保險的業務活動。包括貸款服務、直接收費金融服務、保險服務和金融商品轉讓。

1. 貸款服務

貸款，是指將資金貸與他人使用而取得利息收入的業務活動。

各種占用、拆借資金取得的收入，包括金融商品持有期間（含到期）利息（保本收益、報酬、資金占用費、補償金等）收入、信用卡透支利息收入、買入返售金融商品利息收入、融資融券收取的利息收入，以及融資性售後回租、押匯、罰息、票據貼現、轉貸等業務取得的利息及利息性質的收入，按照貸款服務繳納增值稅。

融資性售後回租，是指承租方以融資為目的，將資產出售給從事融資性售後回租業務的企業後，從事融資性售後回租業務的企業將該資產出租給承租方的業務活動。

以貨幣資金投資收取的固定利潤或者保底利潤，按照貸款服務繳納增值稅。

2. 直接收費金融服務

直接收費金融服務，是指為貨幣資金融通及其他金融業務提供相關服務並且收取費用的業務活動。包括提供貨幣兌換、帳戶管理、電子銀行、信用卡、信用證、財務擔保、資產管理、信託管理、基金管理、金融交易場所（平臺）管理、資金結算、資金清算、金融支付等服務。

3. 保險服務

保險服務，是指投保人根據合同約定，向保險人支付保險費，保險人對於合同約定的可能發生的事故因其發生所造成的財產損失承擔賠償保險金責任，或者當被保險人死亡、傷殘、疾病或者達到合同約定的年齡、期限等條件時承擔給付保險金責任的商業保險行為。包括人身保險服務和財產保險服務。

人身保險服務，是指以人的壽命和身體為保險標的的保險業務活動。

財產保險服務，是指以財產及其有關利益為保險標的的保險業務活動。

4. 金融商品轉讓

金融商品轉讓，是指轉讓外匯、有價證券、非貨物期貨和其他金融商品所有權的業務活動。

其他金融商品轉讓包括基金、信託、理財產品等各類資產管理產品和各種金融衍生品的轉讓。

(六) 現代服務

現代服務，是指圍繞製造業、文化產業、現代物流產業等提供技術性、知識性服務的業務活動。包括研發和技術服務、信息技術服務、文化創意服務、物流輔助服務、租賃服務、鑒證諮詢服務、廣播影視服務、商務輔助服務和其他現代服務。

1. 研發和技術服務

研發和技術服務，包括研發服務、合同能源管理服務、工程勘察勘探服務、專業技術服務。

(1) 研發服務，也稱技術開發服務，是指就新技術、新產品、新工藝或者新材料及其系統進行研究與試驗開發的業務活動。

(2) 合同能源管理服務，是指節能服務公司與用能單位以契約形式約定節能目標，節能服務公司提供必要的服務，用能單位以節能效果支付節能服務公司投入及其合理報酬的業務活動。

(3) 工程勘察勘探服務，是指在採礦、工程施工前後，對地形、地質構造、地下資源蘊藏情況進行實地調查的業務活動。

(4) 專業技術服務，是指氣象服務、地震服務、海洋服務、測繪服務、城市規劃、環境與生態監測服務等專項技術服務。

2. 信息技術服務

信息技術服務，是指利用計算機、通信網路等技術對信息進行生產、收集、處理、加工、存儲、運輸、檢索和利用，並提供信息服務的業務活動。包括軟件服務、電路設計及測試服務、信息系統服務、業務流程管理服務和信息系統增值服務。

(1) 軟件服務，是指提供軟件開發服務、軟件維護服務、軟件測試服務的業務活動。

(2) 電路設計及測試服務，是指提供集成電路和電子電路產品設計、測試及相關技術支持服務的業務活動。

(3) 信息系統服務，是指提供信息系統集成、網路管理、網站內容維護、桌面管理與維護、信息系統應用、基礎信息技術管理平臺整合、信息技術基礎設施管理、數

據中心、託管中心、信息安全服務、在線殺毒、虛擬主機等業務活動。包括網站對非自有的網路遊戲提供的網路運營服務。

（4）業務流程管理服務，是指依託信息技術提供的人力資源管理、財務經濟管理、審計管理、稅務管理、物流信息管理、經營信息管理和呼叫中心等服務的活動。

（5）信息系統增值服務，是指利用信息系統資源為用戶附加提供的信息技術服務。包括數據處理、分析和整合、數據庫管理、數據備份、數據存儲、容災服務、電子商務平臺等。

3. 文化創意服務

文化創意服務，包括設計服務、知識產權服務、廣告服務和會議展覽服務。

（1）設計服務，是指把計劃、規劃、設想通過文字、語言、圖畫、聲音、視覺等形式傳遞出來的業務活動。包括工業設計、內部管理設計、業務運作設計、供應鏈設計、造型設計、服裝設計、環境設計、平面設計、包裝設計、動漫設計、網遊設計、展示設計、網站設計、機械設計、工程設計、廣告設計、創意策劃、文印曬圖等。

（2）知識產權服務，是指處理知識產權事務的業務活動。包括對專利、商標、著作權、軟件、集成電路布圖設計的登記、鑒定、評估、認證、檢索服務。

（3）廣告服務，是指利用圖書、報紙、雜誌、廣播、電視、電影、幻燈、路牌、招貼、櫥窗、霓虹燈、燈箱、互聯網等各種形式為客戶的商品、經營服務項目、文體節目或者通告、聲明等委託事項進行宣傳和提供相關服務的業務活動。包括廣告代理和廣告的發布、播映、宣傳、展示等。

（4）會議展覽服務，是指為商品流通、促銷、展示、經貿洽談、民間交流、企業溝通、國際往來等舉辦或者組織安排的各類展覽和會議的業務活動。

賓館、旅館、旅社、度假村和其他經營性住宿場所提供會議場地及配套服務的活動，按照「會議展覽服務」繳納增值稅。

4. 物流輔助服務

物流輔助服務，包括航空服務、港口碼頭服務、貨運客運場站服務、打撈救助服務、裝卸搬運服務、倉儲服務和收派服務。

（1）航空服務，包括航空地面服務和通用航空服務。

航空地面服務，是指航空公司、飛機場、民航管理局、航站等向在境內航行或者在境內機場停留的境內外飛機或者其他飛行器提供的導航等勞務性地面服務的業務活動。包括旅客安全檢查服務、停機坪管理服務、機場候機廳管理服務、飛機清洗消毒服務、空中飛行管理服務、飛機起降服務、飛行通訊服務、地面信號服務、飛機安全服務、飛機跑道管理服務、空中交通管理服務等。

通用航空服務，是指為專業工作提供飛行服務的業務活動，包括航空攝影、航空培訓、航空測量、航空勘探、航空護林、航空吊掛播灑、航空降雨、航空氣象探測、航空海洋監測、航空科學實驗等。

（2）港口碼頭服務，是指港務船舶調度服務、船舶通訊服務、航道管理服務、航道疏浚服務、燈塔管理服務、航標管理服務、船舶引航服務、理貨服務、系解纜服務、停泊和移泊服務、海上船舶溢油清除服務、水上交通管理服務、船只專業清洗消毒檢

測服務和防止船只漏油服務等為船只提供服務的業務活動。

港口設施經營人收取的港口設施保安費按照港口碼頭服務繳納增值稅。

(3) 貨運客運場站服務，是指貨運客運場站提供貨物配載服務、運輸組織服務、中轉換乘服務、車輛調度服務、票務服務、貨物打包整理、鐵路線路使用服務、加掛鐵路客車服務、鐵路行包專列發送服務、鐵路到達和中轉服務、鐵路車輛編解服務、車輛掛運服務、鐵路接觸網服務、鐵路機車牽引服務等業務活動。

(4) 打撈救助服務，是指提供船舶人員救助、船舶財產救助、水上救助和沉船沉物打撈服務的業務活動。

(5) 裝卸搬運服務，是指使用裝卸搬運工具或者人力、畜力將貨物在運輸工具之間、裝卸現場之間或者運輸工具與裝卸現場之間進行裝卸和搬運的業務活動。

(6) 倉儲服務，是指利用倉庫、貨場或其他場所代客貯放、保管貨物的業務活動。

(7) 收派服務，是指接受寄件人委託，在承諾的時限內完成函件和包裹的收件、分揀、派送服務的業務活動。

收件服務，是指從寄件人收取函件和包裹，並運送到服務提供方同城的集散中心的業務活動。

分揀服務，是指服務提供方在其集散中心對函件和包裹進行歸類、分發的業務活動。

派送服務，是指服務提供方從其集散中心將函件和包裹送達同城的收件人的業務活動。

5. 租賃服務

租賃服務，包括融資租賃服務和經營租賃服務。

(1) 融資租賃服務，是指具有融資性質和所有權轉移特點的租賃活動。即出租人根據承租人所要求的規格、型號、性能等條件購入有形動產或者不動產租賃給承租人，合同期內租賃物所有權屬於出租人，承租人只擁有使用權，合同期滿付清租金后，承租人有權按照殘值購入租賃物，以擁有其所有權。不論出租人是否將租賃物銷售給承租人，均屬於融資租賃。

按照標的物的不同，融資租賃服務可分為有形動產融資租賃服務和不動產融資租賃服務。

融資性售后回租不按照本稅目繳納增值稅。

(2) 經營租賃服務，是指在約定時間內將有形動產或者不動產轉讓他人使用且租賃物所有權不變更的業務活動。

按照標的物的不同，經營租賃服務可分為有形動產經營租賃服務和不動產經營租賃服務。

將建築物、構築物等不動產或者飛機、車輛等有形動產的廣告位出租給其他單位或者個人用於發布廣告，按照經營租賃服務繳納增值稅。

車輛停放服務、道路通行服務（包括過路費、過橋費、過閘費等）等按照不動產經營租賃服務繳納增值稅。

水路運輸的光租業務、航空運輸的干租業務，屬於經營租賃。

光租業務，是指運輸企業將船舶在約定的時間內出租給他人使用，不配備操作人員，不承擔運輸過程中發生的各項費用，只收取固定租賃費的業務活動。

干租業務，是指航空運輸企業將飛機在約定的時間內出租給他人使用，不配備機組人員，不承擔運輸過程中發生的各項費用，只收取固定租賃費的業務活動。

6. 鑒證諮詢服務

鑒證諮詢服務，包括認證服務、鑒證服務和諮詢服務。

（1）認證服務，是指具有專業資質的單位利用檢測、檢驗、計量等技術，證明產品、服務、管理體系符合相關技術規範、相關技術規範的強制性要求或者標準的業務活動。

（2）鑒證服務，是指具有專業資質的單位受託對相關事項進行鑒證，發表具有證明力的意見的業務活動。包括會計鑒證、稅務鑒證、法律鑒證、職業技能鑒定、工程造價鑒證、工程監理、資產評估、環境評估、房地產土地評估、建築圖紙審核、醫療事故鑒定等。

（3）諮詢服務，是指提供信息、建議、策劃、顧問等服務的活動。包括金融、軟件、技術、財務、稅收、法律、內部管理、業務運作、流程管理、健康等方面的諮詢。

翻譯服務和市場調查服務按照諮詢服務繳納增值稅。

7. 廣播影視服務

廣播影視服務，包括廣播影視節目（作品）的製作服務、發行服務和播映（含放映，下同）服務。

（1）廣播影視節目（作品）製作服務，是指進行專題（特別節目）、專欄、綜藝、體育、動畫片、廣播劇、電視劇、電影等廣播影視節目和作品製作的服務。具體包括與廣播影視節目和作品相關的策劃、採編、拍攝、錄音、音視頻文字圖片素材製作、場景布置、后期的剪輯、翻譯（編譯）、字幕製作、片頭、片尾、片花製作、特效製作、影片修復、編目和確權等業務活動。

（2）廣播影視節目（作品）發行服務，是指以分帳、買斷、委託等方式，向影院、電臺、電視臺、網站等單位和個人發行廣播影視節目（作品）以及轉讓體育賽事等活動的報導及播映權的業務活動。

（3）廣播影視節目（作品）播映服務，是指在影院、劇院、錄像廳及其他場所播映廣播影視節目（作品），以及通過電臺、電視臺、衛星通信、互聯網、有線電視等無線或者有線裝置播映廣播影視節目（作品）的業務活動。

8. 商務輔助服務

商務輔助服務，包括企業管理服務、經紀代理服務、人力資源服務、安全保護服務。

（1）企業管理服務，是指提供總部管理、投資與資產管理、市場管理、物業管理、日常綜合管理等服務的業務活動。

（2）經紀代理服務，是指各類經紀、仲介、代理服務。包括金融代理、知識產權代理、貨物運輸代理、代理報關、法律代理、房地產仲介、職業仲介、婚姻仲介、代理記帳、拍賣等。

貨物運輸代理服務，是指接受貨物收貨人、發貨人、船舶所有人、船舶承租人或者船舶經營人的委託，以委託人的名義，為委託人辦理貨物運輸、裝卸、倉儲和船舶進出港口、引航、靠泊等相關手續的業務活動。

代理報關服務，是指接受進出口貨物的收、發貨人委託，代為辦理報關手續的業務活動。

（3）人力資源服務，是指提供公共就業、勞務派遣、人才委託招聘、勞動力外包等服務的業務活動。

（4）安全保護服務，是指提供保護人身安全和財產安全，維護社會治安等的業務活動。包括場所住宅保安、特種保安、安全系統監控、武裝守護押運服務以及其他安保服務。

9. 其他現代服務

其他現代服務，是指除研發和技術服務、信息技術服務、文化創意服務、物流輔助服務、租賃服務、鑒證諮詢服務、廣播影視服務和商務輔助服務以外的現代服務。

（七）生活服務

生活服務，是指為滿足城鄉居民日常生活需求提供的各類服務活動。包括文化體育服務、教育醫療服務、旅遊娛樂服務、餐飲住宿服務、居民日常服務和其他生活服務。

1. 文化體育服務

文化體育服務，包括文化服務和體育服務。

（1）文化服務，是指為滿足社會公眾文化生活需求提供的各種服務。包括：文藝創作、文藝表演、文化比賽，圖書館的圖書和資料借閱，檔案館的檔案管理，文物及非物質遺產保護，組織舉辦宗教活動、科技活動、文化活動，提供遊覽場所。

（2）體育服務，是指組織舉辦體育比賽、體育表演、體育活動，以及提供體育訓練、體育指導、體育管理的業務活動。

納稅人在遊覽場所經營索道、擺渡車、電瓶車、遊船等取得的收入，按照「文化體育服務」繳納增值稅。

2. 教育醫療服務

教育醫療服務，包括教育服務和醫療服務。

（1）教育服務，是指提供學歷教育服務、非學歷教育服務、教育輔助服務的業務活動。

學歷教育服務，是指根據教育行政管理部門確定或者認可的招生和教學計劃組織教學，並頒發相應學歷證書的業務活動。包括初等教育、初級中等教育、高級中等教育、高等教育等。

非學歷教育服務，包括學前教育、各類培訓、演講、講座、報告會等。

教育輔助服務，包括教育測評、考試、招生等服務。

（2）醫療服務，是指提供醫學檢查、診斷、治療、康復、預防、保健、接生、計劃生育、防疫服務等方面的服務，以及與這些服務有關的提供藥品、醫用材料器具、救護車、病房住宿和伙食的業務。

3. 旅遊娛樂服務

旅遊娛樂服務，包括旅遊服務和娛樂服務。

（1）旅遊服務，是指根據旅遊者的要求，組織安排交通、遊覽、住宿、餐飲、購物、文娛、商務等服務的業務活動。

（2）娛樂服務，是指為娛樂活動同時提供場所和服務的業務。

具體包括：歌廳、舞廳、夜總會、酒吧、臺球、高爾夫球、保齡球、遊藝（包括射擊、狩獵、跑馬、遊戲機、蹦極、卡丁車、熱氣球、動力傘、射箭、飛鏢）。

4. 餐飲住宿服務

餐飲住宿服務，包括餐飲服務和住宿服務。

（1）餐飲服務，是指通過同時提供飲食和飲食場所的方式為消費者提供飲食消費服務的業務活動。提供餐飲服務的納稅人銷售的外賣食品，按照「餐飲服務」繳納增值稅。

（2）住宿服務，是指提供住宿場所及配套服務等的活動。包括賓館、旅館、旅社、度假村和其他經營性住宿場所提供的住宿服務。納稅人出租酒店式公寓並提供配套服務的，按照住宿服務繳納增值稅。

5. 居民日常服務

居民日常服務，是指主要為滿足居民個人及其家庭日常生活需求提供的服務，包括市容市政管理、家政、婚慶、養老、殯葬、照料和護理、救助救濟、美容美髮、按摩、桑拿、氧吧、足療、沐浴、洗染、攝影擴印等服務。

6. 其他生活服務

其他生活服務，是指除文化體育服務、教育醫療服務、旅遊娛樂服務、餐飲住宿服務和居民日常服務之外的生活服務，如：納稅人提供植物養護服務。

二、銷售無形資產

銷售無形資產，是指轉讓無形資產所有權或者使用權的業務活動。無形資產，是指不具實物形態，但能帶來經濟利益的資產，包括技術、商標、著作權、商譽、自然資源使用權和其他權益性無形資產。

技術，包括專利技術和非專利技術。

自然資源使用權，包括土地使用權、海域使用權、探礦權、採礦權、取水權和其他自然資源使用權。

其他權益性無形資產，包括基礎設施資產經營權、公共事業特許權、配額、經營權（包括特許經營權、連鎖經營權、其他經營權）、經銷權、分銷權、代理權、會員權、席位權、網路遊戲虛擬道具、域名、名稱權、肖像權、冠名權、轉會費等。

三、銷售不動產

銷售不動產，是指轉讓不動產所有權的業務活動。不動產，是指不能移動或者移動后會引起性質、形狀改變的財產，包括建築物、構築物等。

建築物，包括住宅、商業營業用房、辦公樓等可供居住、工作或者進行其他活動的建造物。

構築物，包括道路、橋樑、隧道、水壩等建造物。

轉讓建築物有限產權或者永久使用權的，轉讓在建的建築物或者構築物所有權的，以及在轉讓建築物或者構築物時一併轉讓其所占土地的使用權的，按照銷售不動產繳納增值稅。

(二) 徵稅範圍的特殊規定

　　1. 視同銷售行為

　　單位或個體工商戶的下列行為，視同銷售，應當徵收增值稅：

　　（1）將貨物交付其他單位或個人代銷；

　　（2）銷售代銷貨物；

　　（3）設有兩個以上機構並實行統一核算的納稅人，將貨物從一個機構移送至其他機構用於銷售，但相關機構設在同一縣（市）的除外。

　　「用於銷售」，是指受貨機構發生以下情形之一的經營行為：

　　A. 向購貨方開具發票；

　　B. 向購貨方收取貨款。

　　受貨機構的貨物移送行為有上述兩項情形之一的，應當向所在地稅務機關繳納增值稅；未發生上述兩項情形的，由總機構統一繳納增值稅。若受貨機構只有部分貨物滿足上述條件之一，應區別情況計算並分別向總機構所在地或分支機構所在地繳納稅款。

　　（4）將自產或委託加工的貨物用於集體福利或者個人消費；

　　（5）將自產、委託加工或購買的貨物作為投資，提供給其他單位或者個體工商戶；

　　（6）將自產、委託加工或購買的貨物分配給股東或者投資者；

　　（7）將自產、委託加工或購買的貨物無償贈送其他單位或者個人。

　　（8）向其他單位或者個人無償提供服務，但用於公益事業或者以社會公眾為對象的除外。

　　（9）向其他單位或者個人無償轉讓無形資產或者不動產，但用於公益事業或者以社會公眾為對象的除外。

　　（10）財政部和國家稅務總局規定的其他情形。

　　2. 混合銷售行為

　　一項銷售行為如果既涉及貨物又涉及服務，為混合銷售。

　　混合銷售成立的行為標準有兩點：一是該項行為必須即涉及服務又涉及貨物，其「貨物」是指增值稅條例中規定的有形動產，包括電力、熱力和氣體；服務是指屬於「營改增」範圍的交通運輸服務、郵政服務、電信服務、建築服務、金融險服務、現代服務、生活服務等；二是其銷售行為必須是一項，貨物和服務兩者之間是緊密相連的從屬關係。例如，某生產銷售電視機的企業，在銷售電視機的同時負責運輸，這項行為屬於混合銷售行為。

　　3. 兼營行為

　　兼營是指納稅人經營的業務中，有兩項或多項銷售行為，但是這二項或多項銷售行為沒有直接的關聯和從屬關係，業務的發生互相獨立。例如，納稅人既有銷售貨物業務，又有不動產出租的業務，還有銷售金融服務的業務。

二、增值稅納稅人

(一) 增值稅納稅義務人和扣繳義務人

　　1. 納稅義務人

　　凡在中華人民共和國境內銷售貨物或者提供加工、修理修配勞務、進口貨物、銷

售服務、無形資產或者不動產的單位和個人為增值稅的納稅義務人。在這裡,「單位」是指企業、行政單位、事業單位、軍事單位、社會團體和其他單位;「個人」,是指個體工商戶和其他個人。

2. 扣繳義務人

中華人民共和國境外單位或者個人在境內提供應稅勞務,在境內未設有經營機構的,以其境內代理人為扣繳義務人,在境內沒有代理人的,以購買方或接受方為扣繳義務人;中華人民共和國境外單位或者個人在境內發生應稅行為,在境內未設有經營機構的,以購買方為增值稅扣繳義務人。

(二) 增值稅一般納稅人和小規模納稅人

增值稅實行憑專用發票抵扣稅款的制度,客觀上要求納稅人具備健全的會計核算制度和能力。在實際經濟生活中中國增值稅納稅人眾多,會計核算水平差異較大,大量的小企業和個人還不具備用發票抵扣稅款的條件,為了既簡化增值計算和徵收,也有利於減少稅收徵管漏洞,將增值稅納稅人按會計核算水平和經營規模分為一般納稅人和小規模納稅人,分別採用不同的增值稅計稅方法。

1. 增值稅一般納稅人和小規模納稅人的認定標準(見表2-2)

表2-2　　　　　　　　一般納稅人和小規模納稅人的認定標準

劃分標準	納稅人	一般納稅人	小規模納稅人
經營規模	1. 從事貨物生產或者提供加工、修理修配勞務的納稅人,以及以從事貨物生產或者提供加工、修理修配勞務為主,並兼營貨物批發或者零售的納稅人	年應稅銷售額在50萬元以上	年應稅銷售額在50萬元以下(含50萬元)
	2. 從事批發或零售貨物的納稅人	年應稅銷售額在80萬元以上	年應稅銷售額在80萬元以下(含80萬元)
	3. 發生應稅行為的納稅人	年應稅銷售額在500萬元以上(含500萬元)	年應稅銷售額在500萬元以下
會計核算水平	未超過規定標準的納稅人會計核算健全,能夠提供準確稅務資料的,可以向主管稅務機關申請一般納稅人資格認定,成為一般納稅人		
特殊情況	1. 年應稅銷售額超過規定標準的其他個人	—	按小規模納稅人納稅
	2. 兼有銷售貨物、提供加工修理修配勞務和應稅行為,年應稅銷售額超過規定標準且不經常發生銷售貨物、提供加工修理修配勞務和應稅行為的單位和個體工商戶		可選擇按小規模納稅人納稅

(1) 經營規模——年應徵增值稅銷售額(以下稱應稅銷售額),是指納稅人在連續不超過12個月的經營期內累計應徵增值稅銷售額,包括免稅銷售額。按照「營改增」有關規定,應稅行為有扣除項目的試點納稅人,其應稅行為年應稅銷售額按未扣除之前的銷售額計算;增值稅小規模納稅人偶然發生的轉讓不動產的銷售額,不計入應稅

行為年應稅銷售額。

（2）會計核算健全以否。會計核算健全，是指能夠按照國家統一的會計制度規定設置帳簿，根據合法、有效憑證核算。

2. 增值稅一般納稅人的管理

（1）一般納稅人資格實行登記制，登記事項由增值稅納稅人向其主管稅務機關辦理。

（2）納稅人辦理一般納稅人資格登記的程序如下：

①納稅人向主管稅務機關填報增值稅一般納稅人資格登記表，並提供稅務登記證件；

②納稅人填報內容與稅務登記信息一致的，主管稅務機關當場登記；

③納稅人填報內容與稅務登記信息不一致，或者不符合填列要求的，稅務機關應當場告知納稅人需要補正的內容。

（3）納稅人年應稅銷售額超過財政部、國家稅務總局規定標準，且符合有關政策規定，選擇按小規模納稅人納稅的，應當向主管稅務機關提交書面說明。

個體工商戶以外的其他個人年應稅銷售額超過規定標準的，不需要向主管稅務機關提交書面說明。

（4）納稅人年應稅銷售額超過規定標準的，在申報期結束後20個工作日內按照上述第二條或第三條的規定辦理相關手續；未按規定時限辦理的，主管稅務機關應當在規定期限結束後10個工作日內製作稅務事項通知書，告知納稅人應當在10個工作日內向主管稅務機關辦理相關手續。

（5）除財政部、國家稅務總局另有規定外，納稅人自其選擇的一般納稅人資格生效之日起，按照增值稅一般計稅方法計算應納稅額，並按照規定領用增值稅專用發票。

除國家稅務總局另有規定外，一經認定為一般納稅人後，不得轉為小規模納稅人。

（6）試點納稅人兼有銷售貨物、提供加工修理修配勞務和應稅行為的，應稅貨物及勞務銷售額與應稅行為銷售額分別計算，分別適用增值稅一般納稅人資格登記標準，有一項銷售額達到標準即需登記為一般納稅人。

（7）有下列情形之一者，應當按照銷售額和增值稅稅率計算應納稅額，不得抵扣進項稅額，也不得使用增值稅專用發票：

①一般納稅人會計核算不健全，或者不能夠提供準確稅務資料的。

②應當辦理一般納稅人資格登記或提交選擇按小規模納稅人納稅的情況說明，逾期仍不辦理的。

三、增值稅稅率和徵收率

中國增值稅採用比例稅率（見表2-3）。

表 2-3　　　　　　　　　　　　　　　增值稅稅率表

納稅人	具體範圍			增值稅稅率
一般納稅人	銷售或者進口貨物（另有列舉的貨物除外）；提供加工、修理修配勞務			17%
	1. 糧食、食用植物油；			11%
	2. 自來水、暖氣、冷氣、熱氣、煤氣、石油液化氣、天然氣、沼氣、居民用煤炭製品；			
	3. 圖書、報紙、雜誌；音像製品、電子出版物；			
	4. 飼料、化肥、農藥、農機（整機）、農膜；			
	5. 農產品（指各種動、植物初級產品）；二甲醚；食用鹽；			
	6. 國務院規定的其他貨物；			
	銷售服務	交通運輸服務	陸路運輸服務、水路運輸服務、航空運輸服務和管道運輸服務	11%
		郵政服務	郵政普遍服務、郵政特殊服務和其他郵政服務	11%
		電信服務	基礎電信服務	11%
			增值電信服務	6%
		建築服務	工程服務、安裝服務、修繕服務、裝飾服務和其他建築服務	11%
		金融服務	貸款服務、直接收費金融服務、保險服務和金融商品轉讓	6%
		現代服務	研發和技術服務、訊息技術服務、文化創意服務、物流輔助服務、鑒證諮詢服務、廣播影視服務、商務輔助服務、其他現代服務	6%
			租賃服務　融資租賃服務　有形動產融資租賃服務	17%
			租賃服務　融資租賃服務　不動產融資租賃服務	11%
			租賃服務　經營租賃服務　有形動產經營租賃服務	17%
			租賃服務　經營租賃服務　不動產經營租賃服務	11%
		生活服務	文化體育服務、教育醫療服務、旅遊娛樂服務、餐飲住宿服務、居民日常服務和其他生活服務	6%
	銷售無形資產	技術、商標、著作權、商譽、其他權益性無形資產		6%
		自然資源使用權	海域使用權、探礦權、採礦權、取水權、其他自然資源使用權	
			土地使用權	11%
	銷售不動產	建築物、構築物		11%
	出口貨物、跨境應稅行為			零稅率
	簡易計稅			徵收率 3%/5%
小規模納稅人	從事貨物銷售，提供加工、修理修配勞務，以及銷售服務、無形資產或者不動產			徵收率 3%/5%

(一) 增值稅稅率

根據不同行業或產品設置了三檔稅率（17%、11%、6%）。

(二) 零稅率

一般納稅人出口貨物和跨境應稅行為，稅率為零，但國務院另有規定的除外。

稅率為零不是簡單地等同於免稅。出口貨物和跨境應稅行為免稅僅指出口環節不徵收增值稅，而零稅率是指對出口貨物和跨境應稅行為除了在出口環節不徵收增值稅外還要對該產品和應稅行為在出口前已經繳納的增值稅進行退稅，使該出口產品和應稅行為在出口時完全不含增值稅稅款，從而以無稅產品和行為進入國際市場，以增強在國際市場上的競爭力。當然中國目前並非對全部出口產品和應稅行為都完全實行零稅率，而是根據經濟形勢的變化和調節出口產品與應稅行為結構規定了出口退稅率，對大多數出口產品與應稅行為實行零稅率。

根據「營改增」的規定，境內單位和個人銷售的下列服務和無形資產，適用增值稅零稅率：

（1）國際運輸服務，是指：在境內載運旅客或者貨物出境；在境外載運旅客或者貨物入境；在境外載運旅客或者貨物。

（2）航天運輸服務。

（3）向境外單位提供的完全在境外消費的下列服務：研發服務；合同能源管理服務；設計服務；廣播影視節目（作品）的製作和發行服務；軟件服務；電路設計及測試服務；信息系統服務；業務流程管理服務；離岸服務外包業務；轉讓技術。

（4）財政部和國家稅務總局規定的其他服務。

(三) 徵收率

增值稅對小規模納稅人和一些特殊情況採用簡易徵收辦法，適用的稅率稱為徵收率。

1. 一般規定

考慮到小規模納稅人經營規模小，且會計核算不健全，難以按上述增值稅稅計稅和使用增值稅專用發票抵扣進項稅額，因此實行按銷售額與徵收率計算應納稅額的簡易辦法。

除以下部分不動產銷售和租賃行為、勞務派遣選擇差額納稅的徵收率為5%以外，小規模納稅人發生的應稅行為增值稅徵收率為3%。

（1）小規模納稅人銷售其取得（不含自建）的不動產（不含個體工商戶銷售購買的住房和其他個人銷售不動產），應以取得的全部價款和價外費用減去該項不動產購置原價或者取得不動產時的作價后的餘額為銷售額，按照5%的徵收率計算應納稅額。

（2）小規模納稅人銷售其自建的不動產，應以取得的全部價款和價外費用為銷售額，按照5%的徵收率計算應納稅額。

（3）房地產開發企業中的小規模納稅人，銷售自行開發的房地產項目，按照5%的徵收率計稅。

（4）個人將購買不足 2 年的住房對外銷售的，按照 5% 的徵收率全額繳納增值稅；個人將購買 2 年以上（含 2 年）的住房對外銷售的，免徵增值稅。上述政策適用於北京市、上海市、廣州市和深圳市之外的地區。

　　（5）個人將購買不足 2 年的住房對外銷售的，按照 5% 的徵收率全額繳納增值稅；個人將購買 2 年以上（含 2 年）的非普通住房對外銷售的，以銷售收入減去購買住房價款后的差額按照 5% 的徵收率繳納增值稅；個人將購買 2 年以上（含 2 年）的普通住房對外銷售的，免徵增值稅。上述政策僅適用於北京市、上海市、廣州市和深圳市。

　　（6）其他個人銷售其取得（不含自建）的不動產（不含其購買的住房），應以取得的全部價款和價外費用減去該項不動產購置原價或者取得不動產時的作價后的餘額為銷售額，按照 5% 的徵收率計算應納稅額。

　　（7）小規模納稅人出租其取得的不動產（不含個人出租住房），應按照 5% 的徵收率計算應納稅額。

　　（8）其他個人出租其取得的不動產（不含住房），應按照 5% 的徵收率計算應納稅額。

　　（9）個人出租住房，應按照 5% 的徵收率減按 1.5% 計算應納稅額。

　　（10）小規模納稅人提供勞務派遣服務，可以按照《財政部國家稅務總局關於全面推開營業稅改徵增值稅試點的通知》（財稅〔2016〕36 號）的有關規定，以取得的全部價款和價外費用為銷售額，按照簡易計稅方法依 3% 的徵收率計算繳納增值稅；也可以選擇差額納稅，以取得的全部價款和價外費用，扣除代用工單位支付給勞務派遣員工的工資、福利和為其辦理社會保險及住房公積金后的餘額為銷售額，按照簡易計稅方法依 5% 的徵收率計算繳納增值稅。

　　2. 其他相關規定

　　（1）銷售舊貨和自己使用過的物品

　　①一般納稅人銷售舊貨和自己使用過的不得抵扣且未抵扣進項稅額的固定資產，按照簡易辦法依照 3% 徵收率減按 2% 徵收增值稅。

　　銷售額 = 含稅銷售額 ÷（1 + 3%）

　　應納稅額 = 銷售額 × 2%

　　一般納稅人銷售自己使用過的除不得抵扣且未抵扣進項稅額的固定資產以外的物品，應當按照適用稅率徵收增值稅。

　　②納稅人銷售舊貨，按照簡易辦法依照 3% 徵收率減按 2% 徵收增值稅。

　　舊貨，是指進入二次流通的具有部分使用價值的貨物（含舊汽車、舊摩托車和舊遊艇），但不包括自己使用過的物品。

　　③小規模納稅人（除其他個人外）銷售自己使用過的固定資產，減按 2% 徵收率徵收增值稅。

　　小規模納稅人（除其他個人外）銷售自己使用過的除固定資產以外的物品，應按 3% 徵收率徵收增值稅。

　　④納稅人發生固定資產視同銷售行為，對已使用過的固定資產無法確定銷售額的，以固定資產淨值為銷售額。

（2）一般納稅人銷售貨物屬於下列情形之一的，暫按簡易辦法依照3%徵收率計算繳納增值稅

①寄售商店代銷寄售物品（包括居民個人寄售的物品在內）；

②典當業銷售死當物品；

③經國務院或國務院授權機關批准的免稅商店零售的免稅品。

（3）一般納稅人銷售自產的下列貨物，可選擇按照簡易辦法依照3%徵收率計算繳納增值稅

①縣級及縣級以下小型水力發電單位（裝機容量為≤5萬千瓦）生產的電力；

②建築用和生產建築材料所用的砂、土、石料；

③以自己採掘的砂、土、石料或其他礦物連續生產的磚、瓦、石灰（不含黏土實心磚、瓦）；

④用微生物、微生物代謝產物、動物毒素、人或動物的血液或組織制成的生物製品；

⑤自來水（不得抵扣其購進自來水的進項稅額）；

⑥商品混凝土（僅限於以水泥為原料生產的水泥混凝土）；

⑦屬於一般納稅人的單採血漿站銷售非臨床用人體血液。

（4）一般納稅人發生下列應稅行為可以選擇簡易計稅方法依照3%徵收率計算繳納增值稅

①公共交通運輸服務。包括輪客渡、公交客運、地鐵、城市輕軌、出租車、長途客運、班車。班車，是指按固定路線、固定時間運營並在固定站點停靠的運送旅客的陸路運輸服務。

②經認定的動漫企業為開發動漫產品提供的動漫腳本編撰、形象設計、背景設計、動畫設計、分鏡、動畫製作、攝制、描線、上色、畫面合成、配音、配樂、音效合成、剪輯、字幕製作、壓縮轉碼（面向網路動漫、手機動漫格式適配）服務，以及在境內轉讓動漫版權（包括動漫品牌、形象或者內容的授權及再授權）。

③電影放映服務、倉儲服務、裝卸搬運服務、收派服務和文化體育服務。

④以納入「營改增」試點之日前取得的有形動產為標的物提供的經營租賃服務。

⑤在納入「營改增」試點之日前簽訂的尚未執行完畢的有形動產租賃合同。

⑥以清包工方式提供的建築服務，可以選擇適用簡易計稅方法計稅。

以清包工方式提供建築服務，是指施工方不採購建築工程所需的材料或只採購輔助材料，並收取人工費、管理費或者其他費用的建築服務。

⑦為甲供工程提供的建築服務，可以選擇適用簡易計稅方法計稅。

甲供工程，是指全部或部分設備、材料、動力由工程發包方自行採購的建築工程。

⑧為建築工程老項目提供的建築服務，可以選擇適用簡易計稅方法計稅。

建築工程老項目，是指：A. 建築工程施工許可證註明的合同開工日期在2016年4月30日前的建築工程項目；B. 未取得建築工程施工許可證的，建築工程承包合同註明的開工日期在2016年4月30日前的建築工程項目。

⑨提供非學歷教育服務、教育輔助服務。

(5) 一般納稅人發生下列不動產銷售和租賃行為可以選擇簡易計稅方法依照5%徵收率計算繳納增值稅

①一般納稅人銷售其2016年4月30日前取得（不含自建）的不動產，可以選擇適用簡易計稅方法，以取得的全部價款和價外費用減去該項不動產購置原價或者取得不動產時的作價後的餘額為銷售額，按照5%的徵收率計算應納稅額。

②一般納稅人銷售其2016年4月30日前自建的不動產，可以選擇適用簡易計稅方法，以取得的全部價款和價外費用為銷售額，按照5%的徵收率計算應納稅額。

③房地產開發企業中的一般納稅人，銷售自行開發的房地產老項目，可以選擇適用簡易計稅方法按照5%的徵收率計稅。

房地產老項目，是指建築工程施工許可證註明的合同開工日期在2016年4月30日前的房地產項目。

④一般納稅人出租其2016年4月30日前取得的不動產，可以選擇適用簡易計稅方法，按照5%的徵收率計算應納稅額。

⑤公路經營企業中的一般納稅人收取試點前開工的高速公路的車輛通行費，可以選擇適用簡易計稅方法，減按3%的徵收率計算應納稅額。

試點前開工的高速公路，是指相關施工許可證明上註明的合同開工日期在2016年4月30日前的高速公路。

(6) 一般納稅人提供勞務派遣服務，可以按照《財政部國家稅務總局關於全面推開營業稅改徵增值稅試點的通知》（財稅〔2016〕36號）的有關規定，以取得的全部價款和價外費用為銷售額，按照一般計稅方法計算繳納增值稅；也可以選擇差額納稅，以取得的全部價款和價外費用，扣除代用工單位支付給勞務派遣員工的工資、福利和為其辦理社會保險及住房公積金後的餘額為銷售額，按照簡易計稅方法依5%的徵收率計算繳納增值稅。

注意：一般納稅人一經選擇簡易計稅方法計算增值稅的，不能抵扣該項目相關的進項稅額，且36個月內不得變更。

第三節　增值稅應納稅額的計算

一、一般納稅人應納稅額的計算

一般納稅人銷售貨物、提供應稅勞務、發生應稅行為適用一般計稅方法計稅。其計算公式是：

當期應納稅額＝當期銷項稅額－當期進項稅額

(一) 銷項稅額的計算

銷項稅額是指納稅人銷售貨物、提供應稅勞務、發生應稅行為，按照銷售額和增值稅稅率計算並向購買方收取的的增值稅額。

銷項稅額的計算公式為：

销项税额＝销售额×适用税率

从销项税额的定义和公式中我们可以知道，在适用税率既定的前提下，销项税额的大小主要取决于销售额的大小，因而销项税额计算的关键是如何准确确定作为增值税计税依据的销售额。

1. 一般销售方式下销售额的规定

销售额是指纳税人销售货物、提供应税劳务、发生应税行为向购买方收取的全部价款和价外费用，但是不包括收取的销项税额。

纳税人采用销售额和销项税额合并定价方法的，必须将其换算为不含税的销售额：

销售额＝含税销售额÷（1＋增值税税率）

所谓价外费用，包括价外向购买方收取的手续费、补贴、基金、集资费、返还利润、奖励费、违约金、滞纳金、延期付款利息、赔偿金、代收款项、代垫款项、包装费、包装物租金、储备费、优质费、运输装卸费以及其他各种性质的价外收费。但下列项目不包括在内：

（1）受托加工应征消费税的消费品所代收代缴的消费税。

（2）以委托方名义开具发票代委托方收取的款项。

例如，A船公司委托B货代公司向C生产企业收取运输款，B货代公司将A船公司开给C生产企业的运输费发票交付给C，并代A船公司向C生产企业收取运输款加代理费用，则该笔属于A船公司的运输款项可不作为B货代公司的价外费用。

（3）同时符合以下条件代为收取的政府性基金或者行政事业性收费：

①由国务院或者财政部批准设立的政府性基金，由国务院或者省级人民政府及其财政、价格主管部门批准设立的行政事业性收费；

②收取时开具省级以上财政部门印制的财政票据；

③所收款项全额上缴财政。

（4）销售货物的同时代办保险等而向购买方收取的保险费，以及向购买方收取的代购买方缴纳的车辆购置税、车辆牌照费。

凡随同销售货物、提供应税劳务、发生应税行为向购买方收取的价外费用，无论其会计制度如何核算，均应并入销售额计算应纳税额。税法规定各种性质的价外收费都要并入销售额计算征税，目的是防止以各种名目的收费减少销售额逃避纳税的现象。上述各项允许不计入价外费用是因为销售方在其中仅仅是代为收取了有关费用而没有形成销售方的收入。

应当注意，根据国家税务总局规定：对增值税一般纳税人向购买方收取的价外费用和逾期包装物押金，一般应视为含税收入，在征税时换算成不含税收入再并入销售额。

按会计准则规定，由于对价外费用一般都不在「主营业务收入」科目中核算，而在「其他业务收入」「营业外收入」「其他应付款」等科目中核算。因此，在实务中，有的企业对价外费用虽在相应科目中作会计核算，但却未核算其销项税额；有的企业既不按会计核算要求进行收入核算，又不按规定核算销项税额，而是将发生的价外收费直接冲减有关费用科目。这些做法都是逃避纳税的错误行为，是要受到税法处罚的。

因此，納稅人對價外收費必須予以高度重視，按稅法規定並入銷售額正確計稅和會計核算。

銷售額以人民幣計算。納稅人按照人民幣以外的貨幣結算銷售額的，應當折合成人民幣計算，折合率可以選擇銷售額發生的當天或者當月 1 日的人民幣匯率中間價。納稅人應當在事先確定採用何種折合率，確定后 12 個月內不得變更。

2. 特殊銷售方式下銷售額的規定

在銷售活動中，為了達到促銷的目的，有多種銷售方式。不同銷售方式下，銷售者取得的銷售額會有所不同。

（1）採取折扣方式銷售。

①折扣銷售（又稱商業折扣），是指銷售方在銷售貨物、提供應稅勞務、發生應稅行為時，因購買方購買數量較大等原因而給予購買方的價格優惠（例如，購買 50 件按規定價格折扣 10%，購買 100 件按規定價格折扣 20%）。在這種情況下，銷售方的折扣行為和銷售行為是同時發生的。對此，稅法規定，如果價款和折扣額在同一張發票（金額欄）上分別註明，以折扣后的價款為銷售額，徵收增值稅；如果未在同一張發票上分別註明的，不論其在財務核算上如何處理，以價款為銷售額，不得扣減折扣額。

②銷售折扣（又稱現金折扣），是指銷售方在銷售貨物、提供應稅勞務、發生應稅行為后，為鼓勵購買方及早償還貨款而協議許諾給予購買方的一種折扣優惠（例如，10 天以內付清貨款，折扣 5%；10 天以上 20 天以內付清貨款，折扣 3%；30 天內全價付款）。由於銷售折扣發生在銷售貨物之后，屬於企業融資行為，所以，銷售折扣不允許從銷售額中扣除。

③銷售折讓，是指銷售方在銷售貨物、提供應稅勞務、發生應稅行為后，由於其品種、質量等原因購買方未予退貨或中止服務，但銷售方需給予購買方的一種價格折讓。銷售折讓在實質上屬於因貨物或服務質量、品種等不符合要求而導致原銷售額的減少，所以，在這種情況下應以折讓后的銷售額為計稅銷售額。

（2）採取以舊換新方式銷售

以舊換新是指納稅人在銷售自己的貨物時，有償收回舊貨物的行為。根據稅法規定，採取以舊換新方式銷售貨物的，應按新貨物的同期銷售價格確定銷售額，不得扣減舊貨物的收購價格。考慮到金銀首飾以舊換新業務的特殊情況，對金銀首飾以舊換新業務，可以按銷售方實際收取的不含增值稅的全部價款徵收增值稅。

（3）採取還本銷售方式銷售

還本銷售是指納稅人在銷售貨物后，到一定期限由銷貨方一次或分次退還給購貨方全部或部分價款。稅法規定，採取還本銷售方式銷售貨物，其銷售額就是貨物的銷售價格，不得從銷售額中減除還本支出。

（4）採取以物易物方式銷售

以物易物是一種較為特殊的購銷活動，是指購銷雙方不是以貨幣結算，而是以同等價款的貨物相互結算，實現貨物購銷的一種方式。以物易物雙方都應作購銷處理，以各自發出的貨物核算銷售額並計算銷項稅額，以各自收到的貨物按規定核算購貨額並計算進項稅額。應注意，在以物易物活動中，應分別開具合法的票據，如收到的貨

物不能取得相應的增值稅專用發票或其他合法票據的，不能抵扣進項稅額。

（5）包裝物押金的處理

包裝物是指納稅人包裝本單位貨物的各種物品。納稅人銷售貨物時另收取包裝物押金，目的是促使購貨方及早退回包裝物以便週轉使用。根據稅法規定，納稅人為銷售貨物而出租出借包裝物收取的押金，單獨記帳核算的，時間在1年以內，又未過期的，不並入銷售額徵稅，但對因逾期未收回包裝物不再退還的押金，應按所包裝貨物的適用稅率計算銷項稅額。

「逾期」是指按合同約定實際逾期或以1年為期限，對收取1年以上的押金，無論是否退還均並入銷售額徵稅。注意，在將包裝物押金並入銷售額徵稅時，需要先將該押金換算為不含稅價，再並入銷售額徵稅。

從1995年6月1日起，對銷售除啤酒、黃酒外的其他酒類產品而收取的包裝物押金，無論是否返還以及會計上如何核算，均應並入當期銷售額徵稅。對銷售啤酒、黃酒所收取的押金，按上述一般押金的規定處理。

另外，包裝物押金不應混同於包裝物租金，包裝物租金在銷貨時作為價外費用並入銷售額計算銷項稅額。

3.「營改增」納稅人「差額徵稅」的規定

（1）金融商品轉讓，按照賣出價扣除買入價后的餘額為銷售額。

轉讓金融商品出現的正負差，按盈虧相抵后的餘額為銷售額。若相抵后出現負差，可結轉下一納稅期與下期轉讓金融商品銷售額相抵，但年末時仍出現負差的，不得轉入下一個會計年度。

金融商品的買入價，可以選擇按照加權平均法或者移動加權平均法進行核算，選擇后36個月內不得變更。

金融商品轉讓，不得開具增值稅專用發票。

（2）經紀代理服務，以取得的全部價款和價外費用，扣除向委託方收取並代為支付的政府性基金或者行政事業性收費后的餘額為銷售額。向委託方收取的政府性基金或者行政事業性收費，不得開具增值稅專用發票。

（3）融資租賃和融資性售后回租業務。

①經人民銀行、銀監會或者商務部批准從事融資租賃業務的試點納稅人，提供融資租賃服務，以取得的全部價款和價外費用，扣除支付的借款利息（包括外匯借款和人民幣借款利息）、發行債券利息和車輛購置稅后的餘額為銷售額。

②經人民銀行、銀監會或者商務部批准從事融資租賃業務的試點納稅人，提供融資性售后回租服務，以取得的全部價款和價外費用（不含本金），扣除對外支付的借款利息（包括外匯借款和人民幣借款利息）、發行債券利息后的餘額作為銷售額。

③經商務部授權的省級商務主管部門和國家經濟技術開發區批准的從事融資租賃業務的試點納稅人，2016年5月1日后實收資本達到1.7億元的，從達到標準的當月起按照上述第①②點規定執行。

（4）試點納稅人中的一般納稅人（以下稱一般納稅人）提供客運場站服務，以其取得的全部價款和價外費用，扣除支付給承運方運費后的餘額為銷售額。

（5）試點納稅人提供旅遊服務，可以選擇以取得的全部價款和價外費用，扣除向旅遊服務購買方收取並支付給其他單位或者個人的住宿費、餐飲費、交通費、簽證費、門票費和支付給其他接團旅遊企業的旅遊費用后的餘額為銷售額。

選擇上述辦法計算銷售額的試點納稅人，向旅遊服務購買方收取並支付的上述費用，不得開具增值稅專用發票，可以開具普通發票。

（6）試點納稅人提供建築服務適用簡易計稅方法的，以取得的全部價款和價外費用扣除支付的分包款后的餘額為銷售額。

（7）房地產開發企業中的一般納稅人銷售其開發的房地產項目（選擇簡易計稅方法的房地產老項目除外），以取得的全部價款和價外費用，扣除受讓土地時向政府部門支付的土地價款后的餘額為銷售額。

（8）試點納稅人按照上述（2）～（7）款的規定從全部價款和價外費用中扣除的價款，應當取得符合法律、行政法規和國家稅務總局規定的有效憑證。否則，不得扣除。

上述憑證是指：

①支付給境內單位或者個人的款項，以發票為合法有效憑證。

②支付給境外單位或者個人的款項，以該單位或者個人的簽收單據為合法有效憑證，稅務機關對簽收單據有疑議的，可以要求其提供境外公證機構的確認證明。

③繳納的稅款，以完稅憑證為合法有效憑證。

④扣除的政府性基金、行政事業性收費或者向政府支付的土地價款，以省級以上（含省級）財政部門監（印）制的財政票據為合法有效憑證。

⑤國家稅務總局規定的其他憑證。

納稅人取得的上述憑證屬於增值稅扣稅憑證的，其進項稅額不得從銷項稅額中抵扣。

4.「營改增」納稅人銷售額其他特殊規定

（1）貸款服務，以提供貸款服務取得的全部利息及利息性質的收入為銷售額。

（2）直接收費金融服務，以提供直接收費金融服務收取的手續費、佣金、酬金、管理費、服務費、經手費、開戶費、過戶費、結算費、轉託管費等各類費用為銷售額。

（3）航空運輸企業的銷售額，不包括代收的機場建設費和代售其他航空運輸企業客票而代收轉付的價款。

5. 視同銷售行為銷售額的確定

視同銷售行為中某些行為由於不是以資金的形式反映出來，會出現無銷售額的現象。因此，稅法規定，對納稅人銷售貨物或者應稅勞務的價格明顯偏低且無正當理由的、發生應稅行為價格明顯偏低或者偏高且不具有合理商業目的的（不具有合理商業目的，是指以謀取稅收利益為主要目的，通過人為安排，減少、免除、推遲繳納增值稅稅款，或者增加退還增值稅稅款），或者有視同銷售行為而無銷售額的，主管稅務機關有權按照下列順序確定銷售額：

①按照納稅人最近時期銷售同類貨物、同類服務、無形資產或者不動產的平均價格確定；

②按照其他納稅人最近時期銷售同類貨物、同類服務、無形資產或者不動產的平均價格確定;

③按照組成計稅價格確定。組成計稅價格的公式為:

組成計稅價格 = 成本 × (1 + 成本利潤率)

徵收增值稅的貨物,同時又徵收消費稅的,其組成計稅價格中應加上消費稅稅額。其組成計稅價格公式為:

組成計稅價格 = 成本 × (1 + 成本利潤率) + 消費稅稅額

公式中的成本是指:銷售自產貨物的為實際生產成本,銷售外購貨物的為實際採購成本;成本利潤率按國家稅務總局確定為10%。但屬於應從價定率徵收消費稅的貨物,其組成計稅價格公式中的成本利潤率,為《消費稅若干具體問題的規定》中規定的成本利潤率。

6. 特殊經營行為的稅務處理

(1) 兼營行為

納稅人銷售貨物、加工修理修配勞務、服務、無形資產或者不動產適用不同稅率或者徵收率的,應當分別核算適用不同稅率或者徵收率的銷售額,未分別核算的,從高適用稅率:

①兼有不同稅率的銷售貨物、加工修理修配勞務、服務、無形資產或者不動產,從高適用稅率。

②兼有不同徵收率的銷售貨物、加工修理修配勞務、服務、無形資產或者不動產,從高適用徵收率。

③兼有不同稅率和徵收率的銷售貨物、加工修理修配勞務、服務、無形資產或者不動產,從高適用稅率。

例如:某試點一般納稅人既提供交通運輸服務,又提供物流輔助服務,如果該納稅人能夠分別核算上述兩項應稅服務的銷售額,則提供交通運輸服務適用11%的增值稅稅率,提供物流輔助服務適用6%的增值稅稅率;如果該納稅人沒有分別核算上述兩項應稅服務的銷售額,則提供交通運輸服務和提供物流輔助服務均從高適用11%的增值稅稅率。

(2) 混合銷售行為

從事貨物的生產、批發或者零售的單位和個體工商戶的混合銷售行為,按照銷售貨物繳納增值稅;其他單位和個體工商戶的混合銷售行為,按照銷售服務繳納增值稅。

上述從事貨物的生產、批發或者零售的單位和個體工商戶,包括以從事貨物的生產、批發或者零售為主,並兼營銷售服務的單位和個體工商戶在內。

例如家電賣場在銷售冰箱的同時提供送貨上門服務,該行為屬於混合銷售行為。因該納稅人是從事貨物的生產、批發或者零售的單位,應按照銷售貨物繳納增值稅。

納稅人銷售電信服務時,附帶贈送用戶識別卡、電信終端等貨物或者電信服務的,不屬於混合銷售,應將其取得的全部價款和價外費用進行分別核算,按各自適用的稅率計算繳納增值稅。

納稅人銷售活動板房、機器設備、鋼結構件等自產貨物的同時提供建築、安裝服

務，不屬於混合銷售，應分別核算貨物和建築服務的銷售額，分別適用不同的稅率或者徵收率。

一般納稅人銷售電梯的同時提供安裝服務，不屬於混合銷售，其安裝服務可以按照甲供工程選擇適用簡易計稅方法計稅。納稅人對安裝運行後的電梯提供的維護保養服務，按照「其他現代服務」繳納增值稅。

(二) 進項稅額的抵扣

進項稅額，是指納稅人購進貨物、加工修理修配勞務、服務、無形資產或者不動產，支付或者負擔的增值稅額。進項稅額是與銷項稅額相對應的另一概念。在開具增值稅專用發票的情況下，它們之間的對應關係是，銷售方收取的銷項稅額，就是購買方支付的進項稅額。對於任何一個一般納稅人，由於其在經營活動中，既會發生銷售貨物、提供應稅勞務、發生應稅行為，又會發生購進貨物、接受應稅勞務、應稅行為，因此，每一個一般納稅人都會有收取的銷項稅額和支付的進項稅額。增值稅的核心就是用納稅人收取的銷項稅額抵扣其支付的進項稅額，其餘額為納稅人實際應繳納的增值稅稅額。這樣，進項稅額作為可抵扣的部分，對於納稅人實際納稅多少就產生了舉足輕重的作用。

然而，需要注意的是，並不是納稅人支付的所有進項稅額都可以從銷項稅額中抵扣。稅法對不能抵扣進項稅額的項目作了嚴格規定，如果違反稅法規定，隨意抵扣進項稅額將以偷稅論處。

1. 準予從銷項稅額中抵扣的進項稅額

(1) 從銷售方取得的增值稅專用發票（含稅控機動車銷售統一發票，下同）上註明的增值稅額。

(2) 從海關取得的海關進口增值稅專用繳款書上註明的增值稅額。

(3) 從境外單位或者個人購進服務、無形資產或者不動產，自稅務機關或者扣繳義務人取得的解繳稅款的完稅憑證上註明的增值稅額。

值得注意的是，納稅人憑完稅憑證抵扣進項稅額的，應當具備書面合同、付款證明和境外單位的對帳單或者發票。資料不全的，其進項稅額不得從銷項稅額中抵扣。

(4) 納稅人購進農產品

購進用於除生產銷售或委託受託加工 17% 稅率貨物以外的其他貨物服務的農產品，須分三種情況抵扣：①取得一般納稅人開具的增值稅專用發票或海關進口增值稅專用繳款書的，以增值稅專用發票或海關進口增值稅專用繳款書上註明的增值稅額為進項稅額；②從按照簡易計稅方法依照 3% 徵收率計算繳納增值稅的小規模納稅人取得增值稅專用發票的，以增值稅專用發票上註明的金額和 11% 的扣除率計算進項稅額；③取得（開具）農產品銷售發票或收購發票的，以農產品銷售發票或收購發票上註明的農產品買價和 11% 的扣除率計算進項稅額。（買價是指納稅人購進農產品在農產品銷售發票或收購發票上註明的價款和按照規定繳納的菸葉稅）

購進用於生產銷售或委託受託加工 17% 稅率貨物的農產品維持原扣除力度不變。納稅人購進農產品既用於生產銷售或委託受託加工 17% 稅率貨物又用於生產銷售其他

貨物服務的，應當分別核算用於生產銷售或委託受託加工 17% 稅率貨物和其他貨物服務的農產品進項稅額。未分別核算的，統一以增值稅專用發票或海關進口增值稅專用繳款書上註明的增值稅額為進項稅額，或以農產品收購發票或銷售發票上註明的農產品買價和 11% 的扣除率計算進項稅額。

自 2012 年 7 月 1 日起，以購進農產品為原料生產銷售液體乳及乳製品、酒及酒精、植物油的增值稅一般納稅人，納入農產品增值稅進項稅額核定扣除試點範圍，其購進農產品無論是否用於生產上述產品，均實施核定扣除辦法，不再憑增值稅扣稅憑證抵扣增值稅進項稅額。

自 2013 年 9 月 1 日起，進一步擴大農產品增值稅進項稅額核定扣除試點行業範圍：各省、自治區、直轄市、計劃單列市稅務部門可商同級財政部門，結合本省（自治區、直轄市、計劃單列市）特點，選擇部分行業開展核定扣除試點工作。

(5) 不動產進項稅額分期抵扣的規定

①增值稅一般納稅人 2016 年 5 月 1 日后取得並在會計制度上按固定資產核算的不動產，以及 2016 年 5 月 1 日后發生的不動產在建工程，其進項稅額應按照稅法有關規定分 2 年從銷項稅額中抵扣，第一年抵扣比例為 60%，第二年抵扣比例為 40%。

取得的不動產，包括以直接購買、接受捐贈、接受投資入股以及抵債等各種形式取得的不動產。納稅人新建、改建、擴建、修繕、裝飾不動產，屬於不動產在建工程。

房地產開發企業自行開發的房地產項目，融資租入的不動產，以及在施工現場修建的臨時建築物、構築物，其進項稅額不適用上述分 2 年抵扣的規定。

②納稅人 2016 年 5 月 1 日后購進貨物和設計服務、建築服務，用於新建不動產，或者用於改建、擴建、修繕、裝飾不動產並增加不動產原值超過 50% 的，其進項稅額依照稅法有關規定分 2 年從銷項稅額中抵扣。

不動產原值，是指取得不動產時的購置原價或作價。

上述分 2 年從銷項稅額中抵扣的購進貨物，是指構成不動產實體的材料和設備，包括建築裝飾材料和給排水、採暖、衛生、通風、照明、通訊、煤氣、消防、中央空調、電梯、電氣、智能化樓宇設備及配套設施。

③納稅人按照稅法規定從銷項稅額中抵扣進項稅額，應取得 2016 年 5 月 1 日后開具的合法有效的增值稅扣稅憑證。

上述進項稅額中，60% 的部分於取得扣稅憑證的當期從銷項稅額中抵扣；40% 的部分為待抵扣進項稅額，於取得扣稅憑證的當月起第 13 個月從銷項稅額中抵扣。

④購進時已全額抵扣進項稅額的貨物和服務，轉用於不動產在建工程的，其已抵扣進項稅額的 40% 部分，應於轉用的當期從進項稅額中扣減，計入待抵扣進項稅額，並於轉用的當月起第 13 個月從銷項稅額中抵扣。

⑤納稅人銷售其取得的不動產或者不動產在建工程時，尚未抵扣完畢的待抵扣進項稅額，允許於銷售的當期從銷項稅額中抵扣。

(6) 收費公路通行費增值稅抵扣的規定

增值稅一般納稅人支付的道路、橋、閘通行費，暫憑取得的通行費發票（不含財政票據）上註明的收費金額按照下列公式計算可抵扣的進項稅額：

高速公路通行費可抵扣進項稅額＝高速公路通行費發票上註明的金額÷（1＋3%）×3%

一級公路、二級公路、橋、閘通行費可抵扣進項稅額

＝一級公路、二級公路、橋、閘通行費發票上註明的金額÷（1＋5%）×5%

2. 不得從銷項稅額中抵扣的進項稅額

納稅人取得的增值稅扣稅憑證不符合法律、行政法規或者國家稅務總局有關規定的，其進項稅額不得從銷項稅額中抵扣。增值稅扣稅憑證，是指增值稅專用發票、海關進口增值稅專用繳款書、農產品收購發票、農產品銷售發票和完稅憑證。

下列項目的進項稅額不得從銷項稅額中抵扣：

（1）用於簡易計稅方法計稅項目、免徵增值稅項目、集體福利或者個人消費的購進貨物、加工修理修配勞務、服務、無形資產和不動產。其中涉及的固定資產、無形資產、不動產，僅指專用於上述項目的固定資產、無形資產（不包括其他權益性無形資產）、不動產。

納稅人的交際應酬消費屬於個人消費。

不動產、無形資產的具體範圍，按照《銷售服務、無形資產或者不動產註釋》執行。

固定資產，是指使用期限超過12個月的機器、機械、運輸工具以及其他與生產經營有關的設備、工具、器具等有形動產。

（2）非正常損失的購進貨物，以及相關的加工修理修配勞務和交通運輸服務。

（3）非正常損失的在產品、產成品所耗用的購進貨物（不包括固定資產）、加工修理修配勞務和交通運輸服務。

（4）非正常損失的不動產，以及該不動產所耗用的購進貨物、設計服務和建築服務。

（5）非正常損失的不動產在建工程所耗用的購進貨物、設計服務和建築服務。

非正常損失，是指因管理不善造成貨物被盜、丟失、霉爛變質，以及因違反法律法規造成貨物或者不動產被依法沒收、銷毀、拆除的情形。

（6）購進的旅客運輸服務、貸款服務、餐飲服務、居民日常服務和娛樂服務。一般意義上，餐飲服務、居民日常服務和娛樂服務主要接受對象是個人。對於一般納稅人購買的上述服務，難以準確地界定接受服務的對象是企業還是個人，因此，一般納稅人接受的上述服務不得從銷項稅額中抵扣。對於旅客運輸服務，如果服務購買方是以旅客的身分購買服務，則不得抵扣進項；如果是運輸企業購買的其他運輸企業的旅客運輸服務，可以抵扣相應的進項稅額。

（7）財政部和國家稅務總局規定的其他情形。

納稅人接受貸款服務向貸款方支付的與該筆貸款直接相關的投融資顧問費、手續費、諮詢費等費用，其進項稅額不得從銷項稅額中抵扣。

（8）適用一般計稅方法的納稅人，兼營簡易計稅方法計稅項目、免徵增值稅項目而無法劃分不得抵扣的進項稅額，按照下列公式計算不得抵扣的進項稅額：

不得抵扣的進項稅額＝當期無法劃分的全部進項稅額×（當期簡易計稅方法計稅項目銷售額＋免徵增值稅項目銷售額）÷當期全部銷售額

（9）一般納稅人取得由稅務機關為小規模納稅人代開的增值稅專用發票，可以將增值稅專用發票上填寫的稅額作為進項稅額計算抵扣。

(三) 應納稅額的計算

一般納稅人在明確了銷項稅額、進項稅額之後，還需要掌握以下幾個重要規定，才能正確地計算增值稅的應納稅額。

1. 計算應納稅額的時間限定

為了保證計算應納稅額的合理性、準確性，納稅人必須嚴格把握當期進項稅額從當期銷項稅額中抵扣。「當期」是個重要的時間限定，是稅務機關依照稅法規定對納稅人確定的納稅期限，只有在納稅期限內實際發生的銷項稅額和進項稅額，才是法定的計算應納稅額的依據。目前，有些納稅人為了達到逃避納稅的目的，把當期實現的銷售額隱瞞不記帳或滯后記帳，以減少當期銷項稅額，或者把不是當期實際發生的進項稅額（上期結轉的進項稅額除外）也充作當期進項稅額，以加大進項稅額，少納稅甚至不納稅，這是違反稅法規定的行為。為了制止這種違法行為，稅法對銷售貨物或應稅勞務應計入當期銷項稅額以及抵扣的進項稅額的時間做了限定。

（1）計算銷項稅額的時間限定（詳見本章第五節「納稅義務發生時間」）

（2）進項稅額抵扣的時間限定

①增值稅一般納稅人取得2017年1月1日以后開具的增值稅專用發票和稅控機動車銷售統一發票，應在開具之日起360日內進行認證或登錄增值稅發票選擇確認平臺進行確認，並在認證通過的次月申報期內申報抵扣進項稅額（當月認證當月抵扣），逾期不得抵扣。

為認真落實《深化國稅、地稅徵管體制改革方案》有關要求，進一步優化納稅服務，完善稅收分類管理，國家稅務總局決定自2016年12月1日起，對納稅信用A級、B級、C級增值稅一般納稅人取消增值稅發票認證，通過增值稅發票稅控開票軟件登錄本省增值稅發票查詢平臺、查詢、選擇用於申報抵扣或者出口退稅的增值稅發票信息，未查詢到對應發票信息的，仍可進行掃描認證。

②增值稅一般納稅人進口貨物取得的2017年7月1日及以后開具的海關進口增值稅專用繳款書，自開具之日起360天內向主管稅務機關報送海關完稅憑證抵扣清單（電子數據），申請稽核比對，對稽核比對結果為相符的海關繳款書，納稅人應在稅務機關提供稽核比對結果的當月納稅申報期內申報抵扣，逾期未申請的其進項稅額不予抵扣。

2. 計算應納稅額時進項稅額不足抵扣的處理

由於增值稅實行購進扣稅法，有時企業當期購進貨物、接受應稅勞務或應稅行為較多，在計算應納稅額時會出現當期銷項稅額小於當期進項稅額不足抵扣的情況。根據稅法規定，當期進項稅額不足抵扣的部分可以結轉下期繼續抵扣。

3. 扣減發生期進項稅額的規定

（1）已抵扣進項稅額的購進貨物（不含固定資產）、勞務、服務，如果事後發生改變用途，用於稅法規定的不得從銷項稅額中抵扣的情況（簡易計稅方法計稅項目、免徵增值稅項目除外），應當將該進項稅額從當期進項稅額中扣減，即作進項轉出處理；無法確定該進項稅額的，按照當期實際成本計算應扣減的進項稅額。

這裡需要注意的是，所稱「從當期發生的進項稅額中扣減」，是指已抵扣進項稅額的購進貨物、勞務、服務是在哪一個時期發生上述不得抵扣進項稅額情況的，就從這個發生期內納稅人的進項稅額中扣減，而無須追溯到這些購進貨物、勞務、服務抵扣進項稅額的那個時期。

如果事後發生改變用途，用於簡易計稅方法計稅項目、免徵增值稅項目的進項稅額應按銷售額比例劃分作為進項轉出處理。

（2）已抵扣進項稅額的固定資產、無形資產，發生非正常損失，或者改變用途，專用於簡易計稅方法計稅項目、免徵增值稅項目、集體福利或者個人消費的，按照下列公式計算不得抵扣的進項稅額：

不得抵扣的進項稅額＝固定資產、無形資產淨值×適用稅率

固定資產、無形資產或者不動產淨值，是指納稅人根據財務會計制度計提折舊或攤銷后的餘額。

（3）已抵扣進項稅額的不動產，發生非正常損失，或者改變用途，專用於簡易計稅方法計稅項目、免徵增值稅項目、集體福利或者個人消費的，按照下列公式計算不得抵扣的進項稅額：

不得抵扣的進項稅額＝（已抵扣進項稅額＋待抵扣進項稅額）×不動產淨值率

不動產淨值率＝（不動產淨值÷不動產原值）×100％

不得抵扣的進項稅額小於或等於該不動產已抵扣進項稅額的，應於該不動產改變用途的當期，將不得抵扣的進項稅額從進項稅額中扣減。

不得抵扣的進項稅額大於該不動產已抵扣進項稅額的，應於該不動產改變用途的當期，將已抵扣進項稅額從進項稅額中扣減，並從該不動產待抵扣進項稅額中扣減不得抵扣進項稅額與已抵扣進項稅額的差額。

不動產在建工程發生非正常損失的，其所耗用的購進貨物、設計服務和建築服務已抵扣的進項稅額應於當期全部轉出；其待抵扣進項稅額不得抵扣。

【例2－1】某一般納稅人A公司2016年5月，購入一座辦公樓，取得的增值稅專用發票上註明價款為500萬元，進項稅額55萬元。2017年3月A公司將該樓改建為職工食堂，假設此時淨值為450萬元。

分析：

①A公司取得扣稅憑證的當期2016年5月應抵扣進項稅額＝55×60％＝33（萬元）；

剩餘40％即55×40％＝22（萬元），計入「待抵扣進項稅額」，到2017年5月抵扣。

②因2017年3月改變用途用於集體福利，須計算不得抵扣的進項稅額

不動產淨值率＝450÷500＝90%

不得抵扣的進項稅額＝（已抵扣進項稅額33萬元＋待抵扣進項稅額22萬元）×不動產淨值率90%

＝49.5萬元＞該不動產已抵扣進項稅額33萬元

應於2017年3月將已抵扣進項稅額33萬元從當期進項稅額中轉出，同時從不動產待抵扣進項稅額中扣減16.5萬元（49.5－33＝16.5），則待抵扣進項稅額變為22－（49.5－33）＝5.5萬元，繼續在2017年5月抵扣。

③假設2017年3月該不動產淨值為250萬元。

不動產淨值率＝250÷500 ＝ 50%

不得抵扣的進項稅額＝（已抵扣進項稅額33萬元＋待抵扣進項稅額22萬元）×不動產淨值率50%

＝27.5萬元＜該不動產已抵扣進項稅額33萬元

此時應將已抵扣進項稅額33萬元中的27.5萬元從當期進項稅額中轉出，待抵扣進項稅額22萬元繼續到2017年5月抵扣。

（4）按照規定不得抵扣進項稅額的不動產，發生用途改變，用於允許抵扣進項稅額項目的，按照下列公式在改變用途的次月計算可抵扣進項稅額。

可抵扣進項稅額＝增值稅扣稅憑證註明或計算的進項稅額×不動產淨值率

依照本條規定計算的可抵扣進項稅額，應取得2016年5月1日后開具的合法有效的增值稅扣稅憑證。

按照本條規定計算的可抵扣進項稅額，60%的部分於改變用途的次月從銷項稅額中抵扣，40%的部分為待抵扣進項稅額，於改變用途的次月起第13個月從銷項稅額中抵扣。

【例2－2】某一般納稅人2016年5月購進在會計制度上按固定資產核算的不動產，取得的增值稅專用發票上註明價款為1,000萬元，進項稅額為110萬元。該企業對該發票進行了認證，但申報時發現該項不動產專用於集體福利，因此未申報抵扣這筆進項稅額。至2020年2月，該不動產淨值率為80%，企業將該不動產轉為工業廠房。

此時，可抵扣進項稅額 ＝ 110×80% ＝ 88（萬元）。其中，52.8萬元（88×60%）可於2020年3月從銷項稅額中抵扣，35.2萬元（88×40%）轉入待抵扣進項稅額，於2021年3月從銷項稅額中抵扣。

4. 銷售折讓、中止或者退回涉及銷項稅額和進項稅額的稅務處理

納稅人適用一般計稅方法計稅的，因銷售折讓、中止或者退回而退還給購買方的增值稅額，應當從當期的銷項稅額中扣減；因銷售折讓、中止或者退回而收回的增值稅額，應當從當期的進項稅額中扣減，如不按規定扣減，造成進項稅額虛增，減少納稅的，都將被認定為是偷稅行為，並按規定予以處罰。

納稅人開具增值稅專用發票后，發生開票有誤或者銷售折讓、中止、退回等情形的，應當按照國家稅務總局的規定開具紅字增值稅專用發票；未按照規定開具紅字增值稅專用發票的，不得扣減銷項稅額或者銷售額。

5.「營改增」部分應稅行為徵收管理的特殊規定

（1）提供建築服務

納稅人跨縣（市、區）提供建築服務，應按照規定的納稅義務發生時間和計稅方法，向建築服務發生地主管國稅機關預繳稅款，向機構所在地主管國稅機關申報納稅。

預繳稅款計算公式如下：

①適用一般計稅方法計稅的，應預繳稅款＝（全部價款和價外費用－支付的分包款）÷（1＋11%）×2%

②適用簡易計稅方法計稅的，應預繳稅款＝（全部價款和價外費用－支付的分包款）÷（1＋3%）×3%

納稅人跨縣（市、區）提供建築服務，向建築服務發生地主管國稅機關預繳的增值稅稅款，可以在當期增值稅應納稅額中抵減，抵減不完的，結轉下期繼續抵減。納稅人以預繳稅款抵減應納稅額，應以完稅憑證作為合法有效憑證。

（2）轉讓取得的不動產

一般納稅人轉讓其取得的不動產（包括以直接購買、接受捐贈、接受投資入股、自建以及抵債等各種形式取得的不動產），按照以下規定繳納增值稅：

①一般納稅人轉讓其2016年4月30日前取得（不含自建）的不動產，可以選擇適用簡易計稅方法計稅，以取得的全部價款和價外費用扣除不動產購置原價或者取得不動產時的作價后的餘額為銷售額，按照5%的徵收率計算應納稅額。納稅人應按照上述計稅方法向不動產所在地主管地稅機關預繳稅款，向機構所在地主管國稅機關申報納稅。

②一般納稅人轉讓其2016年4月30日前自建的不動產，可以選擇適用簡易計稅方法計稅，以取得的全部價款和價外費用為銷售額，按照5%的徵收率計算應納稅額。納稅人應按照上述計稅方法向不動產所在地主管地稅機關預繳稅款，向機構所在地主管國稅機關申報納稅。

③一般納稅人轉讓其2016年4月30日前取得（不含自建）的不動產，選擇適用一般計稅方法計稅的，以取得的全部價款和價外費用為銷售額計算應納稅額。納稅人應以取得的全部價款和價外費用扣除不動產購置原價或者取得不動產時的作價后的餘額，按照5%的預徵率向不動產所在地主管地稅機關預繳稅款，向機構所在地主管國稅機關申報納稅。

④一般納稅人轉讓其2016年4月30日前自建的不動產，選擇適用一般計稅方法計稅的，以取得的全部價款和價外費用為銷售額計算應納稅額。納稅人應以取得的全部價款和價外費用，按照5%的預徵率向不動產所在地主管地稅機關預繳稅款，向機構所在地主管國稅機關申報納稅。

⑤一般納稅人轉讓其2016年5月1日後取得（不含自建）的不動產，適用一般計稅方法，以取得的全部價款和價外費用為銷售額計算應納稅額。納稅人應以取得的全部價款和價外費用扣除不動產購置原價或者取得不動產時的作價后的餘額，按照5%的預徵率向不動產所在地主管地稅機關預繳稅款，向機構所在地主管國稅機關申報納稅。

⑥一般納稅人轉讓其2016年5月1日后自建的不動產，適用一般計稅方法，以取得的全部價款和價外費用為銷售額計算應納稅額。納稅人應以取得的全部價款和價外費用，按照5%的預徵率向不動產所在地主管地稅機關預繳稅款，向機構所在地主管國稅機關申報納稅。

預繳稅款計算公式如下：

①以轉讓不動產取得的全部價款和價外費用作為預繳稅款計算依據的，計算公式為：

應預繳稅款＝全部價款和價外費用÷（1＋5%）×5%

②以轉讓不動產取得的全部價款和價外費用扣除不動產購置原價或者取得不動產時的作價后的餘額作為預繳稅款計算依據的，計算公式為：

應預繳稅款＝（全部價款和價外費用－不動產購置原價或者取得不動產時的作價）÷（1＋5%）×5%

納稅人轉讓其取得的不動產，向不動產所在地主管地稅機關預繳的增值稅稅款，可以在當期增值稅應納稅額中抵減，抵減不完的，結轉下期繼續抵減。納稅人以預繳稅款抵減應納稅額，應以完稅憑證作為合法有效憑證。

【例2－3】成都錦江區某納稅人為增值稅一般納稅人，2017年8月轉讓其2016年6月購買的寫字樓一層，取得轉讓收入1,200萬元（含稅）。寫字樓位於成都錦江區。納稅人購買時價格為888萬元，取得了增值稅專用發票，註明稅款為88萬元。該納稅人2017年8月份的其他銷項稅額為70萬元，進項稅額為30萬元，期初留抵稅額為33萬元。請問該納稅人對此轉讓寫字樓業務如何進行預繳申報及納稅申報？

【解析】

在成都錦江區主管地稅機關預繳稅款：

預繳稅款＝（1,200－888）÷（1＋5%）×5%＝14.86（萬元）。

在成都錦江區主管國稅機關將所有業務合併申報繳納增值稅：

應納稅款＝1,200÷（1＋11%）×11%（轉讓不動產）＋70（其他業務銷項稅額）－30（進項稅額）－33（留抵稅額）＝125.92（萬元）。

納稅人可憑在成都錦江區主管地稅機關繳納稅款的完稅憑證，抵減14.86萬元，該納稅人仍需繳納增值稅111.06萬元。

(3) 提供不動產經營租賃服務

一般納稅人以經營租賃方式出租其取得的不動產（包括以直接購買、接受捐贈、接受投資入股、自建以及抵債等各種形式取得的不動產）按照以下規定繳納增值稅：

①一般納稅人出租其2016年5月1日后取得的不動產，適用一般計稅方法計稅。

不動產所在地與機構所在地不在同一縣（市、區）的，納稅人應按照3%的預徵率向不動產所在地主管國稅機關預繳稅款，向機構所在地主管國稅機關申報納稅。

不動產所在地與機構所在地在同一縣（市、區）的，納稅人應向機構所在地主管國稅機關申報納稅。

一般納稅人出租其2016年4月30日前取得的不動產適用一般計稅方法計稅的，按

照上述規定執行。

②一般納稅人出租其2016年4月30日前取得的不動產，可以選擇適用簡易計稅方法，按照5%的徵收率計算應納稅額。

不動產所在地與機構所在地不在同一縣（市、區）的，納稅人應按照上述計稅方法向不動產所在地主管國稅機關預繳稅款，向機構所在地主管國稅機關申報納稅。

不動產所在地與機構所在地在同一縣（市、區）的，納稅人向機構所在地主管國稅機關申報納稅。

預繳稅款計算公式如下：

①納稅人出租不動產適用一般計稅方法計稅的，按照以下公式計算應預繳稅款：

應預繳稅款＝含稅銷售額÷（1＋11%）×3%

②納稅人出租不動產適用簡易計稅方法計稅的，除個人出租住房外，按照以下公式計算應預繳稅款：

應預繳稅款＝含稅銷售額÷（1＋5%）×5%

納稅人出租不動產，向不動產所在地主管國稅機關預繳的增值稅款，可以在當期增值稅應納稅額中抵減，抵減不完的，結轉下期繼續抵減。納稅人以預繳稅款抵減應納稅額，應以完稅憑證作為合法有效憑證。

【例2-4】北京海澱區某納稅人為增值稅一般納稅人，2016年8月1日購買了天津商鋪一層用於出租，購買時價格為666萬元，取得增值稅專用發票，註明增值稅款66萬元。該納稅人立即將該商鋪出租，2016年8月收取當月租金12萬元。假設該納稅人2016年8月份其他業務的增值稅應納稅額為28萬元。請問，2016年9月申報期，該納稅人應如何計算8月所屬期的增值稅應納稅額？應如何申報納稅？

【解析】

在天津主管國稅機關預繳稅款：

預繳稅款＝12÷（1＋11%）×3%＝0.32（萬元）

納稅人回機構所在地北京海澱區主管國稅機關申報繳納增值稅：

應納稅額＝12÷（1＋11%）×11%－66×60%＋28＝－10.41（萬元）

該納稅人8月份增值稅留抵稅額為10.41萬元，可留待以後納稅期繼續抵扣。同時納稅人在天津預繳的0.32萬元，也可憑在天津主管國稅機關開具的完稅憑證結轉下期繼續抵減。

(4) 房地產開發企業銷售自行開發的房地產項目

①一般納稅人銷售自行開發（是指在依法取得土地使用權的土地上進行基礎設施和房屋建設）的房地產項目，適用一般計稅方法計稅，按照取得的全部價款和價外費用，扣除當期銷售房地產項目對應的土地價款後的餘額計算銷售額。銷售額的計算公式如下：

銷售額＝（全部價款和價外費用－當期允許扣除的土地價款）÷（1＋11%）

當期允許扣除的土地價款按照以下公式計算：

當期允許扣除的土地價款＝（當期銷售房地產項目建築面積÷房地產項目可供銷

售建築面積）×支付的土地價款

當期銷售房地產項目建築面積，是指當期進行納稅申報的增值稅銷售額對應的建築面積。房地產項目可供銷售建築面積，是指房地產項目可以出售的總建築面積，不包括銷售房地產項目時未單獨作價結算的配套公共設施的建築面積。

支付的土地價款，是指向政府、土地管理部門或受政府委託收取土地價款的單位直接支付的土地價款。在計算銷售額時從全部價款和價外費用中扣除土地價款，應當取得省級以上（含省級）財政部門監（印）制的財政票據。

②一般納稅人銷售自行開發的房地產老項目適用簡易計稅方法計稅的，以取得的全部價款和價外費用為銷售額，不得扣除對應的土地價款。

③預繳稅款的規定

一般納稅人採取預收款方式銷售自行開發的房地產項目，應在收到預收款時按照3%的預徵率按照以下公式計算預繳增值稅。

應預繳稅款＝預收款÷（1＋適用稅率或徵收率）×3%

適用一般計稅方法計稅的，按照11%的適用稅率計算；適用簡易計稅方法計稅的，按照5%的徵收率計算。

一般納稅人應在取得預收款的次月納稅申報期向主管國稅機關預繳稅款。

納稅人銷售自行開發的房地產項目，應按稅法規定的納稅義務發生時間計算當期的應納稅額，抵減已預繳稅款后，向主管國稅機關申報納稅。未抵減完的預繳稅款可以結轉下期繼續抵減。

【2-5】某房地產開發企業為一般納稅人，於2017年8月預售2016年6月開工尚未開發完畢的房地產項目，當期取得全部價款和價外費用2,220萬元，開具增值稅專用發票，當期允許扣除的土地價款為800萬元。該房地產開發企業應如何計算2017年8月所屬期的增值稅應納稅額？應如何申報納稅？

【解析】

預繳稅額＝2,220÷（1＋11%）×3%＝60（萬元）

應納稅額＝（2,220－800）÷（1＋11%）×11%－60＝80.72（萬元）

6.《財政部、國家稅務總局關於增值稅稅控系統專用設備和技術維護費用抵減增值稅稅額有關政策的通知》（財稅〔2012〕15號）規定，增值稅納稅人2011年12月1日以后初次購買增值稅稅控系統專用設備支付的費用以及繳納的技術維護費用，可憑取得的增值稅專用發票以及技術維護費發票，在增值稅應納稅額中全額抵減（抵減額為價稅合計額），不足抵減的可結轉下期繼續抵減。增值稅納稅人非初次購買增值稅稅控系統專用設備支付的費用，由其自行負擔，不得在增值稅應納稅額中抵減。

【例2-6】本章導入案例計算如下：

【解析】當期銷項稅額＝80×17%＋5.85÷（1＋17%）×17%＋29.25÷（1＋17%）×17%＋20×（1＋10%）×17%＋6×17%＝23.46（萬元）

當期進項稅額＝10.2＋6×11%＋（30×13%＋5×11%）×（1－20%）＋2×6%＝15.62（萬元）

該企業6月份應繳納的增值稅額＝23.46－15.62＝7.84（萬元）

【例2－7】某商貿企業為增值稅一般納稅人，從事商品批發、零售以及進口業務，2017年9月發生如下業務：

（1）批發銷售商品取得不含稅銷售額540萬元，由於購貨方提前償還貨款，按照合同規定，給予購貨方2%的銷售折扣，實際收到不含稅貨款529.2萬元；零售商品取得含稅銷售額655萬元；以舊換新銷售金銀首飾，實際取得含稅銷售額23.5萬元，該批金銀首飾新貨的零售價格為26.9萬元。

（2）從國內採購商品，取得增值稅專用發票，註明金額450萬元、增值稅76.5萬元，購貨過程中發生不含稅運輸費用40萬元，取得增值稅專用發票。

（3）將市場不含稅價格為35萬元的勞保用品與甲公司（增值稅一般納稅人）生產的A商品進行交換，A商品的市場不含稅售價為38萬元，該商貿企業用銀行存款支付了補價，雙方均開具了增值稅專用發票。

（4）本月從農民手中購進一批免稅農產品。開具農產品收購發票註明買價為5萬元，將其中的60%贈送給希望小學食堂，20%用於本企業職工食堂，20%對外銷售，取得含稅收入1.58萬元。

（5）收取購貨方延期付款利息3.2萬元，本月銷售非酒類貨物時收取包裝物押金1.7萬元，合同約定期限為3個月。

（6）月末盤點時發現，以前購進的部分庫存商品因管理不善丟失或霉爛，其中從一般納稅人處購進的商品丟失，成本3.6萬元；從農民手中購進的免稅農產品發生霉爛，成本0.87萬元（均已抵扣了進項稅額）；從小規模納稅人處購進的商品丟失，成本0.6萬元（購進時，未取得稅務機關代開的增值稅專用發票）。

（7）本月購進辦公大樓一座，用於公司辦公，計入固定資產，並於次月開始計提折舊。取得的增值稅專用發票上註明的金額為1,600萬元，增值稅稅額為176萬元。

假定上述相關票據均在取得的當月通過認證並允許抵扣。

要求：根據上述資料，按序號回答下列問題：

（1）計算該商貿企業2017年9月的銷項稅額；

（2）計算該商貿企業2017年9月應轉出的進項稅額；

（3）計算該商貿企業2017年9月準予從銷項稅額中抵扣的進項稅額

（4）計算該商貿企業2017年9月應納的增值稅。

【解析】

（1）銷項稅額＝［540＋（655＋23.5＋3.2）÷（1＋17%）＋35］×17%＋1.58÷（1＋13%）×13%＋1.58÷（1＋13%）÷20%×60%×13%＝197.53（萬元）

（2）應轉出的進項稅額＝3.6×17%＋0.87÷（1－13%）×13%＝0.74（萬元）

（3）準予從銷項稅額中抵扣的進項稅額

＝76.5＋40×11%＋38×17%＋5×13%×（1－20%）＋176×60%－0.74＝192.74（萬元）

（5）應納的增值稅＝197.54－192.74＝4.79（萬元）

【例2-8】成都市某公司專門從事認證服務，2013年8月1日被認定為增值稅一般納稅人。2017年7月發生如下業務：

（1）取得某項認證服務收入，價稅合計106萬元；

（2）購入一臺經營用設備，取得增值稅專用發票註明金額20萬元，增值稅3.4萬元；支付運費，取得增值稅專用發票註明金額0.5萬元，增值稅0.055萬元；

（3）支付廣告服務費，取得增值稅專用發票註明金額5萬元，增值稅0.3萬元；

（4）銷售2012年1月20日購進的一臺固定資產，售價0.206萬元。

計算該公司應納增值稅稅額。

【解析】

（1）銷項稅額 = 106 ÷ （1 + 6%） × 6% = 6（萬元）

（2）進項稅額 = 3.4 + 0.055 + 0.3 = 3.755（萬元）

（3）一般計稅方法的應納稅額 = 6 - 3.755 = 2.245（萬元）

（4）簡易計稅方法的應納稅額 = 0.206 ÷ （1 + 3%） × 2% = 0.004（萬元）

（5）應納增值稅稅額 = 2.245 + 0.004 = 2.249（萬元）

二、小規模納稅人應納稅額的計算

小規模納稅人銷售貨物、提供加工修理修配勞務、發生應稅行為適用簡易計稅方法計稅。按照不含增值稅的銷售額和徵收率計算應納稅額，不能抵扣進項稅額。其應納稅額的計算公式為：

應納稅額 = 銷售額 × 徵收率

銷售額 = 含稅銷售額 ÷ （1 + 徵收率）

納稅人適用簡易計稅方法計稅的，因銷售折讓、中止或者退回而退還給購買方的銷售額，應當從當期銷售額中扣減。扣減當期銷售額後仍有餘額造成多繳的稅款，可以從以後的應納稅額中扣減。

【例2-9】某小型工業企業是增值稅小規模納稅人，2017年8月取得銷售收入15.45萬元（含增值稅）；購入原材料一批，取得普通發票，支付貨款4.12萬元。計算該企業當月應繳納的增值稅稅額。

【解析】當月的應納增值稅稅額 = 15.45 ÷ （1 + 3%） × 3% = 0.45（萬元）

三、進口貨物應納稅額的計算

進口貨物的應納稅額，不管納稅人是一般納稅人還是小規模納稅人，均按進口貨物的組成計稅價格和規定的稅率計算（17%或13%）；並且不能抵扣任何進項稅額，即在計算進口環節的應納增值稅稅額時，不得抵扣發生在中國境外的各種稅金。其計算公式為：

應納稅額 = 組成計稅價格 × 稅率

組成計稅價格 = 關稅完稅價格 + 關稅 （+ 消費稅）

【例2-10】某增值稅一般納稅人2017年5月從國外進口一批原材料，海關審定的

完稅價格為150萬元，該批原材料分別按10%和17%的稅率向海關繳納了關稅和進口環節增值稅，並取得了相關完稅憑證。該批原材料當月加工成產品後全部在國內銷售，取得銷售收入300萬元（不含增值稅），同時支付銷貨運費，取得增值稅專用發票註明運費10萬元。已知該企業適用的增值稅稅率為17%，計算該企業當月應繳納的增值稅稅額。

解：（1）進口環節應繳納的增值稅稅額 =（150 + 150 × 10%）× 17% = 28.05（萬元）

（2）國內銷售環節的銷項稅額 = 300 × 17% = 51（萬元）

（3）國內銷售環節允許抵扣的進項稅額 = 28.05 + 10 × 11% = 29.15（萬元）

（4）國內銷售環節應繳納的增值稅稅額 = 51 − 29.15 = 21.85（萬元）

第四節　增值稅的稅收優惠和出口貨物、服務、無形資產退（免）稅

一、增值稅的稅收優惠

(一)《增值稅暫行條例》規定的免稅項目

（1）農業生產者銷售的自產農產品。
（2）避孕藥品和用具。
（3）古舊圖書，即指向社會收購的古書和舊書。
（4）直接用於科學研究、科學試驗和教學的進口儀器、設備。
（5）外國政府、國際組織無償援助的進口物資和設備。
（6）由殘疾人的組織直接進口供殘疾人專用的物品。
（7）銷售的自己使用過的物品，即指其他個人自己使用過的物品。

除上述規定外，增值稅的免稅、減稅項目由國務院規定。任何地區、部門均不得規定免稅、減稅項目。

(二) 根據營業稅改徵增值稅試點過渡政策的規定，下列項目免徵增值稅

（1）托兒所、幼兒園提供的保育和教育服務。
（2）養老機構提供的養老服務。
（3）殘疾人福利機構提供的育養服務。
（4）婚姻介紹服務。
（5）殯葬服務。
（6）殘疾人員本人為社會提供的服務。
（7）醫療機構提供的醫療服務。
（8）從事學歷教育的學校提供的教育服務。
（9）學生勤工儉學提供的服務。
（10）農業機耕、排灌、病蟲害防治、植物保護、農牧保險以及相關技術培訓業

務、家禽、牲畜、水生動物的配種和疾病防治。

（11）紀念館、博物館、文化館、文物保護單位管理機構、美術館、展覽館、書畫院、圖書館在自己的場所提供文化體育服務取得的第一道門票收入。

（12）寺院、宮觀、清真寺和教堂舉辦文化、宗教活動的門票收入。

（13）行政單位之外的其他單位收取的符合規定條件的政府性基金和行政事業性收費。

（14）個人轉讓著作權。

（15）個人銷售自建自用住房。

（16）2018年12月31日前，公共租賃住房經營管理單位出租公共租賃住房。

（17）臺灣航運公司、航空公司從事海峽兩岸海上直航、空中直航業務在大陸取得的運輸收入。

（18）納稅人提供的直接或者間接國際貨物運輸代理服務。

（19）以下利息收入。

①2016年12月31日前，金融機構農戶小額貸款。

②國家助學貸款。

③國債、地方政府債。

④人民銀行對金融機構的貸款。

⑤住房公積金管理中心用住房公積金在指定的委託銀行發放的個人住房貸款。

⑥外匯管理部門在從事國家外匯儲備經營過程中，委託金融機構發放的外匯貸款。

⑦統借統還業務中，企業集團或企業集團中的核心企業以及集團所屬財務公司按不高於支付給金融機構的借款利率水平或者支付的債券票面利率水平，向企業集團或者集團內下屬單位收取的利息。

（20）被撤銷金融機構以貨物、不動產、無形資產、有價證券、票據等財產清償債務。

（21）保險公司開辦的一年期以上人身保險產品取得的保費收入。

（22）下列金融商品轉讓收入。

①合格境外投資者（QFII）委託境內公司在中國從事證券買賣業務。

②香港市場投資者（包括單位和個人）通過滬港通買賣上海證券交易所上市A股。

③對香港市場投資者（包括單位和個人）通過基金互認買賣內地基金份額。

④證券投資基金（封閉式證券投資基金，開放式證券投資基金）管理人運用基金買賣股票、債券。

⑤個人從事金融商品轉讓業務。

（23）金融同業往來利息收入。

（24）同時符合下列條件的擔保機構從事中小企業信用擔保或者再擔保業務取得的收入（不含信用評級、諮詢、培訓等收入）3年內免徵增值稅。

①已取得監管部門頒發的融資性擔保機構經營許可證，依法登記註冊為企（事）業法人，實收資本超過2,000萬元。

②平均年擔保費率不超過銀行同期貸款基準利率的50%。平均年擔保費率＝本期

擔保費收入／（期初擔保餘額＋本期增加擔保金額）×100%。

③連續合規經營2年以上，資金主要用於擔保業務，具備健全的內部管理制度和為中小企業提供擔保的能力，經營業績突出，對受保項目具有完善的事前評估、事中監控、事後追償與處置機制。

④為中小企業提供的累計擔保貸款額占其兩年累計擔保業務總額的80%以上，單筆800萬元以下的累計擔保貸款額占其累計擔保業務總額的50%以上。

⑤對單個受保企業提供的擔保餘額不超過擔保機構實收資本總額的10%，且平均單筆擔保責任金額最多不超過3,000萬元人民幣。

⑥擔保責任餘額不低於其淨資產的3倍，且代償率不超過2%。

（25）國家商品儲備管理單位及其直屬企業承擔商品儲備任務，從中央或者地方財政取得的利息補貼收入和價差補貼收入。

（26）納稅人提供技術轉讓、技術開發和與之相關的技術諮詢、技術服務。

（27）同時符合下列條件的合同能源管理服務：

①節能服務公司實施合同能源管理項目相關技術，應當符合國家質量監督檢驗檢疫總局和國家標準化管理委員會發布的《合同能源管理技術通則》（GB/T24915－2010）規定的技術要求。

②節能服務公司與用能企業簽訂節能效益分享型合同，其合同格式和內容，符合《中華人民共和國合同法》和《合同能源管理技術通則》（GB/T24915－2010）等規定。

（28）2017年12月31日前，科普單位的門票收入，以及縣級及以上黨政部門和科協開展科普活動的門票收入。

（29）政府舉辦的從事學歷教育的高等、中等和初等學校（不含下屬單位），舉辦進修班、培訓班取得的全部歸該學校所有的收入。

（30）政府舉辦的職業學校設立的主要為在校學生提供實習場所、並由學校出資自辦、由學校負責經營管理、經營收入歸學校所有的企業，從事《銷售服務、無形資產或者不動產註釋》中「現代服務」（不含融資租賃服務、廣告服務和其他現代服務）、「生活服務」（不含文化體育服務、其他生活服務和桑拿、氧吧）業務活動取得的收入。

（31）家政服務企業由員工制家政服務員提供家政服務取得的收入。

（32）福利彩票、體育彩票的發行收入。

（33）軍隊空餘房產租賃收入。

（34）為了配合國家住房制度改革，企業、行政事業單位按房改成本價、標準價出售住房取得的收入。

（35）將土地使用權轉讓給農業生產者用於農業生產。

（36）涉及家庭財產分割的個人無償轉讓不動產、土地使用權。

（37）土地所有者出讓土地使用權和土地使用者將土地使用權歸還給土地所有者。

（38）縣級以上地方人民政府或自然資源行政主管部門出讓、轉讓或收回自然資源使用權（不含土地使用權）。

（39）隨軍家屬就業。

(40) 軍隊轉業幹部就業。

(三) 增值稅起徵點的規定

個人（不包括登記為一般納稅人的個體工商戶）發生應稅行為的銷售額未達到增值稅起徵點的，免徵增值稅；達到起徵點的，全額計算繳納增值稅。增值稅起徵點幅度如下：

(1) 銷售貨物的，為月銷售額 5,000～20,000 元；

(2) 銷售應稅勞務的，為月銷售額 5,000～20,000 元；

(3) 按次納稅的，為每次（日）銷售額 300－500 元。

(4) 應稅行為的的起徵點：①按期納稅的，為月銷售額 5,000～20,000 元（含本數）；②按次納稅的，為每次（日）銷售額 300～500 元（含本數）。

起徵點的調整由財政部和國家稅務總局規定。省、自治區、直轄市財政廳（局）和國家稅務局應當在規定的幅度內，根據實際情況確定本地區適用的起徵點，並報財政部和國家稅務總局備案。

(四) 小微企業的優惠政策

對增值稅小規模納稅人中月銷售額未達到 2 萬元的企業或非企業性單位，免徵增值稅。

為了進一步扶持小微企業發展，2017 年 12 月 31 日前，對月銷售額 2 萬元（含本數）至 3 萬元的增值稅小規模納稅人，免徵增值稅。其中，以 1 個季度為納稅期限的增值稅小規模納稅人和營業稅納稅人，季度銷售額或營業額不超過 9 萬元的，按照上述規定免徵增值稅。

增值稅小規模納稅人應分別核算銷售貨物，提供加工、修理修配勞務的銷售額，和銷售服務、無形資產的銷售額。增值稅小規模納稅人銷售貨物，提供加工、修理修配勞務月銷售額不超過 3 萬元（按季納稅 9 萬元），銷售服務、無形資產月銷售額不超過 3 萬元（按季納稅 9 萬元）的，自 2016 年 5 月 1 日起至 2017 年 12 月 31 日，可分別享受小微企業暫免徵收增值稅優惠政策。

(五) 其他有關減免稅規定

1. 納稅人兼營免稅、減稅項目的，應當分別核算免稅、減稅項目的銷售額；未分別核算銷售額的，不得免稅、減稅。

2. 納稅人銷售貨物、提供應稅勞務或者發生應稅行為適用免稅、減稅規定的，可以放棄免稅、減稅，依照規定繳納增值稅。放棄免稅、減稅后，36 個月內不得再申請免稅、減稅。

二、出口貨物、服務、無形資產退（免）稅

出口貨物、服務、無形資產退（免）稅是國際貿易中通常採用的並為世界各國普遍接受的、目的在於鼓勵各國出口貨物、服務、無形資產公平競爭的一種退還或免徵間接稅（目前中國主要包括增值稅、消費稅）的稅收措施。即對出口貨物、服務、無

形資產實行零稅率或免稅，使本國產品以不含稅（增值稅、消費稅等）的價格進入國際市場，以提高本國產品的國際競爭力，這也是國際通行做法。中國的出口貨物、服務、無形資產退（免）稅是指在國際貿易業務中，對中國報關出口的貨物、服務、無形資產退還或免徵其在國內各生產和流轉環節按稅法規定繳納的增值稅和消費稅，即對增值稅出口貨物、服務、無形資產實行零稅率，對消費稅出口貨物免稅。

（一）出口退（免）稅的基本政策

目前，中國的出口退（免）稅收政策分為以下三種形式：

1. 出口免稅並退稅

出口免稅是指對貨物、服務、無形資產在出口銷售環節不徵增值稅，這是把貨物、服務、無形資產出口環節與出口前的銷售環節都同樣視為一個徵稅環節；出口退稅是指對貨物、服務、無形資產在出口前實際承擔的稅收負擔，按規定的退稅率計算後予以退還。

2. 出口免稅不退稅

出口免稅同上；出口不退稅是指適用這個政策的出口貨物、服務、無形資產因在前一道生產、銷售環節或進口環節是免稅的，因此，出口時該貨物、服務、無形資產的價格中本身就不含稅，也無須退稅。

3. 出口不免稅也不退稅

出口不免稅是指對國家限制或禁止出口的某些貨物、服務、無形資產的出口環節視同內銷環節，照常徵稅；出口不退稅是指對這些貨物、服務、無形資產出口不退還出口前其所負擔的稅款。適用這個政策的主要是稅法列舉限制或禁止出口的貨物，如天然牛黃、麝香等。

（二）出口貨物、服務、無形資產的增值稅退稅率

除財政部和國家稅務總局根據國務院決定而明確的增值稅出口退稅率外，出口貨物的退稅率為其適用稅率；服務、無形資產退稅率為其按照「營改增」規定適用的增值稅稅率。

（三）增值稅「免、抵、退」稅和免退稅的計算

1. 生產企業出口貨物、服務、無形資產增值稅免抵退稅，依下列公式計算：

（1）當期應納稅額的計算

當期應納稅額＝當期銷項稅額－（當期進項稅額－當期不得免徵和抵扣稅額）

當期不得免徵和抵扣稅額＝當期出口貨物離岸價×外匯人民幣折合率×（出口貨物適用稅率－出口貨物退稅率）－當期不得免徵和抵扣稅額抵減額

當期不得免徵和抵扣稅額抵減額＝當期免稅購進原材料價格×（出口貨物適用稅率－出口貨物退稅率）

（2）當期免抵退稅額的計算

當期免抵退稅額＝當期出口貨物離岸價×外匯人民幣折合率×出口貨物退稅率－當期免抵退稅額抵減額

当期免抵退税额抵減額＝當期免稅購進原材料價格×出口貨物退稅率

（3）當期應退稅額和免抵稅額的計算

①當期期末留抵稅額≤當期免抵退稅額，則

當期應退稅額＝當期期末留抵稅額

當期免抵稅額＝當期免抵退稅額－當期應退稅額

②當期期末留抵稅額＞當期免抵退稅額，則

當期應退稅額＝當期免抵退稅額

當期免抵稅額＝0

當期期末留抵稅額為當期增值稅納稅申報表中「期末留抵稅額」。

外貿企業直接將服務或自行研發的無形資產出口，視同生產企業連同其出口貨物統一實行免抵退稅辦法。

2. 外貿企業出口貨物及外購服務或者無形資產出口增值稅免退稅，依下列公式計算：

（1）外貿企業出口委託加工修理修配貨物以外的貨物：

增值稅應退稅額＝增值稅退（免）稅計稅依據×出口貨物退稅率

（2）外貿企業出口委託加工修理修配貨物：

出口委託加工修理修配貨物的增值稅應退稅額＝委託加工修理修配的增值稅退（免）稅計稅依據×出口貨物退稅率

3. 退稅率低於適用稅率的，相應計算出的差額部分的稅款計入出口貨物勞務成本。

4. 出口企業既有適用增值稅免抵退項目，也有增值稅即徵即退、先徵後退項目的，增值稅即徵即退和先徵後退項目不參與出口項目免抵退稅計算。出口企業應分別核算增值稅免抵退項目和增值稅即徵即退、先徵後退項目，並分別申請享受增值稅即徵即退、先徵後退和免抵退稅政策。

5. 實行免抵退稅辦法的零稅率服務或者無形資產，提供者如同時有貨物勞務（勞務指對外加工修理修配勞務，下同）出口的，可結合現行出口貨物免抵退稅計算公式一併計算。稅務機關在審批時，按照出口貨物勞務、零稅率服務或者無形資產免抵退稅額比例劃分出口貨物勞務、零稅率服務或者無形資產的退稅額和免抵稅額。

第五節　增值稅的徵收管理及增值稅專用發票的使用和管理

一、增值稅的徵收管理

（一）增值稅的納稅義務發生時間

增值稅納稅義務發生時間是指增值稅納稅人發生應稅行為應當承擔納稅義務的起始時間。稅法明確規定納稅義務發生時間的作用在於：第一，正式確認納稅人已經發生屬於稅法規定的應稅行為，應承擔納稅義務；第二，有利於稅務機關實施稅務管理，

合理規定申報期限和納稅期限，監督納稅人切實履行納稅義務。

1. 銷售貨物或者應稅勞務的納稅義務發生時間

（1）銷售貨物或者應稅勞務，納稅義務發生時間為收訖銷售款項或取得索取銷售款項憑據的當天。先開具發票的，為開具發票的當天。其中，納稅人收訖銷售款項或取得索取銷售款項憑據的當天，按銷售結算方式不同具體為：

①採取直接收款方式銷售貨物，不論貨物是否發出，均為收到銷售額或取得索取銷售額的憑據的當天。對於納稅人生產經營活動中採取直接收款方式銷售貨物，已將貨物移送對方並暫估銷售收入入帳，但既未取得銷售款或取得索取銷售款憑據也未開具銷售發票的，其增值稅納稅義務發生時間為取得銷售款或取得索取銷售款憑據的當天；先開具發票的，為開具發票的當天。

②採取托收承付和委託銀行收款方式銷售貨物，為發出貨物並辦妥托收手續的當天。

③採取賒銷和分期收款方式銷售貨物，為書面合同約定的收款日期的當天，無書面合同的或者書面合同沒有約定收款日期的，為貨物發出的當天。

④採取預收貨款方式銷售貨物，為貨物發出的當天。但生產銷售、生產工期超過12個月的大型機械設備、船舶、飛機等貨物，為收到預收款或者書面合同約定的收款日期的當天。

⑤委託其他納稅人代銷貨物，為收到代銷單位銷售的代銷清單或者收到全部或者部分貨款的當天；未收到代銷清單及貨款的，其納稅義務發生時間為發出代銷貨物滿180天的當天。

⑥銷售應稅勞務，為提供勞務同時收訖銷售額或取得索取銷售額的憑據的當天。

⑦發生除將貨物交付其他單位或個人代銷和銷售代銷貨物以外的視同銷售貨物行為，為貨物移送的當天。

（2）進口貨物，納稅義務發生時間為報關進口的當天。

（3）扣繳義務發生時間為納稅人增值稅納稅義務發生的當天。

2. 應稅行為的納稅義務發生時間

（1）納稅人發生應稅行為並收訖銷售款項或者取得索取銷售款項憑據的當天；先開具發票的，為開具發票的當天。

收訖銷售款項，是指納稅人銷售服務、無形資產、不動產過程中或者完成后收到款項。

取得索取銷售款項憑據的當天，是指書面合同確定的付款日期；未簽訂書面合同或者書面合同未確定付款日期的，為服務、無形資產轉讓完成的當天或者不動產權屬變更的當天。

（2）納稅人提供建築服務、租賃服務採取預收款方式的，其納稅義務發生時間為收到預收款的當天。

（3）納稅人從事金融商品轉讓的，為金融商品所有權轉移的當天。

（4）納稅人發生視同銷售服務、無形資產或者不動產的，其納稅義務發生時間為服務、無形資產轉讓完成的當天或者不動產權屬變更的當天。

（5）增值稅扣繳義務發生時間為納稅人增值稅納稅義務發生的當天。

上述銷售貨物、應稅勞務、應稅行為納稅義務發生時間的確定，明確了企業在計算應納稅額時，對「當期銷項稅額」時間的限定，是增值稅計稅和徵收管理中重要的規定。目前，一些企業沒有按照上述規定的納稅義務發生時間將實現的收入及時入帳並計算納稅，而是採取延遲入帳或不計收入等做法，以拖延納稅或逃避納稅，這些做法都是錯誤的。企業必須按上述規定的時限及時、準確地記錄銷售額和計算當期銷項稅額。

（二）增值稅的納稅期限

納稅期限是指納稅人發生納稅義務后向國家繳納稅款的時間限度。規定納稅期限既有利於國家稅收收入的均衡穩定，也有利於納稅人的資金調度和經費核算。

增值稅的納稅期限分別為 1 日、3 日、5 日、10 日、15 日、1 個月或者 1 個季度。納稅人的具體納稅期限，由主管稅務機關根據納稅人應納稅額的大小分別核定，以 1 個季度為納稅期限的規定適用於小規模納稅人、銀行、財務公司、信託投資公司、信用社，以及財政部和國家稅務總局規定的其他納稅人；不能按照固定期限納稅的，可以按次納稅。

納稅人以 1 個月或者 1 個季度為 1 個納稅期的，自期滿之日起 15 日內申報納稅；以 1 日、3 日、5 日、10 日或者 15 日為 1 個納稅期的，自期滿之日起 5 日內預繳稅款，於次月 1 日起 15 日內申報納稅並結清上月應納稅款。

扣繳義務人解繳稅款的期限，依照上述規定執行。

納稅人進口貨物，應當自海關填發海關進口增值稅專用繳款書之日起 15 日內繳納稅款。

納稅人出口貨物適用退（免）稅規定的，應當向海關辦理出口手續，憑出口報關單等有關憑證，在規定的出口退（免）稅申報期內按月向主管稅務機關申報辦理該項出口貨物的退（免）稅。

出口貨物辦理退稅后發生退貨或者退關的，納稅人應當依法補繳已退的稅款。

（三）增值稅的納稅地點

增值稅的納稅地點既關係到是否方便徵納，還關係到是否有利於處理地區與地區之間的財政分配關係。因此，納稅地點的確定必須科學、合理。

1. 銷售貨物或者應稅勞務的納稅地點

（1）固定業戶應當向其機構所在地或者居住地主管稅務機關申報納稅。總機構和分支機構不在同一縣（市）的，應當分別向各自所在地的主管稅務機關申報納稅；經財政部和國家稅務總局或者其授權的財政和稅務機關批准，可以由總機構匯總向總機構所在地的主管稅務機關申報納稅。

（2）固定業戶到外縣（市）銷售貨物或者應稅勞務，應當向其機構所在地的主管稅務機關申請開具外出經營活動稅收管理證明，並向其機構所在地的主管稅務機關申報納稅；未開具證明的，應當向銷售地或者勞務發生地的主管稅務機關申報納稅；未向銷售地或者勞務發生地的主管稅務機關申報納稅的，由其機構所在地的主管稅務機

關補徵稅款。

（3）非固定業戶銷售貨物或者應稅勞務，應當向銷售地或者勞務發生地的主管稅務機關申報納稅；未向銷售地或者勞務發生地的主管稅務機關申報納稅的，由其機構所在地或者居住地的主管稅務機關補徵稅款。

（4）進口貨物，應當向報關地海關申報納稅。

（5）扣繳義務人應當向其機構所在地或者居住地主管稅務機關申報繳納扣繳的稅款。

2. 應稅行為的納稅地點

（1）固定業戶應當向其機構所在地或者居住地主管稅務機關申報納稅。總機構和分支機構不在同一縣（市）的，應當分別向各自所在地的主管稅務機關申報納稅；經財政部和國家稅務總局或者其授權的財政和稅務機關批准，可以由總機構匯總向總機構所在地的主管稅務機關申報納稅。

（2）非固定業戶應當向應稅行為發生地主管稅務機關申報納稅；未申報納稅的，由其機構所在地或者居住地主管稅務機關補徵稅款。

（3）其他個人提供建築服務，銷售或者租賃不動產，轉讓自然資源使用權，應向建築服務發生地、不動產所在地、自然資源所在地主管稅務機關申報納稅。

（4）扣繳義務人應當向其機構所在地或者居住地主管稅務機關申報繳納扣繳的稅款。

二、增值稅專用發票的使用和管理

增值稅專用發票不僅是納稅人經濟活動中的重要商業憑證，而且是兼記銷貨方銷項稅額和購貨方進項稅額進行稅款抵扣的憑證，對增值稅的計算和管理起著決定性的作用。因此，正確使用和管理增值稅專用發票，直接關係到整個增值稅制度能否正常有效的運作，關係到增值稅的原理能否實現。

專用發票，是指一般納稅人銷售貨物、提供應稅勞務、發生應稅行為開具的發票，是購買方支付增值稅額並可按照增值稅有關規定據以抵扣增值稅進項稅額的憑證。

（一）增值稅專用發票的聯次

專用發票由基本聯次或者基本聯次附加其他聯次構成，基本聯次為三聯：發票聯，作為購買方核算採購成本和增值稅進項稅額的記帳憑證；抵扣聯，作為購買方報送主管稅務機關認證和留存備查的憑證；記帳聯，作為銷售方核算銷售收入和增值稅銷項稅額的記帳憑證。其他聯次的用途，由一般納稅人自行確定。

（二）增值稅專用發票的開票限額

專用發票實行最高開票限額管理。最高開票限額，是指單份專用發票開具的銷售額合計數不得達到的上限額度。

最高開票限額由一般納稅人申請，填報《最高開票限額申請表》，區縣稅務機關依法審批。稅務機關審批最高開票限額應進行實地查驗。

（三）增值稅專用發票領購使用範圍

一般納稅人有下列情形之一的，不得領購開具專用發票：

1. 會計核算不健全，不能向稅務機關準確提供增值稅銷項稅額、進項稅額和應納稅額數據及其他有關增值稅稅務資料的。

2. 有《稅收徵管法》規定的稅收違法行為，拒不接受稅務機關處理的。

3. 有下列行為之一，經稅務機關責令限期改正而仍未改正的：虛開增值稅專用發票；私自印製專用發票；向稅務機關以外的單位和個人買取專用發票；借用他人專用發票；未按規定開具專用發票；未按規定保管專用發票和專用設備；未按規定申請辦理防偽稅控系統變更發行；未按規定接受稅務機關檢查。有上列情形的，如已領購專用發票，主管稅務機關應暫扣其結存的專業發票和 IC 卡。

(四) 增值稅專用發票開具範圍

1. 一般納稅人銷售貨物或者應稅勞務，應當向索取增值稅專用發票的購買方開具增值稅專用發票，並在增值稅專用發票上分別註明銷售額和銷項稅額。

2. 商業企業一般納稅人零售的菸、酒、食品、服裝、鞋帽（不包括勞保專用部分）、化妝品等消費品不得開具專用發票。

3. 增值稅小規模納稅人需要開具專用發票的，可向主管稅務機關申請代開。

月銷售額超過 3 萬元（或季銷售額超過 9 萬元）的住宿業、鑒證諮詢業、建築業增值稅小規模納稅人可以通過增值稅發票管理新系統自行開具增值稅專用發票，主管國稅機關不再為其代開。

4. 銷售免稅貨物不得開具專用發票，法律、法規及國家稅務總局另有規定的除外。

5. 納稅人發生應稅行為，應當向索取增值稅專用發票的購買方開具增值稅專用發票，並在增值稅專用發票上分別註明銷售額和銷項稅額。

下列情形不得開具增值稅專用發票：

(1) 向消費者個人銷售服務、無形資產或者不動產。

(2) 適用免徵增值稅規定的應稅行為。

(3) 金融商品轉讓，不得開具增值稅專用發票。

(4) 經紀代理服務，以取得的全部價款和價外費用，扣除向委託方收取並代為支付的政府性基金或者行政事業性收費后的餘額為銷售額。向委託方收取的政府性基金或者行政事業性收費，不得開具增值稅專用發票。

(5) 試點納稅人提供有形動產融資性售后回租服務，向承租方收取的有形動產價款本金，不得開具增值稅專用發票，可以開具普通發票。

(6) 提供旅遊服務，從全部價款和價外費用中扣除的對外支付旅遊費用，不得開具增值稅專用發票，可以開具普通發票。

(五) 增值稅專用發票開具要求

1. 項目齊全，與實際交易相符；
2. 字跡清楚，不得壓線、錯格；
3. 發票聯和抵扣聯加蓋發票專用章；
4. 按照增值稅納稅義務的發生時間開具。

對不符合上列要求的專用發票，購買方有權拒收。

（六）紅字增值稅發票開具的規定

1. 增值稅一般納稅人開具增值稅專用發票（以下簡稱「專用發票」）後，發生銷貨退回、開票有誤、應稅服務中止等情形但不符合發票作廢條件，或者因銷貨部分退回及發生銷售折讓，需要開具紅字專用發票的，按以下方法處理：

（1）購買方取得專用發票已用於申報抵扣的，購買方可在增值稅發票管理新系統（以下簡稱「新系統」）中填開並上傳「開具紅字增值稅專用發票信息表」（以下簡稱「信息表」），在填開「信息表」時不填寫相對應的藍字專用發票信息，應暫依「信息表」所列增值稅稅額從當期進項稅額中轉出，待取得銷售方開具的紅字專用發票後，與「信息表」一併作為記帳憑證。

購買方取得專用發票未用於申報抵扣、但發票聯或抵扣聯無法退回的，購買方填開「信息表」時應填寫相對應的藍字專用發票信息。

銷售方開具專用發票尚未交付購買方，以及購買方未用於申報抵扣並將發票聯及抵扣聯退回的，銷售方可在新系統中填開並上傳「信息表」。銷售方填開「信息表」時應填寫相對應的藍字專用發票信息。

（2）主管稅務機關通過網路接收納稅人上傳的「信息表」，系統自動校驗通過後，生成帶有「紅字發票信息表編號」的「信息表」，並將信息同步至納稅人端系統中。

（3）銷售方憑稅務機關係統校驗通過的「信息表」開具紅字專用發票，在新系統中以銷項負數開具。紅字專用發票應與「信息表」一一對應。

（4）納稅人也可憑「信息表」電子信息或紙質資料到稅務機關對「信息表」內容進行系統校驗。

2. 稅務機關為小規模納稅人代開專用發票，需要開具紅字專用發票的，按照一般納稅人開具紅字專用發票的方法處理。

3. 納稅人需要開具紅字增值稅普通發票的，可以在所對應的藍字發票金額範圍內開具多份紅字發票。紅字機動車銷售統一發票需與原藍字機動車銷售統一發票一一對應。

本章小結

思考與練習題

一、單項選擇題

1. 某酒廠為一般納稅人。本月向一小規模納稅人銷售白酒，開具普通發票上註明金額93,600元；同時收取單獨核算的包裝物押金2,000元（尚未逾期），此業務酒廠應計算的銷項稅額為（　　）。
   A. 13,600元　　　　　　　　　　B. 13,890.60元
   C. 15,011.32元　　　　　　　　D. 15,301.92元

2. 某服裝廠為本企業管理人員加工一批工作服，其製造成本為18萬元，按同類產品售價計算的銷售價格為27萬元，則該批加工服裝計徵增值稅銷項稅的依據為（　　）。
   A. 18萬元　　　　　　　　　　B. 19.44萬元
   C. 19.8萬元　　　　　　　　　D. 27萬元

3. 某農機生產企業（一般納稅人）6月銷售自產拖拉機，取得不含稅銷售額200萬元，為農民修理拖拉機取得現金收入15萬元。本月購入農機生產零配件，取得已經認證的防偽稅控系統增值稅專用發票上註明的銷售額為80萬元，則該企業本月應繳納增值稅（　　）萬元。
   A. 14.35　　　　　　　　　　B. 14.58
   C. 17.55　　　　　　　　　　D. 22.95

4. 某商場採取以舊換新方式銷售電視機，每臺零售價3,000元，本月售出電視機150臺，共收回150臺舊電視，每臺舊電視折價200元，該業務應納增值稅為（　　）。
   A. 61,025.64元　　　　　　　　B. 65,384.62元
   C. 73,500元　　　　　　　　　D. 76,500元

5. 企業外購的貨物，可以作進項稅額抵扣的是（　　）。
   A. 外購的小汽車用於個人消費　　B. 外購的床單用於職工福利
   C. 外購的禮品無償贈送給客戶　　D. 外購的糧食分給職工個人

6. 2017年5月，境外公司為中國A企業提供技術諮詢服務，含稅價款200萬元，該境外公司在境內未設立經營機構，也沒有境內代理人，則A公司應當扣繳的增值稅稅額為（　　）。
   A. 0　　　　　　　　　　　　　B. 5.83萬元
   C. 11.32萬元　　　　　　　　　D. 12萬元

7. 某廣告公司（小規模納稅人）2017年5月發生銷售額（不含稅，下同）62萬元，另因發生服務中止而退還給服務接受方銷售額15萬元，則該廣告公司5月應納增值稅（　　）。
   A. 1.41萬元　　　　　　　　　B. 1.46萬元
   C. 1.54萬元　　　　　　　　　D. 1.86萬元

8. 某企業（屬於一般納稅人）於2017年1月將一輛自己使用過6年的小轎車（未

抵扣增值稅），以 10 萬元的價格售出，其正確的稅務處理方法是（   ）。

A. 按 2% 簡易辦法計算應納增值稅
B. 按照簡易辦法依照 3% 徵收率減按 2% 徵收增值稅
C. 按 4% 簡易辦法減半計算應納增值稅
D. 不交增值稅

9. 納稅人採取分期收款方式銷售貨物，其增值稅納稅義務發生時間為（   ）。

A. 收到第一筆貨款的當天　　　　B. 收到最後一筆貨款的當天
C. 發出商品的當天　　　　　　　D. 合同約定的收款日期當天

10. 下列使用 13% 稅率的項目有（   ）。

A. 銷售農機整機　　　　　　　　B. 銷售農機零件
C. 加工農機的加工費收入　　　　D. 加工農機零件的加工費收入

11. 用於 A 廠房項目建設購進的主體工程鋼材取得發票時間為 2016 年 5 月 10 日，該筆進項將於（   ）抵扣完畢。

A. 2016 年 5 月　　　　　　　　　B. 2016 年 6 月
C. 2017 年 5 月　　　　　　　　　D. 2017 年 6 月

12. 某飯店是小規模納稅人，2016 年 6 月提供正餐服務 2.5 萬元，外賣營業額 0.85 萬元，則該飯店 2016 年 6 月應納稅額為（   ）。

A. 975.73 元　　　　　　　　　　B. 1,005 元
C. 772.5 元　　　　　　　　　　　D. 0 元

13. 某商店為增值稅小規模納稅人，2015 年 6 月採取「以舊換新」方式銷售 24K 金項鏈一條，新項鏈對外銷售價格 9,000 元，舊項鏈作價 2,000 元，從消費者收取新舊差價款 7,000 元；另以「以舊換新」方式銷售燃氣熱水器一臺，新燃氣熱水器對外銷售價格 2,000 元，舊熱水器作價 100 元，從消費者收取新舊差價款 1,900 元。假如以上價款中均含增值稅，該商店應繳納增值稅（   ）元。

A. 262.14　　　　　　　　　　　B. 270
C. 320.39　　　　　　　　　　　D. 360

14. 企業下列行為屬於增值稅兼營行為的是（   ）。

A. 建築公司為承建的某項工程既提供建築材料又承擔建築、安裝業務
B. 照相館在提供照相業務的同時銷售相框
C. 酒店開設客房、餐廳從事服務業務並附設商場銷售貨物
D. 飯店提供餐飲服務的同時銷售酒水飲料

15. 某企業為增值稅一般納稅人，採取一般計稅方法計算增值稅。2017 年 8 月購入一棟辦公樓，取得對方開具的增值稅專用發票，註明不含稅金額為 5,000 萬元（當月認證），則企業當年購入辦公樓可以抵扣的進項稅額為（   ）萬元。

A. 550　　　　　B. 330　　　　　C. 220　　　　　D. 0

16. 某生產企業為增值稅一般納稅人，2016 年 6 月將閒置半年的一處廠房對外出租，一次性收取全年租金 50 萬元，該企業採用簡易計稅方法，則該企業 2016 年 6 月應繳納的增值稅為（   ）萬元。（租金為含稅金額）

A. 2.38　　　　　B. 2.5　　　　　C. 4.95　　　　　D. 5.5

二、多項選擇題

1. 某船運公司為增值稅一般納稅人並具有國際運輸經營資質，2015年8月取得的含稅收入包括貨物保管收入40.28萬元、裝卸搬運收入97.52萬元、國際運輸收入355.2萬元、國內運輸收入754.8萬元。該公司計算的下列增值稅銷項稅額中，正確的有（　　）。
   A. 貨物保管收入的銷項稅額2.28萬元
   B. 裝卸搬運收入的銷項稅額9.66萬元
   C. 國際運輸收入的銷項稅額35.2萬元
   D. 國內運輸收入的銷項稅額74.8萬元

2. 將購買的貨物用於（　　）時，其進項稅額不得抵扣。
   A. 對外投資　　　　　　　　B. 免稅項目
   C. 無償贈送　　　　　　　　D. 個人消費

3. 增值稅一般納稅人支付的下列運費（取得增值稅專用發票），允許抵扣進項稅額的有（　　）。
   A. 銷售生產設備支付的運輸費用
   B. 外購生產用包裝物支付的運輸費用
   C. 購買用於生產免稅產品的原材料支付的運輸費用
   D. 向農業生產者購買農產品支付的運輸費用

4. 納稅人銷售貨物時，下列情況中不得開具增值稅專用發票的有（　　）
   A. 提供旅遊服務，選擇差額徵稅的，向購買方收取得住宿費、餐飲費等
   B. 銷售免稅藥品
   C. 向消費者銷售電腦
   D. 一般納稅人以物易物方式銷售貨物的

5. 對增值稅小規模納稅人，下列表述正確的有（　　）
   A. 實行簡易徵收辦法
   B. 不得自行開具或不得向稅務機關申請代開增值稅專用發票
   C. 不得抵扣進項稅額
   D. 一經認定為小規模納稅人，不得再轉為一般納稅人

6. 下列混合銷售行為，按照銷售服務繳納增值稅的是（　　）
   A. 飯店提供餐飲服務並銷售酒水
   B. 電信部門銷售電話並提供有償電信服務
   C. 建築裝飾公司為客戶包工包料進行裝修
   D. 家具城銷售家具並為顧客有償送貨

7. 取得不動產，包括以（　　）以及抵債等各種形式取得不動產，不包括房地產開發企業自行開發的房地產項目。
   A. 直接購買　　　　　　　　B. 接受捐贈

C. 接受投資入股　　　　　　　　D. 自建

8. 下列建築服務可以簡易徵收的是（　　）
A. 以甲供方式提供的建築服務　　B. 以清包工方式提供的建築服務
C. 以包工包料方式提供的建築服務　D. 老項目的建築服務

9. 年應稅銷售額未超過規定標準的納稅人，符合（　　）條件的，可以向主管稅務機關辦理一般納稅人資格登記，成為一般納稅人。
A. 有固定生產經營場所　　　　　B. 會計核算健全
C. 能夠提供準確稅務資料　　　　D. 能夠開具增值稅專用發票

10. 根據「營改增」相關規定，下列屬於視同提供應稅服務的有（　　）。
A. 某運輸企業為地震災區無償提供公路運輸服務
B. 某諮詢公司為個人無償提供技術諮詢服務
C. 某動畫公司聘用動畫人才為本公司設計動畫
D. 某運輸公司為其他單位無償提供交通運輸服務

三、判斷題

1. 增值稅一般納稅人銷售貨物從購買方收取的價外費用，在徵稅時，一般應視為含稅收入，計算稅額時應換算為不含稅收入。　　　　　　　　　　　　　（　　）

2. 以物易物方式銷售貨物，由多交付貨物的一方以價差計算繳納增值稅。（　　）

3. 增值稅納稅人可以根據本企業的註冊資金多少和實際經營規模大小決定是否為一般納稅人。　　　　　　　　　　　　　　　　　　　　　　　　　　（　　）

4. 已經抵扣了進項稅額的購進貨物，如果投資給其他單位，可以將進項稅額在投資發生當期轉出。　　　　　　　　　　　　　　　　　　　　　　　　（　　）

5. 不屬於當期發生的增值稅進項稅一律不得在當期抵扣。　　　　　　（　　）

6. 納稅人發生視同銷售貨物行為而無銷售額的，稅務機關有權按規定的順序確定銷售額。　　　　　　　　　　　　　　　　　　　　　　　　　　　　（　　）

7. 納稅人採用銷售折扣方式銷售貨物，只要將折扣額開具發票，均可按折扣後的淨額計算繳納增值稅。　　　　　　　　　　　　　　　　　　　　　　（　　）

8. 海關代徵納稅人應納進口貨物增值稅時，按照組成計稅價格的規定稅率計算應納稅額，不得抵扣任何稅額。　　　　　　　　　　　　　　　　　　　（　　）

9. 一般納稅人發生財政部和國家稅務總局規定的特定應稅行為，可以選擇適用簡易計稅方法計稅，但一經選擇，24個月內不得變更。　　　　　　　　　（　　）

10. 納稅人提供建築服務、租賃服務採取預收款方式的，其納稅義務發生時間為收到預收款的當天。　　　　　　　　　　　　　　　　　　　　　　　　（　　）

11. 納稅人兼營免稅、減稅項目的，應當分別核算免稅、減稅項目的銷售額；未分別核算的，稅務機關按照合理的方法確定減免額度。　　　　　　　　　（　　）

12. 建築業小規模納稅人的徵收率為5%。　　　　　　　　　　　　　（　　）

13. 單位或者個體工商戶聘用的員工為本單位或者雇主提供取得工資的服務不徵收增值稅。　　　　　　　　　　　　　　　　　　　　　　　　　　　　（　　）

14. 納稅人的交際應酬消費，其進項稅額可以從銷項稅額中抵扣。（　）

15. 員工將自有店面房出租給本單位使用取得的租金不屬於增值稅徵稅範圍。
（　）

四、計算題

1. 某自行車廠是增值稅的一般納稅人。2017年5月該企業的購銷情況如下：

（1）向當地的商場銷售自行車8,000輛，每輛的單價280元（不含增值稅價格，下同），商場在當月付清貨款后，自行車廠給予其8%的銷售折扣，並開具了紅字發票入帳。

（2）向外地的特約經銷點銷售5,000輛自行車，並支付給承運部門運費70,000元，裝卸費10,000元（對方分別開具了增值稅專用發票並當月已認證）。

（3）銷售本廠已經自用5年的小轎車1輛，取得收入100,000元，該小轎車的原值為120,000元。

（4）逾期未收回的包裝物押金60,000元。

（5）購進生產自行車的各種零部件、原材料，在取得的增值稅專用發票上註明的銷售金額為1,400,000元，註明的稅金238,000元（當月已認證）。

（6）從小規模納稅人手中購進生產自行車的零件，普通發票上註明的價款為90,000元。

（7）2017年1月10日，該企業購入鋼材一批，取得增值稅專用發票並認證相符，專用發票上註明的金額500萬元，稅額為85萬元；因納稅人購進該批鋼材時未決定是否用於不動產（可能用於銷售），因此在購進的當期全額抵扣進項稅額。本月該企業將這批鋼材用於原值800萬元的辦公大樓的改造。

所有票據當月已認證。

請根據上述資料計算：當期應納的增值稅。

2. 某食品加工廠2017年9月發生下列經濟業務：

（1）向農民收購大麥10噸，支付價款20,000元，驗收后送另一食品加工廠（增值稅一般納稅人）加工膨化，支付加工費，取得增值稅專用發票上註明的價稅合計600元；

（2）從縣城工具廠（小規模納稅人）購入小工具一批，取得稅務機關代開的增值稅專用發票，價稅合計3,605元；

（3）生產玉米渣10噸，銷售9噸取得不含稅銷售額21,000元，將1噸玉米渣發給職工；

（4）生產夾心餅干銷售，辦妥托收手續，單位收到貨款，開具增值稅專用發票的不含稅銷售額100,000元；

（5）上月向農民收購入庫的小米因管理不善霉爛，帳面成本4,356元（含鐵路運輸費用186元）；

（6）轉讓2012年3月購入的小型設備一臺，從購買方取得支票8,000元（含稅），同時請小規模納稅人運輸企業負責運輸，取得稅務機關代開的增值稅專用發票上註明

的不含稅運費 1,000 元。

（7）將其 2015 年 2 月 5 日購買的本市寫字樓對外出租，當月取得房租 84,000 元（選擇適用簡易計稅方法）。購進該寫字樓消防設備，取得增值稅專用發票，發票上註明的銷售額為 10 萬元，稅額為 1.7 萬元。

假定上述需要認證的發票均已通過認證，要求計算該食品廠當月應納增值稅稅額。

3. A 省某建築企業（增值一般納稅人）2017 年 8 月分別在 B 省和 C 省提供建築服務（均為非簡易計稅項目），當月分別取得建築服務收入（含稅）1,665 萬元和 2,997 萬元，分別支付分包款 555 萬元（取得增值稅專用發票上註明的增值稅額為 55 萬元）和 777 萬元（取得增值稅專用發票上註明的增值稅額為 77 萬元），支付不動產租賃費用 111 萬元（取得增值稅專用發票上註明的增值稅額為 11 萬元），購入建築材料 1,170 萬元（取得增值稅專用發票上註明的增值稅額為 170 萬元）。該建築企業在 9 月納稅申報期如何申報繳納增值稅？

4. 某房地產企業（增值稅一般納稅人），2017 年 5 月發生下列業務：

（1）銷售自行開發的適用一般計稅方法房地產取得收入 4,440 萬元（含稅），開具增值稅專用發票，對應土地價款 1,500 萬元；

（2）銷售自行開發的適用簡易計稅方法的房產，取得收入 1,050 萬元（含稅），開具增值稅普通發票；

（3）當期收取預收款 111 萬元，適用於一般計稅項目，向購房方開具增值稅普通發票。

（4）購買電梯一部，用於建設中的房地產項目，取得增值稅專用發票，票面金額 100 萬元，稅額 17 萬元。

（5）向地產項目建設方支付建築款 1,030 萬元，該項目採用簡易計稅方法，取得增值稅專用發票，票面金額 1,000 萬元，稅額 30 萬元。

（6）支付各類配套工程費用 2,220 萬元（含稅），增值稅專用發票上註明稅額 220 萬元。

（7）購進鋼筋水泥 117 萬元（含稅），取得增值稅專用發票上註明稅額 17 萬元；支付法律諮詢費 21.2 萬元（含稅），取得增值稅專用發票上註明稅額 1.2 萬元；業務用車開展經營過程中取得高速公路通行費票據（非財政票據）51.5 萬元。

（8）購進白酒一箱用於宴請，取得增值稅專用發票，票面金額 0.1 萬元，稅額 0.017 萬元。

（9）購買稅控盤，支付 820 元。

上述業務取得的增值稅專用發票均已認證相符。

該房地產企業當月應繳納的增值稅？

5. 某汽車製造企業為增值稅一般納稅人，2017 年 8 月有關生產經營業務如下：

（1）以直接收款方式銷售 A 型小汽車 30 輛給汽車銷售公司，每輛不含稅售價 15 萬元，開具增值稅專用發票註明價款 450 萬元，當月實際收回價款 430 萬元，餘款下月才能收回。

（2）銷售 B 型小汽車 50 輛給特約經銷商，每輛不含稅單價 12 萬元，向特約經銷

商開具了增值稅專用發票註明價款600萬元、增值稅102萬元，由於特約經銷商當月支付了全部貨款，汽車製造企業給予其原售價2%的銷售折扣。

（3）將新研製生產的C型小汽車銷售給本企業中層幹部，每輛按成本價10萬元出售，共計取得收入50萬元，C型小汽車尚無市場銷售價格，成本利潤率為8%。

（4）購進機械設備取得增值稅專用發票註明價款20萬元、進項稅額3.4萬元，該設備當月投入生產使用。

（5）當月購進原材料取得增值稅專用發票註明價款600萬元、增值稅102萬元，同時支付購進原材料的運輸費用，取得增值稅專用發票上註明不含稅運費20萬元。

（6）從小規模納稅人處購進汽車零部件，取得由當地稅務機關開具的增值稅專用發票註明價款40萬元，進項稅額1.2萬元，向小規模貨運公司支付運輸費用2萬元並取得普通發票。

（7）當月發生意外事故損失庫存原材料金額35萬元（其中含運輸費用2.79萬元）。

當月該企業自行計算、申報繳納的增值稅如下：

①申報繳納的增值稅＝［430＋600×（1－2%）＋50］×17%－［3.4＋102＋20×11%＋2×3%＋1.2－35×17%］＝181.56－102.91＝78.65萬元

（上述取得的專用發票均已通過認證，該企業生產的小汽車均適用9%的消費稅稅率）

要求：根據企業自行計算、申報繳納的增值稅處理情況，按資料順序逐項指出企業的做法是否正確？簡要說明理由。

6．甲貨運公司在2013年8月1日被認定為增值稅一般納稅人。2017年9月發生業務如下：

（1）甲貨運公司與乙企業是長期合作的關係戶。甲貨運公司為其提供貨運一條龍服務，提供貨物運輸服務取得不含稅收入60萬元，提供貨物運輸代理服務收入8萬元，提供倉儲服務收入12萬元，提供裝卸搬運服務收入5萬元。根據合同規定，甲貨運公司按照運輸收入的10%給予折扣，並將不含稅市場價格60萬元與折扣額開在同一張發票上的「金額」欄內。其他各項按市場價格正常收費。

（2）甲公司將本公司的一批貨運車輛贈送給某福利企業。該批車輛於2010年購進，帳面原值120萬元，已提舊45萬元。

（3）甲公司本月購進辦公用品及修理用備件，取得增值稅專用發票，註明價款20萬元，增值稅3.4萬元；車隊購進汽油取得增值稅專用發票，註明價款14萬元、增值稅2.38萬元。

（4）甲公司為本單位職工提供班車，發生成本5萬元。

題中的收入除特殊說明外，均為含稅收入，甲公司對可以選擇按簡易方法計稅的業務選擇按簡易方法計稅，取得的相關票據均在本月認證並抵扣。

要求：根據上述資料，按下列序號計算回答問題，每問需計算出合計數。

（1）甲公司為乙企業提供運輸服務取得的收入的銷項稅額。

（2）甲公司為乙企業提供倉儲服務和裝卸搬運服務收入的增值稅處理。

(3) 甲公司為乙企業提供貨物運輸代理服務收入的銷項稅額。
(4) 甲公司對外捐贈的車輛的增值稅處理。
(5) 甲公司本月準予抵扣的進項稅額。
(6) 甲公司為本單位職工提供班車服務的增值稅處理。
(7) 甲公司本月應納增值稅。

第二章練習題答案   【案例分析】

第三章　消費稅

【學習目標】

通過本章的學習，使學生瞭解消費稅的產生發展及改革方向；理解消費稅納稅人、徵稅範圍、稅目、稅率；重點掌握理解消費稅計稅依據、應納稅額的計算，熟悉消費稅的徵納管理，具備辦理有關消費稅事宜的基本技能。

【導入案例】

某酒廠為增值稅一般納稅人，主要生產糧食白酒。2017年5月「主營業務收入」帳戶反映銷售糧食白酒2,500千克，取得不含稅銷售額105,000元；「其他業務收入」帳戶反映收取糧食白酒品牌使用費4,680元；「其他應付款」帳戶反映本月銷售糧食白酒收取包裝物押金9,360元。2017年年底該酒廠將銷售糧食白酒的包裝物押金中的3,510元返還給購貨方，其餘包裝物押金不再返還。該酒廠應納消費稅稅額為多少元？糧食白酒的計稅依據是什麼？是從價計徵還是從量計徵？糧食白酒的價外費用有哪些？糧食白酒的包裝物押金是否計入計稅銷售額？通過本章的學習，我們將找到這些答案。

第一節　消費稅概述

一、消費稅的概念

消費稅是對消費品和特定的消費行為按消費流轉額徵收的一種稅，據不完全統計，全世界有100多個國家開徵了消費稅，它是國家貫徹消費政策、引導產業結構的重要手段。

中國現行消費稅是對在中國境內從事生產、委託加工和進口應稅消費品的單位和個人就其應稅消費品徵收的一種稅。它與增值稅相配合形成雙層調節機制，是在增值稅發揮普遍調節作用的基礎上，對特定的消費品進行特殊調節，借以調節產品結構，引導消費方向，保證國家財政收入。中國現行消費稅法的基本規範，是2008年11月5日經國務院第34次常務會議修訂通過並頒布的，自2009年1月1日起施行的《中華人民共和國消費稅暫行條例》，以及2008年12月15日財政部、國家稅務總局第51號令頒布的《中華人民共和國消費稅暫行條例實施細則》。

二、消費稅的特點

(一) 徵稅範圍具有選擇性

消費稅最本質的特徵就是它能夠體現特定的政策目標。目前世界各國的消費稅並不是對所有的消費品和消費行為都徵收消費稅，而是基於調節消費、引導生產、節約資源、保護環境等方面的考慮，選擇了部分特定消費品和消費行為作為徵稅範圍。中國的消費稅主要選擇那些消費量大、需求彈性較大和稅源普遍的消費品開徵，主要涉及高檔消費品、奢侈品和不可替代的資源性產品等，但是即使已經確定的徵稅項目也不是一成不變的，而是隨著經濟情況的變化有增有減。

(二) 徵稅環節的相對單一性

消費稅和增值稅的多環節繳納不同，其納稅環節主要選擇在產製環節或進口環節，也就是說，應稅消費品在生產環節或進口環節徵稅之後，除個別消費品的納稅環節為零售環節外，再繼續轉銷該消費品不再徵收消費稅。但無論在哪個環節徵稅，都實行單環節徵收，以零售環節為納稅環節的應稅消費品，在零售環節以前的諸環節都不徵收消費稅。這樣，既可以減少納稅人的數量，降低稅款徵收費用和稅源流失的風險，又可以防止重複徵稅。

(三) 徵稅方法的靈活性

消費稅針對不同的稅目採用不同的徵稅方法。一般對價格差異較大，且便於按價格核算的應稅消費品從價定率徵收；對價格差異小，品種、規格比較單一的大宗應稅消費品從量定額徵收；而對一些特殊商品（中國主要是菸酒），實行從價和從量複合計徵。

(四) 稅負具有轉嫁性

消費稅是一種典型的間接稅，稅負最終歸宿為消費者。但為了簡化徵收管理，中國消費稅直接以應稅消費品的生產經營者為納稅人，於產製銷售環節、進口環節、批發環節或零售環節繳納稅款，並成為商品價格的一個組成部分向購買者收取，消費者為稅負的最終負擔者。

三、消費稅的產生與發展

消費稅具有悠久的歷史。據史料記載，古羅馬就有對消費品——酒、鹽的課稅；早在公元前81年，漢昭帝為避免酒的專賣，「與商人爭市利」，改酒專賣為普遍徵稅，允許各地地主、商人自行釀酒賣酒，每升酒繳稅四文，納稅環節在酒銷售之後，而不是在出坊（酒坊）時繳納稅款，這可以說是中國較早的消費稅。

新中國成立後，1950年統一全國稅制，建立新稅制，新開徵了特種行為消費稅，這一稅種包含娛樂、筵席、冷食、旅館4個稅目，在發生特種消費行為時徵收。1988年9月22日，國務院針對社會上存在的不合理消費現象開徵了筵席稅。1989年2月1日，為緩解彩色電視機、小轎車的供求矛盾開徵了彩色電視機特別消費稅和小轎車特

別消費稅。此外，中國1984年9月18日頒布開徵的產品稅和增值稅的課稅範圍涉及大部分消費品，也具有一定的消費稅性質。

為適應建立社會主義市場經濟體制的需要，配合新一輪稅制改革以配合增值稅的推行，1993年底，國務院正式頒布了《中華人民共和國消費稅暫行條例》，並於1994年1月1日起實施。決定在增值稅進行普遍徵收的基礎上，再對部分消費品徵收消費稅，以貫徹國家產業政策和消費政策。

2008年中國對《增值稅暫行條例》做出了重要的修訂，鑒於增值稅和消費稅、營業稅之間存在較強的相關性，為了保持稅種相關政策和徵管措施之間的有效銜接，中國又適時地對消費稅條例和營業稅條例進行了修改，調整后使消費稅政策更加適合於中國的客觀實際。

第二節　消費稅的基本要素

一、消費稅納稅人

在中華人民共和國境內生產、委託加工和進口消費稅暫行條例規定的消費品的單位和個人，以及國務院確定的銷售消費稅暫行條例規定的消費品的其他單位和個人，為消費稅的納稅人，應當依照《消費稅暫行條例》繳納消費稅。

單位，是指企業、行政單位、事業單位、軍事單位、社會團體及其他單位。

個人，是指個體工商戶及其他個人。

在中華人民共和國境內，是指生產、委託加工和進口屬於應當繳納消費稅的消費品的起運地或者所在地在境內。

二、消費稅徵稅範圍

目前消費稅的徵稅範圍分佈在以下五個環節：

(一) 生產應稅消費品

生產應稅消費品銷售是消費稅徵收的主要環節。生產應稅消費品除了直接對外銷售應徵收消費稅外，納稅人將生產的應稅消費品換取生產資料、消費資料、投資入股、償還債務，以及用於繼續生產應稅消費品以外的其他方面都應繳納消費稅。

(二) 委託加工應稅消費品

委託加工應稅消費品是指委託方提供原料和主要材料，受託方只收取加工費和代墊部分輔助材料加工的應稅消費品。由受託方提供原材料或其他情形的一律不能視同委託加工應稅消費品。委託加工的應稅消費品收回後，再繼續用於生產應稅消費品銷售的，其委託加工環節繳納的消費稅款可以扣除。

(三) 進口應稅消費品

單位和個人進口貨物屬於消費稅徵稅範圍的，在進口環節也要繳納消費稅。為了

減少徵稅成本，進口環節繳納的消費稅由海關代徵。

（四）零售應稅消費品

經國務院批准，自1995年1月1日起，金銀首飾消費稅由生產銷售環節進口環節徵收改為零售環節徵收。改在零售環節徵收消費稅的金銀首飾僅限於金基、銀基合金首飾以及金、銀和金基、銀基合金的鑲嵌首飾。自2002年1月1日起，鑽石及鑽石飾品消費稅，由生產環節、進口環節后移至零售環節徵收。自2003年5月1日起，鉑金首飾消費稅由生產環節、進口環節徵收改為零售環節徵收。

（五）卷菸批發環節

自2009年5月1日起，卷菸在批發環節加徵一道從價稅。自2015年5月10日起，卷菸批發環節從價稅稅率由5%提高至11%，並按0.005元/支加徵從量稅。納稅人兼營卷菸批發和零售業務的，應當分別核算批發和零售環節的銷售額、銷售數量；未分別核算批發和零售環節銷售額、銷售數量的，按照全部銷售額、銷售數量計徵批發環節消費稅。卷菸消費稅在生產和批發兩個環節徵收后，批發企業在計算納稅時不得扣除已含的生產環節的消費稅稅款。

三、消費稅稅目及稅率

（一）稅目

現行消費稅共有15個稅目。

1. 菸

凡是以菸葉為原料加工生產的產品，不論使用何種輔料，均屬於本稅目的徵收範圍。包括卷菸（進口卷菸、白包卷菸、手工卷菸和未經國務院批准納入計劃的企業及個人生產的卷菸）、雪茄菸和菸絲。

2. 酒

酒是酒精度在1度以上的各種酒類飲料，包括糧食白酒、薯類白酒、黃酒、啤酒、果啤和其他酒。

對飲食業、商業、娛樂業舉辦的啤酒屋（啤酒坊）利用啤酒生產設備生產的啤酒，應當徵收消費稅。

3. 高檔化妝品

高檔化妝品包括高檔美容、修飾類化妝品、高檔護膚類化妝品和成套化妝品。

高檔美容、修飾類化妝品和高檔護膚類化妝品是指生產（進口）環節銷售（完稅）價格（不含增值稅）在10元/毫升（克）或15元/片（張）及以上的美容、修飾類化妝品和護膚類化妝品。

4. 貴重首飾及珠寶玉石

貴重首飾及珠寶玉石指，凡以金、銀、白金、寶石、珍珠、鑽石、翡翠、珊瑚、瑪瑙等高貴稀有物質以及其他金屬、人造寶石等製作的各種純金銀首飾及鑲嵌首飾和經採掘、打磨、加工的各種珠寶玉石。對出國人員免稅商店銷售的金銀首飾徵收消

費稅。

5. 鞭炮、焰火

鞭炮、焰火包括各種鞭炮、焰火。體育活動用的發令紙、鞭炮藥引線，不按本稅目徵收。

6. 成品油

成品油包括汽油、柴油、石腦油、溶劑油、航空煤油、潤滑油、燃料油7個子目。其中航空煤油的消費稅暫緩徵收。

7. 小汽車

小汽車是指由動力驅動，具有4個或4個以上車輪的非軌道承載的車輛。包括含駕駛員座位在內最多不超過9個座位（含）的，在設計和技術特性上用於載運乘客和貨物的各類乘用車和含駕駛員座位在內的座位數在10～23座（含23座）的在設計和技術特性上用於載運乘客和貨物的各類中輕型商用客車。其中超豪華小汽車為每輛零售價格130萬元（不含增值稅）及以上的乘用車和中輕型商用客車。

電動汽車不屬於本稅目徵收範圍。車身長度大於7米（含），並且座位在10～23座（含）以下的商用客車，不屬於中輕型商用客車徵稅範圍，不徵收消費稅。沙灘車、雪地車、卡丁車、高爾夫車不屬於消費稅徵收範圍，不徵收消費稅。

8. 摩托車

摩托車包括輕便摩托車和摩托車兩種。對最大設計車速不超過50千米/小時，發動機氣缸總工作容量不超過50毫升的三輪摩托車不徵收消費稅。從2014年12月1日起，取消氣缸容量250毫升（不含）以下的小排量摩托車消費稅。

9. 高爾夫球及球具

高爾夫球及球具是指從事高爾夫球運動所需的各種專用裝備，包括高爾夫球、高爾夫球杆、高爾夫球包（袋）等，高爾夫球杆的杆頭、杆身和握把也屬於本稅目的徵收範圍。

10. 高檔手錶

高檔手錶是指銷售價格（不含增值稅）每只在10,000元（含）以上的各類手錶。

11. 遊艇

遊艇是指長度大於8米小於90米，船體由玻璃鋼、鋼、鋁合金、塑料等多種材料製作，可以在水上移動的水上浮載體。按照動力劃分，遊艇分為無動力艇、帆艇和機動艇。

12. 木制一次性筷子

木制一次性筷子又稱衛生筷子，是指以木材為原料經過鋸段、浸泡、旋切、刨切、烘干、篩選、打磨、倒角、包裝等環節加工而成的各類一次性使用的筷子。

13. 實木地板

實木地板是指以木材為原料，經鋸割、干燥、刨光、截斷、開榫、塗漆等工序加工而成的塊狀或條狀的地面裝飾材料。

14. 電池

電池是一種將化學能、光能等直接轉換為電能的裝置，一般由電極、電解質、容

器、極端，通常還有隔離層組成的基本功能單元，以及用一個或多個基本功能單元裝配成的電池組。範圍包括：原電池、蓄電池、燃料電池、太陽能電池和其他電池。

自2015年2月1日起對電池（鉛蓄電池除外）徵收消費稅；對無汞原電池、金屬氫化物鎳蓄電池（又稱「氫鎳蓄電池」或「鎳氫蓄電池」）、鋰原電池、鋰離子蓄電池、太陽能電池、燃料電池和全釩液流電池免徵消費稅。2015年12月31日前對鉛蓄電池緩徵消費稅；自2016年1月1日起，對鉛蓄電池按4%稅率徵收消費稅。

15. 塗料

塗料是指涂於物體表面能形成具有保護、裝飾或特殊性能的固態涂膜的一類液體或固體材料之總稱。自2015年2月1日起對塗料徵收消費稅。

對施工狀態下揮發性有機物（Volatile Organic Compounds，VOC）含量低於420克/升（含）的塗料免徵消費稅。

(二) 稅率

消費稅採用比例稅率、定額稅率兩種形式，以適應不同應稅消費品的實際情況。消費稅稅目稅率如表3-1所示。

表3-1　　　　　　　　　　　消費稅稅目、稅率表

稅目	稅率
一、菸 　　1. 卷菸 　　　（1）甲類卷菸：每標準條（200支）調撥價格在70元（不含增值稅）以上（含70元）的卷菸 　　　（2）乙類卷菸：每標準條（200支）調撥價格在70元（不含增值稅）以下的卷菸 　　　（3）商業批發 　　2. 雪茄菸 　　3. 菸絲	56%加0.003元/支（生產環節） 36%加0.003元/支（生產環節） 11%加0.005元/支（批發環節） 36%（生產環節） 30%（生產環節）
二、酒 　　1. 白酒 　　2. 黃酒 　　3. 啤酒 　　　（1）甲類啤酒：每噸出廠價格（含包裝物及包裝物押金）在3,000元（含3,000元，不含增值稅）以上的 　　　（2）乙類啤酒：每噸出廠價格在3,000元以下的 　　4. 其他酒	20%加0.5元/500克（或者500毫升） 240元/噸 250元/噸 220元/噸 10%
三、高檔化妝品	15%
四、貴重首飾及珠寶玉石 　　1. 金銀首飾、鉑金首飾和鑽石及鑽石飾品 　　2. 其他貴重首飾和珠寶玉石	 5% 10%
五、鞭炮、焰火	15%

表3-1(續)

稅目	稅率
六、成品油 　　1. 汽油 　　2. 柴油 　　3. 航空煤油 　　4. 石腦油 　　5. 溶劑油 　　6. 潤滑油 　　7. 燃料油	1.52元/升 1.2元/升 1.2元/升 1.52元/升 1.52元/升 1.52元/升 1.2元/升
七、摩托車 　　1. 氣缸容量（排氣量，下同）在250毫升的 　　2. 氣缸容量在250毫升以上的	3% 10%
八、小汽車 　　1. 乘用車 　　　（1）氣缸容量（排氣量，下同）在1.0升（含1.0升）以下的 　　　（2）氣缸容量在1.0升以上至1.5升（含1.5升）的 　　　（3）氣缸容量在1.5升以上至2.0升（含2.0升）的 　　　（4）氣缸容量在2.0升以上至2.5升（含2.5升）的 　　　（5）氣缸容量在2.5升以上至3.0升（含3.0升）的 　　　（6）氣缸容量在3.0升以上至4.0升（含4.0升）的 　　　（7）氣缸容量在4.0升以上的 　　2. 中輕型商用客車 　　3. 超豪華小汽車	1% 3% 5% 9% 12% 25% 40% 5% 10%（零售環節加徵消費稅）
九、高爾夫球及球具	10%
十、高檔手錶	20%
十一、遊艇	10%
十二、木制一次性筷子	5%
十三、實木地板	5%
十四、電池	4%
十五、塗料	4%

第三節　消費稅的計稅依據

　　按照現行消費稅法的基本規定，消費稅應納稅額的計算主要分為從價計徵、從量計徵和從價從量複合計徵三種方法。

一、從價計徵

在從價定率計算方法下，應納稅額等於應稅消費品的銷售額乘以適用稅率，應納稅額的多少取決於應稅消費品的銷售額和適用稅率兩個因素。

（一）銷售額的一般規定

銷售額為納稅人銷售應稅消費品向購買方收取的全部價款和價外費用。銷售，是指有償轉讓應稅消費品的所有權；有償，是指從購買方取得貨幣、貨物或者其他經濟利益；價外費用，是指價外向購買方收取的手續費、補貼、基金、集資費、返還利潤、獎勵費、違約金、滯納金、延期付款利息、賠償金、代收款項、代墊款項、包裝費、包裝物租金、儲備費、優質費、運輸裝卸費以及其他各種性質的價外收費。但下列項目不包括在內：

1. 同時符合以下條件的代墊運輸費用
（1）承運部門的運輸費用發票開具給購買方的；
（2）納稅人將該項發票轉交給購買方的。
2. 同時符合以下條件代為收取的政府性基金或者行政事業性收費
（1）由國務院或者財政部批准設立的政府性基金，由國務院或者省級人民政府及其財政、價格主管部門批准設立的行政事業性收費；
（2）收取時開具省級以上財政部門印製的財政票據；
（3）所收款項全額上繳財政。

其他價外費用，無論是否屬於納稅人的收入，均應並入銷售額計算徵稅。

（二）含增值稅銷售額的換算

應稅消費品在繳納消費稅的同時，與一般貨物一樣，還應繳納增值稅。按照《消費稅暫行條例實施細則》的規定，應稅消費品的銷售額，不包括應向購貨方收取的增值稅稅款。如果納稅人應稅消費品的銷售額中未扣除增值稅稅款或者因不得開具增值稅專用發票而發生價款和增值稅稅款合併收取的，在計算消費稅時，應將含增值稅的銷售額換算為不含增值稅稅款的銷售額。其換算公式為：

應稅消費品的銷售額＝含增值稅的銷售額÷（1＋增值稅稅率或徵收率）

二、從量計徵

在從量定額的計算方法下，應納稅額等於應稅消費品的銷售數量乘以單位稅額，應納稅額的多少取決於應稅消費品的銷售數量和單位稅額兩個因素。

（一）銷售數量的確定

銷售數量是指納稅人生產、加工和進口應稅消費品的數量。具體規定為：
（1）銷售應稅消費品的，為應稅消費品的銷售數量；
（2）自產自用應稅消費品的，為應稅消費品的移送使用數量；
（3）委託加工應稅消費品的，為納稅人收回的應稅消費品數量；

(4) 進口的應稅消費品，為海關核定的應稅消費品進口徵稅數量。

(二) 計量單位的換算標準

《消費稅暫行條例》規定，黃酒、啤酒以噸為稅額單位；汽油、柴油以升為稅額單位。但是，考慮到在實際銷售過程中，一些納稅人會把噸或升這兩個計量單位混用，為了規範不同產品的計量單位，以準確計算應納稅額，噸與升兩個計量單位的換算標準如表3-2所示。

表3-2　　　　　　　　　　　噸、升換算

序號	名稱	計量單位的換算標準
1	黃酒	1 噸 = 962 升
2	啤酒	1 噸 = 988 升
3	汽油	1 噸 = 1,388 升
4	柴油	1 噸 = 1,176 升
5	航空煤油	1 噸 = 1,246 升
6	石腦油	1 噸 = 1,385 升
7	溶劑油	1 噸 = 1,282 升
8	潤滑油	1 噸 = 1,126 升
9	燃料油	1 噸 = 1,015 升

三、從價從量複合計徵

現行消費稅的徵稅範圍中，只有卷菸、白酒採用複合計徵方法。應納稅額等於應稅銷售數量乘以定額稅率再加上應稅銷售額乘以比例稅率。

四、計稅依據的特殊規定

(1) 包裝物連同應稅消費品銷售時計稅銷售額的確定。實行從價定率辦法計算應納稅額的應稅消費品連同包裝銷售的，無論包裝是否單獨計價，也不論在會計上如何核算，均應並入應稅消費品的銷售額中徵收消費稅。

(2) 銷售應稅消費品的包裝物收取押金時計稅銷售額的確定。根據現行消費稅制度的相關規定，分為以下三種情況。

一是如果包裝物不作價隨同產品銷售，而是收取押金，此項押金則不應並入應稅消費品的銷售額中徵稅。但對因逾期未收回的包裝物不再退還的或者已收取的時間超過12個月的押金，應並入應稅消費品的銷售額，按照應稅消費品的適用稅率繳納消費稅。

二是對既作價隨同應稅消費品銷售，又另外收取押金的包裝物的押金，凡納稅人在規定的期限內沒有退還的，均應並入應稅消費品的銷售額，按照應稅消費品的適用

稅率繳納消費稅。

三是酒類生產企業銷售酒類產品（黃酒、啤酒除外）而收取的包裝物押金，無論押金是否返還及在會計上如何核算，均應並入酒類產品銷售額中徵收消費稅。

（3）納稅人用於換取生產資料和消費資料投資入股和抵償債務等方面的應稅消費品，應當以納稅人同類應稅消費品的最高銷售價格作為計稅依據計算消費稅。

（4）納稅人通過自設非獨立核算門市部銷售的自產應稅消費品，應當按照門市部對外銷售額或者銷售數量徵收消費稅。

（5）納稅人兼營不同稅率的應稅消費品，應當分別核算不同稅率應稅消費品的銷售額、銷售數量。未分別核算銷售額、銷售數量，或者將不同稅率的應稅消費品組成成套消費品銷售的，從高適用稅率。

第四節　消費稅應納稅額的計算

一、直接對外銷售應納消費稅的計算

（一）從價定率計稅

應納稅額 = 應稅消費品的銷售額×比例稅率

【例3-1】某化妝品生產公司為增值稅一般納稅人。2017年6月向某商場銷售高檔化妝品一批，開具增值稅專用發票，取得不含增值稅銷售額100萬元，增值稅額17萬元；向某單位銷售高檔化妝品一批，開具普通發票上註明的銷售額11.7萬元。計算該化妝品公司當月應納消費稅額。

【解析】：應稅銷售額=100+11.7÷（1+17%）=110（萬元）

應繳納的消費稅額=110×15%=16.5（萬元）

（二）從量定額計稅

應納稅額=應稅消費品的銷售數量×定額稅率

【例3-2】某啤酒廠2017年3月份銷售乙類啤酒500噸，每噸出廠價格2,600元。計算該啤酒廠3月應繳納的消費稅。

【解析】：應納稅額=應稅消費品的銷售數量×定額稅率=500×220=110,000（元）

（三）從價定率和從量定額複合計稅

應納稅額=應稅銷售數量×定額稅率+應稅銷售額×比例稅率

【例3-3】某白酒生產企業為增值稅一般納稅人，2017年10月份銷售糧食白酒60噸，取得不含增值稅的銷售額300萬元。計算白酒企業10月應繳納的消費稅額。

【解析】：應納稅額=60×2,000×0.5÷10,000+300×20%=66（萬元）

【例3-4】本章導入案例計算如下：

應納稅額 = $2,500 \times 2 \times 0.5 + \left[105,000 + \dfrac{4,680+9,360}{1+17\%} \right] \times 20\%$ = 25,900（元）

二、自產自用應納消費稅的計算

所謂自產自用，就是納稅人生產應稅消費品后，不是用於直接對外銷售，而是用於自己連續生產應稅消費品或用於其他方面。這種自產自用應稅消費品形式，在實際經濟活動中是常見的，但也是在是否納稅或如何納稅上最容易出現問題的。例如，有的企業把自己生產的應稅消費品，以福利或獎勵等形式發給本廠職工，以為不是對外銷售，不必計入銷售額，無須納稅，這樣就出現了漏繳稅款的現象。因此，很有必要認真理解稅法對自產自用應稅消費品的有關規定。

(一) 用於連續生產的應稅消費品

納稅人自產自用的應稅消費品，用於連續生產應稅消費品的不納稅。所謂「納稅人自產自用的應稅消費品，用於連續生產應稅消費品的」，是指作為生產最終應稅消費品的直接材料並構成最終產品實體的應稅消費品。例如，卷菸廠生產出菸絲，菸絲已是應稅消費品，卷菸廠再用生產出的菸絲連續生產卷菸，這樣，用於連續生產卷菸的菸絲就不繳納消費稅，只對生產的卷菸徵收消費稅。當然，生產出的菸絲如果是直接銷售的，則菸絲還是要繳納消費稅的。稅法規定對自產自用的應稅消費品，用於連續生產應稅消費品的不徵稅，體現了稅不重徵且計稅簡便的原則。

(二) 用於其他方面的應稅消費品

納稅人自產自用的應稅消費品，除用於連續生產應稅消費品外，凡用於其他方面的，於移送使用時納稅。用於其他方面的是指納稅人用於生產非應稅消費品、在建工程、管理部門、非生產機構、提供勞務，以及用於饋贈、贊助、集資、廣告、樣品、職工福利、獎勵等方面。例如，摩托車廠把自己生產的摩托車贈送或贊助給摩托車拉力賽賽車手使用，兼作商品廣告等。

(三) 稅額的計算

1. 從量定額計稅

應納稅額＝自產自用應稅消費品移送使用數量×定額稅率

2. 從價定率計稅和複合計稅

納稅人自產自用的應稅消費品，凡用於其他方面，按以下順序確定銷售額：

(1) 同類消費品的銷售價格。同類消費品的銷售價格是指納稅人當月銷售的同類消費品的銷售價格，如果當月同類消費品各期銷售價格高低不同，應按銷售數量加權平均計算。但銷售價格明顯偏低又無正當理由的或無銷售價格的，不得列入加權平均計算。如果當月無銷售或者當月未完結，應按照同類消費品上月或最近月份的銷售價格計算納稅。

(2) 組成計稅價格。沒有同類消費品銷售價格的，按照組成計稅價格計算納稅。組成計稅價格的公式如下：

實行從價計稅辦法計算納稅的組成計稅價格計算公式：

組成計稅價格＝（成本＋利潤）÷（1－比例稅率）

應納稅額＝組成計稅價格×比例稅率

實行複合計稅辦法計算納稅的組成計稅價格計算公式：

組成計稅價格＝（成本＋利潤＋自產自用數量×定額稅率）÷（1－比例稅率）

應納稅額＝組成計稅價格×比例稅率＋自產自用數量×定額稅率

上述公式中所說的「成本」，是指應稅消費品的產品生產成本。

上述公式中所說的「利潤」，是指根據應稅消費品的全國平均成本利潤率計算的利潤。應稅消費品全國平均成本利潤率由國家稅務總局確定。如表3－3所示。

表3－3　　　　　　　　　　平均成本利潤率　　　　　　　　　　單位：％

貨物名稱	利潤率	貨物名稱	利潤率
1. 甲類卷菸	10	11. 摩托車	6
2. 乙類卷菸	5	12. 高爾夫球及球具	10
3. 雪茄菸	5	13. 高檔手錶	20
4. 菸絲	5	14. 遊艇	10
5. 糧食白酒	10	15. 木製一次性筷子	5
6. 薯類白酒	5	16. 實木地板	5
7. 其他酒	5	17. 乘用車	8
8. 化妝品	5	18. 中輕型商用客車	5
9. 鞭炮、焰火	5	19. 電池	4
10. 貴重首飾及珠寶玉石	6	20. 塗料	7

【例3－5】某化妝品公司在「三八」婦女節將一批自產的高檔化妝品用作福利贈送給女職工，該高檔化妝品的成本為5,000元，無同類產品市場銷售價格，已知其成本利潤率為5％，計算該批高檔化妝品應繳納的消費稅稅額。

【解析】：組成計稅價格＝成本×（1＋成本利潤率）÷（1－比例稅率）

$$=5,000×（1＋5\%）÷（1－15\%）=6,176.47（元）$$

應納稅額＝6,176.47×15％＝926.47（元）

【例3－6】某白酒生產企業以自產特製糧食白酒2,000斤用於廠慶慶祝活動，每斤白酒成本為12元，無同類產品銷售價格。消費稅為20％，每斤0.5元，糧食白酒成本利潤率為10％，計算該批自產特製糧食白酒應繳納的消費稅稅額。

【解析】：組成計稅價格＝（成本＋利潤＋自產自用數量×定額稅率）÷（1－比例稅率）

$$=［12×2,000×（1＋10\%）＋2,000×0.5］÷（1－20\%）$$

$$=34,250（元）$$

應納稅額＝34,250×20％＋2,000×0.5＝7,850（元）

三、委託加工環節應納消費稅的計算

企業、單位或個人由於設備、技術、人力等方面的局限，或其他方面的原因，常常要委託其他單位代為加工應稅消費品，然後，將加工好的應稅消費品收回，直接銷售或自己使用。這是生產應稅消費品的另一種形式，也需要納入徵收消費稅的範圍。例如，某企業將購來的小客車底盤和零部件提供給某汽車改裝廠，加工組裝成小客車供自己使用，則加工、組裝成的小客車就需要繳納消費稅。

(一) 委託加工應稅消費品的確定

委託加工的應稅消費品是指由委託方提供原料和主要材料，受託方只收取加工費和代墊部分輔助材料加工的應稅消費品。對於由受託方提供原材料生產的應稅消費品，或者受託方先將原材料賣給委託方，然后再接受加工的應稅消費品，以及由受託方以委託方名義購進原材料生產的應稅消費品，不論納稅人在財務上是否作銷售處理，都不得作為委託加工應稅消費品，而應當按照銷售自製應稅消費品繳納消費稅。

(二) 代收代繳稅款的規定

為了避免應繳稅款的流失，對委託加工應稅消費品的應納消費稅，採取源泉控製的管理辦法。即委託加工應稅消費品一般由受託方在向委託方交貨時代收代繳消費稅，但是委託個人（含個體工商戶）加工的應稅消費品，由委託方收回後繳納消費稅。

受託方作為法定的代收代繳義務人，必須嚴格履行代收代繳義務，正確計算和按時代繳稅款。如果受託方對委託加工的應稅消費品沒有代收代繳或少代收代繳消費稅，要按照《稅收徵收管理法》的規定，承擔代收代繳的法律責任，但並不能因此免除委託方補繳稅款的責任（委託方要補繳稅款，對受託方不再重複補稅，但要按稅收徵收管理法的規定，處以應代收代繳稅款50%以上3倍以下的罰款）。

自2012年9月1日，委託方將收回的應稅消費品以不高於受託方的計稅價格出售的，為直接出售，不再繳納消費稅；委託方以高於受託方的計稅價格出售的，不屬於直接出售，需按照規定申報繳納消費稅，在計稅時準予扣除受託方已代收代繳的消費稅。

(三) 稅額的計算

1. 從量定額計稅

應納稅額＝委託加工應稅消費品收回的數量×定額稅率

2. 從價定率計稅和複合計稅

納稅人委託加工應稅消費品，按以下順序確定銷售額。

(1) 同類消費品的銷售價格。是指受託方（即代收代繳義務人）當月銷售的同類消費品的銷售價格，如果當月同類消費品各期銷售價格高低不同，應按銷售數量加權平均計算。但銷售價格明顯偏低又無正當理由的或無銷售價格的，不得列入加權平均計算。如果當月無銷售或者當月未完結，應按照同類消費品上月或最近月份的銷售價格計算納稅。

（2）沒有同類消費品銷售價格的，按照組成計稅價格計算納稅。組成計稅價格的計算公式為：

實行從價定率辦法計算納稅的組成計稅價格計算公式：

組成計稅價格＝（材料成本＋加工費）÷（1－比例稅率）

應納稅額＝組成計稅價格×比例稅率

實行複合計稅辦法計算納稅的組成計稅價格計算公式：

組成計稅價格＝（材料成本＋加工費＋委託加工數量×定額稅率）÷（1－比例稅率）

應納稅額＝組成計稅價格×比例稅率＋委託加工數量×定額稅率

其中，材料成本，是指委託方所提供加工材料的實際成本；加工費，是指受託方加工應稅消費品向委託方所收取的全部費用（包括代墊輔助材料的實際成本，不包括增值稅稅金）。

【例3－7】2015年4月甲企業接受飛馬菸廠委託加工菸絲，飛馬菸廠提供菸葉的成本為35,000元，甲企業收取不含增值稅的加工費和代墊輔料費6,000元，甲企業無同類產品在市場上銷售，甲企業應繳納的消費稅應為多少？（菸絲消費稅稅率30％）

【解析】：組成計稅價格＝（35,000＋6,000）÷（1－30％）＝58,571（元）

應納稅額＝58,571×30％＝17,571（元）

四、進口環節應納消費稅的計算

進口應稅消費品於報關進口時由海關代徵進口環節的消費稅，由進口人或其代理人向報關地海關申報繳納。

（一）從量定額計稅

應納稅額＝進口應稅消費品數量×消費稅定額稅率

（二）從價定率計稅

組成計稅價格＝（關稅完稅價格＋關稅）÷（1－消費稅比例稅率）

應納稅額＝組成計稅價格×消費稅比例稅率

公式中所稱「關稅完稅價格」，是指海關核定的關稅計稅價格。

【例3－8】某公司2015年11月進口一批摩托車，海關審定的關稅完稅價格為50萬元，關稅稅率假定為30％，請計算該進口環節應繳納的消費稅稅額（消費稅稅率為3％）。

【解析】：組成計稅價格＝（50＋50×30％）÷（1－3％）＝67.01（萬元）

應繳納消費稅稅額＝67.01×3％＝2.01（萬元）

（三）從價定率和從量定額複合計稅

組成計稅價格＝（關稅完稅價格＋關稅＋進口數量×消費稅定額稅率）÷（1－消費稅比例稅率）

應納稅額＝組成計稅價格×消費稅稅率＋應稅消費品進口數量×消費稅定額稅額

進口環節消費稅除國務院另有規定者外，一律不得給予減稅、免稅。

工業企業進口環節被海關徵收過消費稅的應稅消費品，如果用於連續生產應稅消費品，符合抵扣條件的可按生產領用數量抵扣已納的進口環節消費稅。

五、已納消費稅扣除的計算

由於某些應稅消費品是用外購或委託加工的收回已繳納消費稅的應稅消費品連續生產出來的，在對這些連續生產出來的應稅消費品計算徵稅時，為了避免重複徵稅，現行消費稅規定，應按當期生產領用數量計算扣除外購或委託加工收回的應稅消費品已納的消費稅稅款。稅法規定扣除範圍包括：

（1）外購或委託加工收回的已稅菸絲為原料生產的卷菸；

（2）外購或委託加工收回的已稅高檔化妝品為原料生產的高檔化妝品；

（3）外購或委託加工收回的已稅珠寶玉石為原料生產的貴重首飾及珠寶玉石；

（4）外購或委託加工收回的已稅鞭炮、焰火為原料生產的鞭炮、焰火；

（5）外購或委託加工收回的已稅摩托車生產的摩托車（如用外購兩輪摩托車改裝三輪摩托車）；

（6）外購或委託加工收回的已稅杆頭、杆身和握把為原料生產的高爾夫球杆；

（7）外購或委託加工收回的已稅木制一次性筷子為原料生產的木制一次性筷子；

（8）外購或委託加工收回的已稅實木地板為原料生產的實木地板；

（9）外購或委託加工收回的已稅汽油、柴油、石腦油、燃料油、潤滑油用於連續生產應稅成品油。

上述當期準予扣除外購或委託加工收回的應稅消費品已納消費稅稅款的計算公式為：

當期準予扣除的外購應稅消費品已納稅款＝當期準予扣除的外購應稅消費品買價×外購應稅消費品適用稅率

當期準予扣除的外購應稅消費品買價＝期初庫存的外購應稅消費品的買價＋當期購進的應稅消費品的買價－期末庫存的外購應稅消費品的買價

當期準予扣除的委託加工應稅消費品已納稅款＝期初庫存的委託加工應稅消費品已納稅款＋當期收回的委託加工應稅消費品已納稅款－期末庫存的委託加工應稅消費品已納稅款

【例3－9】某卷菸生產企業，某月初庫存外購應稅菸絲金額20萬元，當月又外購應稅菸絲金額50萬元（不含增值稅），月末庫存菸絲金額10萬元，其餘被當月生產卷菸領用。請計算卷菸廠當月准許扣除的外購菸絲已繳納的消費稅稅額。

【解析】：當期准許扣除的外購菸絲買價＝20＋50－10＝60（萬元）

當月准許扣除的外購菸絲已繳納的消費稅稅額＝60×30%＝18（萬元）

需要說明的是，納稅人用外購或委託加工收回的已稅珠寶玉石生產的改在零售環節徵收消費稅的金銀首飾、鉑金首飾、鑽石及鑽石飾品，在計稅時一律不得扣除委託加工收回的珠寶玉石的已納消費稅稅款。

允許扣除已納稅款的應稅消費品一般是從工業企業購進的應稅消費品和進口的應稅消費品，對從境內商業企業購進的應稅消費品符合抵扣條件的，也準予扣除外購應稅消費品已納消費稅稅款。

六、消費稅出口退稅的計算

對納稅人出口應稅消費品，免徵消費稅；國務院另有規定的除外。

(一) 出口免稅並退稅

適用這個政策的是：有出口經營權的外貿企業購進應稅消費品直接出口，以及外貿企業受其他外貿企業委託代理出口應稅消費品。注意，外貿企業只有受其他外貿企業委託，代理出口應稅消費品才可以辦理退稅，外貿企業受其他企業（主要是非生產性的商貿企業）委託，代理出口應稅消費品是不予退（免）稅的。

出口貨物的消費稅應退稅額的計稅依據，按購進出口貨物的消費稅專用繳款書和海關進口消費稅專用繳款書確定。

屬於從價定率計徵消費稅的，為已徵且未在內銷應稅消費品應納稅額中抵扣的購進出口貨物金額；屬於從量定額計徵消費稅的，為已徵且未在內銷應稅消費品應納稅額中抵扣的購進出口貨物的數量；屬於複合計徵消費稅的，按從價定率和從量定額的計稅依據分別確定。

消費稅應退稅額＝從價定率計徵消費稅的退稅計稅依據×比例稅率＋從量定額計徵消費稅的退稅計稅依據×定額稅率

(二) 出口免稅但不退稅

適用這個政策的是：有出口經營權的生產性企業自營出口或生產企業委託外貿企業代理出口自產的應稅消費品，依據其實際出口數量免徵消費稅，不予辦理退還消費稅。免徵消費稅是指對生產性企業按其實際出口數量免徵生產環節的消費稅。不予辦理退還消費稅，是指因已免徵生產環節的消費稅，該應稅消費品出口時，已不含有消費稅，所以也無須再辦理退還消費稅。

(三) 出口不免稅也不退稅

適用這個政策的是：除生產企業、外貿企業外的其他企業，具體是指一般商貿企業，這類企業委託外貿企業代理出口應稅消費品一律不予退（免）稅。

第五節　消費稅的徵收管理

一、納稅義務發生時間

納稅人生產的應稅消費品於銷售時納稅，進口消費品應當於應稅消費品報關進口環節納稅，但金銀首飾、鉑金首飾、鑽石及鑽石飾品在零售環節納稅。消費稅納稅義務發生的時間，以貨款結算方式或行為發生時間分別確定。

1. 納稅人生產銷售的應稅消費品，其納稅義務的發生時間為：

（1）納稅人採取賒銷和分期收款結算方式的，其納稅義務的發生時間，為銷售合同規定的收款日期的當天。

（2）納稅人採取預收貨款結算方式的，其納稅義務的發生時間，為發出應稅消費品的當天。

（3）納稅人採取託收承付和委託銀行收款方式銷售的應稅消費品，其納稅義務的發生時間，為發出應稅消費品並辦妥託收手續的當天。

（4）納稅人採取其他結算方式的，其納稅義務的發生時間，為收訖銷售款或者取得索取銷售款的憑據的當天。

2. 納稅人自產自用的應稅消費品，其納稅義務的發生時間，為移送使用的當天。

3. 納稅人委託加工的應稅消費品，其納稅義務的發生時間，為納稅人提貨的當天。

4. 納稅人進口的應稅消費品，其納稅義務的發生時間，為報關進口的當天。

二、納稅期限

按照《消費稅暫行條例》規定，消費稅的納稅期限分別為 1 日、3 日、5 日、10 日、15 日或者 1 個月。納稅人的具體納稅期限，由主管稅務機關根據納稅人應納稅額的大小分別核定；不能按照固定期限納稅的，可以按次納稅。

納稅人以 1 個月為一期納稅的自期滿之日起 15 日內申報納稅；以 1 日、3 日、5 日、10 日或者 15 日為一期納稅的，自期滿之日起 5 日內預繳稅款，於次月 1 日起至 15 日內申報納稅並結清上月應納稅款。

納稅人進口應稅消費品，應當自海關填發海關進口消費稅專用繳款書之日起 15 日內繳納稅款。

如果納稅人不能按照規定的納稅期限依法納稅，將按《稅收徵收管理法》的有關規定處理。

三、納稅地點

（1）納稅人銷售的應稅消費品，以及自產自用的應稅消費品，除國家另有規定的外，應當向納稅人核算地主管稅務機關申報納稅。

（2）委託加工的應稅消費品，除受託方為個人外，由受託方向所在地主管稅務機關代收代繳消費稅稅款。

（3）進口的應稅消費品，由進口人或者其代理人向報關地海關申報納稅。

（4）納稅人到外縣（市）銷售或委託外縣（市）代銷自產應稅消費品的，於應稅消費品銷售後，向機構所在地或者居住地主管稅務機關申報納稅。

納稅人的總機構與分支機構不在同一縣（市），但在同一省（自治區、直轄市）範圍內，經省（自治區、直轄市）財政廳（局）、國家稅務局審批同意，可以由總機構匯總向總機構所在地的主管稅務機關申報繳納消費稅。

省（自治區、直轄市）財政廳（局）、國家稅務局應將審批同意的結果，上報財政部、國家稅務總局備案。

（5）納稅人銷售的應稅消費品，如因質量等原因由購買者退回時，經所在地主管稅務機關審核批准后，可退還已徵收的消費稅稅款。但不能自行直接抵減應納稅款。

本章小結

思考與練習題

一、單項選擇題

1. 下列各項中，屬於消費稅徵稅範圍的是（　　）。
   A. 調味料酒　　　　　　　　　　B. 電動汽車
   C. 木制一次性筷子　　　　　　　D. 沙灘車

2. 下列應稅消費品中，適用定額稅率徵收消費稅的是（　　）。
   A. 高檔化妝品　　B. 金銀首飾　　C. 高爾夫球　　D. 啤酒

3. 甲企業是增值稅一般納稅人，2017年2月向乙摩托車廠訂購摩托車10輛，每輛含增值稅售價為10,000元，另支付改裝費共計30,000元。已知，增值稅稅率為17%，消費稅稅率為10%。有關乙摩托車廠上述業務應繳納的消費稅，下列計算正確的是（　　）。
   A. $10,000 \times 10 \times 10\% = 10,000$（元）
   B. $10,000 \times 10 \div (1+17\%) \times 10\% = 8,547.01$（元）
   C. $(10,000 \times 10 + 30,000) \times 10\% = 13,000$（元）
   D. $(10,000 \times 10 + 30,000) \div (1+17\%) \times 10\% = 11,111.11$（元）

4. 某酒廠為增值稅一般納稅人，2017年2月份生產銷售糧食白酒100噸，取得不含稅銷售額480萬元，同時收取包裝費15萬元、包裝物押金5萬元。已知，糧食白酒消費稅比例稅率為20%，定額稅率為0.5元/500克。該酒廠當月應繳納的消費稅為（　　）萬元。
   A. 100　　　　B. 110　　　　C. 105.47　　　　D. 109.42

5. 某日化廠為增值稅一般納稅人，2017年2月將自產的200萬件高檔化妝品無償贈送給關聯企業，每件高檔化妝品的生產成本為50元。已知消費稅稅率為15%，成本利潤率為5%，沒有同類高檔化妝品的銷售價格。該日化廠當月應繳納的消費稅為（　　）萬元。
   A. 1,500　　　　B. 1,575　　　　C. 4,500　　　　D. 1,852.94

6. 某酒廠下設一非獨立核算的門市部，2016年10月該酒廠共生產黃酒150噸，當

月將其中100噸由總機構移送到非獨立核算門市部用於銷售,當月門市部實際對外銷售黃酒80噸,則該酒廠當月就上述業務計算繳納消費稅的黃酒銷售數量為( )噸。

  A. 150   B. 100   C. 80   D. 0

7. 2016年10月甲公司進口一批小汽車,海關審定的關稅完稅價格為100萬元,繳納關稅20萬元,已知小汽車消費稅稅率為25%,甲公司當月進口小汽車應繳納消費稅稅額的下列計算中,正確的是( )。

  A. (100+20)×25%=30(萬元)

  B. (100+20)÷(1-25%)×25%=40(萬元)

  C. 100×25%=25(萬元)

  D. 100÷(1-25%)×25%=33.33(萬元)

8. 某卷菸生產企業為增值稅一般納稅人,2016年8月,收回委託乙企業加工的100標準箱甲類卷菸,已知該卷菸生產企業提供不含稅價款為100萬元的原材料,同時支付不含稅加工費20萬元,乙企業無同類卷菸的銷售價格,則乙企業當月應代收代繳消費稅( )萬元。(甲類卷菸消費稅稅率為56%加150元/箱)

  A. 156.14   B. 155.58   C. 35.25   D. 38.75

9. 根據消費稅法律制度的規定,企業發生的下列經營行為中,外購應稅消費品已納消費稅稅額不準從應納消費稅稅額中扣除的是( )。

  A. 以外購已稅電池生產小汽車   B. 以外購已稅菸絲生產卷菸

  C. 以外購已稅杆頭生產高爾夫球杆   D. 以外購已稅石腦油生產成品油

10. 下列應視同銷售繳納消費稅的情況有( )。

  A. 將外購的已稅消費品繼續加工成應稅消費品

  B. 將委託加工的應稅消費品繼續加工成應稅消費品

  C. 自製應稅消費品繼續加工成應稅消費品

  D. 自製應稅消費品用於向外投資

二、多項選擇題

1. 下列各項中,不需要計算繳納消費稅的有( )。

  A. 汽車銷售公司銷售小汽車   B. 菸草專賣店零售卷菸

  C. 木材公司銷售自產的實木地板   D. 商場銷售黃金項鏈

2. 甲汽車製造廠生產的小汽車用於下列各項用途,其中應當繳納消費稅的有( )。

  A. 贈送貧困地區   B. 獎勵本廠職工

  C. 生產改裝高檔小汽車   D. 本廠廣告推廣

3. 納稅人自產的應稅消費品發生的下列情形中,應以納稅人同類應稅消費品的最高銷售價格作為消費稅計稅依據的有( )。

  A. 用於抵債的應稅消費品   B. 用於饋贈的應稅消費品

C. 用於換取生產資料的應稅消費品　　D. 對外投資入股的應稅消費品

4. 某高爾夫球生產企業是增值稅一般納稅人，其生產的高爾夫球不含增值稅的平均銷售價格為 25,000 元/箱，最高銷售價格為 26,000 元/箱；該企業 3 月份將 5 箱自產高爾夫球用於換取一批生產材料。已知，增值稅稅率為 17%，消費稅稅率為 10%。有關該企業上述業務應繳納的增值稅和消費稅，下列計算正確的有（　　）。

A. 應納增值稅 = 25,000 × 5 × 17% = 21,250（元）
B. 應納增值稅 = 26,000 × 5 × 17% = 22,100（元）
C. 應納消費稅 = 25,000 × 5 × 10% = 12,500（元）
D. 應納消費稅 = 26,000 × 5 × 10% = 13,000（元）

5. 根據消費稅法律制度的規定，下列應稅消費品中，採用複合計稅方法計徵消費稅的有（　　）。

A. 卷菸　　　　B. 白酒　　　　C. 高檔化妝品　　D. 金銀首飾

6. 下列各項中，既徵收消費稅，又徵收增值稅的有（　　）。

A. 批發卷菸　　　　　　　　B. 生產銷售金銀首飾
C. 零售小汽車　　　　　　　D. 生產銷售高檔化妝品

三、判斷題

1. 中國的消費稅在生產銷售、委託加工和進口環節課徵，並實行單一環節徵稅，批發、零售環節一律不徵收消費稅。（　　）

2. 委託加工的應稅消費品收回後出售的，不論售價高低，均不再繳納消費稅。（　　）

3. 自 2015 年 5 月 10 日起，將卷菸批發環節從價稅稅率由 5% 提高至 11%，並按 0.005 元/支加徵從量稅。（　　）

4. 納稅人將自產的香水精（高檔化妝品）連續生產高檔化妝品，移送時應當繳納消費稅。（　　）

5. 某汽車廠為增值稅一般納稅人，下設一非獨立核算門市部，2015 年 10 月份將其生產的一批成本價為 150 萬元的小汽車移送門市部，門市部將其中的 90% 銷售，取得含增值稅銷售額為 234 萬元。已知，消費稅稅率為 9%，成本利潤率為 8%。該項業務汽車廠應繳納的消費稅 = 150 ×（1 + 8%）÷（1 − 9%）× 90% × 9% = 14.42（萬元）。（　　）

6. 金銀首飾與其他產品組成成套消費品零售的，應將金銀首飾與其他產品的銷售額分攤，並按分攤後金銀首飾的銷售額徵收消費稅。（　　）

7. 納稅人銷售的應稅消費品，如因質量等原因由購買者退回時，經機構所在地或居住地主管稅務機關審核批准後，可退還已繳納的消費稅稅款。（　　）

8. 對應稅消費品徵收消費稅後，不再徵收增值稅。（　　）

四、計算題

1. 某酒廠 12 月銷售糧食白酒 6,000 千克，售價為 10 元每千克，隨同銷售的包裝

物價格6,200元；本月銷售禮品盒6,000套，售價為300元每套，每套包括糧食白酒1000克、單價80元，干紅酒1,000克，單價70元。該企業12月應納消費稅是多少？（題中價格均為不含稅價格）

2. 某卷菸廠為增值稅一般納稅人，9月生產經營情況如下：

（1）月初庫存外購已稅菸絲80萬元，當月外購已稅菸絲取得增值稅專用發票，註明支付貨款金額1,200萬元、進項稅額204萬元，菸絲全部驗收入庫；

（2）本月生產領用外購已稅菸絲400萬元；

（3）生產卷菸1,500箱（標準箱），全部對外銷售，取得含稅銷售額4,563萬元。支付銷貨運輸費用，取得運輸單位開具的增值稅專用發票註明價款60萬元；

（菸絲消費稅稅率為30%；卷菸消費稅定額稅率為每箱150元，比例稅率為56%。）

要求：計算該卷菸廠9月應繳納的增值稅及消費稅。

3. 某汽車製造企業為增值稅一般納稅人，生產的小轎車（消費稅稅率為5%），每輛統一不含稅價格為10萬元，4月發生以下業務：

（1）與某特約經銷商簽訂了40輛小轎車的代銷協議，當月收到經銷商返回的30輛小轎車的代銷清單及銷貨款和稅款，考慮到與其長期業務關係，汽車廠開具了40輛小轎車的增值稅專用發票；

（2）贈送給某協作單位小轎車3輛，並開具了增值稅專用發票；

（3）用一輛小轎車與空調廠家交換了30臺空調，用於改善辦公條件，雙方均未開具增值稅專用發票，也不再進行貨幣結算；

（4）提供汽車修理服務，開具普通發票上註明的銷售額為5.85萬元；

（5）進口一批汽車輪胎，海關代徵的增值稅10萬元，貨已入庫（進口增值稅專用繳款書已稽核比對相符）；

（6）本月購進生產材料，取得增值稅專用發票上註明增值稅14萬元，貨已到達尚未驗收入庫，專用發票尚未認證，貨款只支付70%，其餘30%下月一次付清；並支付購貨運輸費，取得的增值稅專用發票上註明的運費3萬元（當月已認證）。

要求：計算當月應納的增值稅與消費稅。

第三章練習題答案　　　　　　　　　　【案例分析】

第四章　城市維護建設稅

【學習目標】

通過本章的學習，學生應瞭解城市維護建設稅的特點，重點掌握城市維護建設稅的徵稅範圍、稅率及應稅稅額的計算，熟悉城市維護建設稅的徵收管理。同時瞭解教育附加的徵稅範圍及計稅依據，掌握教育附加應稅稅額的計算。

【導入案例】

甲生產企業地處市區，某年5月繳納增值稅28萬元，當月委託位於縣城的乙企業加工應稅消費品，乙企業代收代繳消費稅15萬元。什麼是城市維護建設稅？甲企業應當如何計算繳納城建稅？

第一節　城市維護建設稅概述

城市維護建設稅法，是指國家制定的用以調整城市維護建設稅徵收與繳納權利及義務關係的法律規範。現行城市維護建設稅的基本規範，是1985年2月8日國務院發布並於同年1月1日實施的《中華人民共和國城市維護建設稅暫行條例》（以下簡稱《城市維護建暫行條例》）。

一、城市維護建設稅的概念

城市維護建設稅是對繳納增值稅、消費稅的單位和個人徵收的一種稅。是國家為加強城市的維護建設，擴大和穩定城市維護建設資金的來源而採取的一項稅收措施。

二、城市維護建設稅的特點

（一）稅款專款專用

城市維護建設稅其所徵稅款要求保證用於城市公用事業和公共設施的維護和建設。

（二）屬於一種附加稅

城市維護建設稅是以納稅人實際繳納的增值稅、消費稅稅額為計稅依據，隨「兩稅」同時徵收，其本身沒有特定的課稅對象，其徵管方法也完全比照「兩稅」的有關規定辦理。

（三）根據城鎮規模設計不同的比例稅率

城市維護建設稅的負擔水平，不是依據納稅人獲取的利潤水平或經營特點而定，而是根據納稅人所在城鎮的規模及其資金需要設計的。城鎮規模大的，稅率高一些；反之，就低一些，這樣規定能夠使不同地區獲取不同數量的城市維護建設資金，因地制宜地進行城市的維護和建設。

（四）徵收範圍較廣

增值稅、消費稅是對商品和勞務的徵稅，在中國現行稅制體系中居主體稅種的地位，其徵稅範圍基本上包括了中國境內所有經營行為的單位和個人。城市維護建設稅以增值稅、消費稅稅額作為稅基，從這個意義上看，城市維護建設稅幾乎是對所有納稅人的徵稅，因此，它的徵稅範圍較廣。

三、城市維護建設稅的作用

（一）補充城市維護建設資金的不足

城市在國民經濟建設中有著重要的作用，1985 年開徵城市維護建設稅之后，由於城建稅收入隨「兩稅」的增長而增長，使城市維護建設有了一個比較穩定和可靠的資金來源。

（二）限制了對企業的亂攤派

在開徵城市維護建設稅以前，有些地區和部門借口城建資金不足，隨意向企業攤派物資和資金，加重了企業的負擔，影響了企業正常生產經營和發展。徵收城市維護建設稅后，國家把地方政府用於城市維護建設的資金來源用法律形式固定下來，明確規定：開徵城市建設維護稅后，任何地區和部門，都不得再向納稅人攤派資金或物資。遇到攤派情況，納稅人有權拒絕執行，這就為限制對企業的亂攤派提供了法律保證。

（三）調動了地方政府進行城市維護和建設的積極性

《城市維護建設稅暫行條例》規定：城市維護建設稅應當保證用於城市公用事業和公共設施的維護建設，具體安排由地方政府確定。這就明確了城市維護建設稅是一個具有專款專用性質的地方稅。將城市維護建設稅收入與當地城市建設直接掛鈎，稅收收入越多，城鎮建設資金就越充裕，城鎮建設發展就越快。這樣，就可以充分調動地方政府的積極性，使其關心城市維護建設稅收入，加強市維護建設稅的徵收管理。從另一個角度看，城市維護建設稅作為一個地方稅種，也充實和完善了地方稅體系，擴大了地方政府的財政收入規模，為整體稅制的進一步完善起到了積極的作用。

第二節　城市維護建設稅的基本要素

一、納稅義務人

城建稅的納稅義務人，是指負有繳納增值稅、消費稅（「兩稅」）義務的單位和個人，包括國有企業、集體企業、私營企業、股份制企業、其他企業和行政單位、事業單位、軍事單位、社會團體、其他單位，以及個體工商戶及其他個人。自2010年12月1日起，對外商投資企業、外國企業及外籍個人徵收城市維護建設稅。

城建稅的代扣代繳、代收代繳，一律比照增值稅、消費稅的有關規定辦理。增值稅、消費稅的扣繳義務人同時也是城建稅的扣繳義務人。

二、稅率

城建稅按納稅人所在地的不同，設置了三檔地區差別比例稅率，即：
（1）納稅人所在地為市區的，稅率為7%。
（2）納稅人所在地為縣城、鎮的，稅率為5%。
（3）納稅人所在地不在市區、縣城或者鎮的，稅率為1%。

城建稅的適用稅率，應當按納稅人所在地的規定稅率執行。但是，對下列兩種情況，可按繳納「兩稅」所在地的規定稅率就地繳納城建稅：

第一種情況：由受託方代扣代繳、代收代繳「兩稅」的單位和個人，其代扣代繳、代收代繳的城建稅按受託方所在地適用稅率執行。

第二種情況：流動經營等無固定納稅地點的單位和個人，在經營地繳納「兩稅」的，其城建稅的繳納按經營地適用稅率執行。

三、稅收優惠

城建稅原則上不單獨減免，但因城建稅又具附加稅性質，當主稅發生減免時，城建稅相應發生稅收減免。城建稅的稅收減免具體有以下幾種情況：

（1）城建稅按減免后實際繳納的「兩稅」稅額計徵，即隨「兩稅」的減免而減免。

（2）對於因減免稅而需進行「兩稅」退庫的，城建稅也可同時退庫。

（3）海關對進口產品代徵的增值稅、消費稅，不徵收城建稅。

（4）對「兩稅」實行先徵后返、先徵后退、即徵即退辦法的，除另有規定外，對隨「兩稅」附徵的城市維護建設稅，一律不予退（返）還。

（5）對國家重大水利工程建設基金免徵城市維護建設稅。

第三節　城市維護建設稅應納稅額的計算

一、計稅依據

城建稅的計稅依據，是指納稅人實際繳納的「兩稅」稅額。納稅人違反「兩稅」有關稅法而加收的滯納金和罰款，是稅務機關對納稅人違法行為的經濟制裁，不作為城建稅的計稅依據，但納稅人在被查補「兩稅」和被處以罰款時，應同時對其偷漏的城建稅進行補稅、徵收滯納金和罰款。

城建稅以「兩稅」稅額為計稅依據並同時徵收，如果要免徵或者減徵「兩稅」，也就要同時免徵或者減徵城建稅。

出口產品退還增值稅、消費稅的，不退還已繳納的城建稅。

二、應納稅額的計算方法

城建稅納稅人的應納稅額大小是由納稅人實際繳納的「兩稅」稅額決定的，其計算公式是：

應納稅額＝納稅人實際繳納的增值稅、消費稅稅額×適用稅率

【例4-1】某城市一卷菸廠委託某縣城一卷菸廠加工一批雪茄菸，委託方提供原材料40,000元，支付加工費5,000元（不含增值稅），雪茄菸消費稅稅率為36%，這批雪茄菸無同類產品市場價格。受託方代收代繳消費稅時，計算應代收代繳的城市維護建設稅。

【解析】：應代收代繳的城市維護建設稅＝（40,000＋5,000）／（1－36%）×36%×5%＝1,265.63（元）

【例4-1】本章導入案例計算如下：
甲企業自身應繳納城建稅＝20×7%＝1.96（萬元）
被乙企業代收代繳城建稅＝15×5%＝0.75（萬元）

第四節　城市維護建設稅的徵收管理

一、納稅環節

城建稅的納稅環節，是指《城市維護建設稅暫行條例》規定的納稅人應當繳納城建稅的環節。城建稅的納稅環節，實際就是納稅人繳納「兩稅」的環節。納稅人只要發生「兩稅」的納稅義務，就要在同樣的環節，分別計算繳納城建稅。

二、納稅地點

城建稅以納稅人實際繳納的增值稅、消費稅稅額為計稅依據，分別與「兩稅」同

時繳納。所以，納稅人繳納「兩稅」的地點，就是該納稅人繳納城建稅的地點。

三、納稅期限

由於城建稅是由納稅人在繳納「兩稅」時同時繳納的，所以其納稅期限分別與「兩稅」的納稅期限一致。

附：

教育費附加和地方教育附加的有關規定

一、教育費附加和地方教育附加概述

教育費附加和地方教育附加是對繳納增值稅、消費稅的單位和個人徵收的一種附加費。是為了加快發展地方教育事業，擴大地方教育經費的資金而徵收的一項專用基金。

二、教育費附加和地方教育附加的徵收範圍及計徵依據

教育費附加對繳納增值稅、消費稅的單位和個人徵收，以其實際繳納的增值稅、消費稅為計徵依據，分別與增值稅、消費稅同時繳納。自2010年12月1日起，對外商投資企業、外國企業及外籍個人徵收教育費附加和地方教育附加。

三、教育費附加和地方教育附加計徵比率

現行教育費附加徵收比率為3%；地方教育附加徵收比率為2%。

四、教育費附加和地方教育附加的計算

應納教育費附加或地方教育附加 = 實際繳納的增值稅、消費稅 × 徵收比率（3%或2%）

五、教育費附加和地方教育附加的減免規定

（1）對海關進口的產品徵收的增值稅、消費稅，不徵收教育費附加。

（2）對由於減免增值稅、消費稅而發生退稅的，可同時退還已徵收的教育費附加。但對出口產品退還增值稅、消費稅的，不退還已徵的教育費附加。

（3）對國家重大水利工程建設基金免徵教育費附加。

本章小結

思考與練習題

一、單項選擇題

1. 某企業地處市區，2017年10月被稅務機關查補增值稅45,000元、消費稅25,000元、所得稅30,000元；還被加收滯納金20,000元、被處罰款50,000元。該企業應補繳城市維護建設稅和教育費附加（　　）元。

　　A. 5,000　　　B. 7,000　　　C. 8,000　　　D. 10,000

2. 目前中國城建稅的稅率實行的是（　　）的方法。

　　A. 納稅人所屬行業差別比例稅率　　B. 納稅人所在地差別比例稅率

　　C. 納稅人所屬行業累進稅率　　　　D. 納稅人所在地統一累進稅率

3. 以下各個項目中，可以作為計算城市維護建設稅的依據的是（　　）。

　　A. 補繳的消費稅稅款　　　　　　　B. 因漏繳增值稅而繳納的滯納金

　　C. 因漏繳消費稅而繳納的罰款　　　D. 進口貨物繳納的增值稅稅款

4. 下列說法不符合城建稅規定的是（　　）。

　　A. 一般情況下，納稅人繳納「兩稅」的地點，就是該納稅人繳納城建稅的地點

　　B. 城建稅以「兩稅」稅額為計稅依據並同時徵收，如果要免徵或者減徵「兩稅」，不能同時免徵或者減徵城建稅

　　C. 海關對進口產品代徵的增值稅、消費稅、不徵收城市維護建設稅

　　D. 納稅人因延遲繳納而補繳「兩稅」的，城建稅應同時補繳

5. 某城市一卷菸廠委託某縣城一卷菸廠加工一批雪茄菸，委託方提供原材料成本40,000元，支付加工費5,000元（不含增值稅），雪茄菸消費稅稅率為36%，這批雪茄菸無同類產品市場價格。受託方代收代繳城市維護建設稅為（　　）元。

　　A. 1,771.88　　B. 810　　　C. 1,265.63　　　D. 1,134

6. 下列可以作為城建稅的計稅依據的有（　　）。

　　A. 企業出租房屋繳納的增值稅　　　B. 企業繳納的印花稅

　　C. 企業繳納的企業所得稅　　　　　D. 企業繳納的城鎮土地使用稅

二、多項選擇題

1. 下列各項中，屬於城市維護建設稅的納稅義務人的有（　　）。

　　A. 國有企業　　　　　　　　　　　B. 集體企業

　　C. 私營企業　　　　　　　　　　　D. 外商投資企業

2. 根據相關規定，下列屬於城市維護建設稅的特點的有（　　）。

　　A. 稅款專款專用，具有受益稅性質　B. 實行從量定額徵收

　　C. 徵收範圍廣　　　　　　　　　　D. 屬於一種附加稅

3. 某生產企業生產銷售柴油，取得的銷售收入應納（　　）

　　A. 增值稅　　　　　　　　　　　　B. 消費稅

C. 城建稅　　　　　　　　　　　　D. 教育費附加

4. 下列行為中，不繳納城建稅的有（　　）。

A. 外商投資企業2010年10月繳納的消費稅
B. 外商投資企業2011年10月繳納的消費稅滯納金
C. 某內資企業本月進口貨物海關代徵的增值稅
D. 某服務性內資企業本年直接免徵的增值稅

三、計算題

1. 某地處北京市區的一企業，4月份實際繳納增值稅26萬元，消費稅30萬元，另向稅務機關繳納增值稅滯納金和罰金共計0.3萬元。請計算該企業4月份應繳納的城市維護建設稅、教育費附加及地方教育附加。

2. 某縣城一家食品加工企業，為增值稅小規模納稅人，8月份購進貨物取得普通發票的銷售額合計50,000元，銷售貨物開具普通發票銷售額合計70,000元。請計算該企業本月應納城建稅、教育費附加和地方教育附加（　　）。

第四章練習題答案　　　　　　　　　　【案例分析】

第五章　資源稅

【學習目標】

通過本章的學習，學生應瞭解資源稅的涵義、作用；理解資源稅為什麼要確立普遍徵收與級差調節的立法原則；重點掌握資源稅的徵稅範圍、稅率及應納稅額的計算。

【導入案例】

某油田原油價格每噸 6,000 元（不含增值稅），天然氣每立方米 2 元（不含增值稅）。2015 年 12 月，該企業生產原油 25 萬噸，當月銷售 20 萬噸，加熱、修井用 2 萬噸，贈送給協作單位 3 萬噸；開採天然氣 700 萬立方米，當月銷售 600 萬立方米，待售 100 萬立方米。原油、天然氣的稅率均為 6%，該油田 2015 年 12 月應納資源稅多少萬元？

第一節　資源稅概述

一、資源稅的概念

資源稅是以各種應稅自然資源為課稅對象、為了調節資源級差收入並體現國有資源有償使用而徵收的一種稅。

資源的含義比較廣泛，通常指自然界存在的天然物質財富，包括地下資源、地上資源、空間資源。從物質內容角度來看，包括礦產資源、土地資源、水資源、動物資源、植物資源、海洋資源等等。目前中國的資源稅徵稅對象既不是全部的自然資源，也並非對所有具有商品屬性的資源徵稅，僅選擇了部分級差收入差異較大，資源較為普遍，易於徵收管理的礦產品和鹽。

二、中國資源稅的發展

新中國成立后，中國頒布了《全國稅政實施要則》，明確了對鹽的生產、運銷徵收鹽稅。但是，對礦產資源的開採如何課稅並沒有規定，所以在長達 30 多年的時間內中國實行的是資源無償開採的制度。

1984 年 10 月 1 日，《資源稅條例草案》施行，中國開始對自然資源徵稅，徵收範圍僅為原油、天然氣、煤炭和鐵礦石；1986 年 10 月 1 日，《礦產資源法》施行，進一

步明確：國家對礦產資源施行有償開採；1993年全國財稅體制改革，對資源稅法律制度做了重大修改，把鹽稅並到資源稅中，並將資源稅徵收範圍擴大為原油、天然氣、煤炭、其他非金屬礦原礦、黑色金屬礦原礦、有色金屬礦原礦和鹽7種，於1994年1月1日起不再按超額利潤徵稅，而是按礦產品銷售量徵稅，按照「普遍徵收、級差調節」的原則，就資源賦稅情況、開採條件、資源等級、地理位置等客觀條件的差異規定了幅度稅額，為每一個課稅礦區規定了適用稅率；自2010年6月1日起，率先在新疆進行資源稅改革試點，將原油、天然氣資源稅由從量計徵改為從價計徵；自2011年11月1日起，在全國範圍內實施原油、天然氣的資源稅從價計徵改革，自2014年12月1日起在全國範圍內實施煤炭資源稅從價計徵改革，自2015年5月1日起實施稀土、鎢、鉬資源稅從價計徵改革，並全面清理相關收費基金。改革總體運行平穩，對調節經濟、規範稅費關係、促進資源合理利用發揮了積極作用。

資源稅從開徵至今已有30多年，近十年來資源稅收入增長較快，年均增長率約為27%，成為資源富集地區重要稅收來源。隨著中國經濟社會發展，現行資源稅制度已不能適應經濟體制改革和「兩型」社會建設的需要，主要存在以下突出問題：一是計稅依據缺乏彈性，不能合理有效調節資源收益。目前大部分資源品目資源稅仍實行從量定額計徵，相對固化的稅額標準與體現供求關係、稀缺程度的資源價格不掛鉤，不能隨價格變化而自動調整。在資源價格上漲時不能相應增加稅收，價格低迷時又難以為企業及時減負，資源稅組織收入和調節經濟的功能下降，與礦業市場發展不適應。二是徵稅範圍偏窄，許多自然資源未納入徵收範圍。現行資源稅徵收範圍僅限於礦產品和鹽，與生產生活密切相關的水、森林、草場、灘涂等資源未納入徵收範圍，不能全面發揮資源稅促進資源節約保護的作用。三是稅費重疊，企業負擔不合理。各地涉及礦產資源的收費基金項目較多，許多收費基金與資源稅徵收對象、方式和環節相同，調節功能相似，造成資源稅費重疊，加重了企業負擔。四是稅權集中，不利於調動地方積極性。除海洋原油天然氣資源稅外，其他資源稅均為地方收入，但地方政府僅對少數礦產品的具體適用稅率有確定權，多數礦產品的稅率均由中央統一確定，地方政府不能因地制宜、因時制宜完善相關政策，不利於調動其發展經濟和組織收入的積極性。為解決上述突出問題，適應經濟形勢發展需要，有必要全面推進資源稅改革，完善資源稅制度。

2016年5月10日，財政部、國家稅務總局聯合對外發文《關於全面推進資源稅改革的通知》，通知宣布：為深化財稅體制改革，促進資源節約集約利用，加快生態文明建設，自2016年7月1日起中國全面推進資源稅從價計徵改革，以及在河北省實施水資源稅改革試點。

三、資源稅改革的指導思想、基本原則和主要目標

（一）指導思想

全面貫徹黨的十八大和十八屆三中、四中、五中全會精神，按照「五位一體」總體佈局和「四個全面」戰略佈局，牢固樹立和貫徹落實創新、協調、綠色、開放、共

享的發展理念，全面推進資源稅改革，有效發揮稅收槓桿調節作用，促進資源行業持續健康發展，推動經濟結構調整和發展方式轉變。

(二) 基本原則

一是清費立稅。著力解決當前存在的稅費重疊、功能交叉問題，將礦產資源補償費等收費基金適當並入資源稅，取締違規、越權設立的各項收費基金，進一步理順稅費關係。

二是合理負擔。兼顧企業經營的實際情況和承受能力，借鑑煤炭等資源稅費改革經驗，合理確定資源稅計稅依據和稅率水平，增強稅收彈性，總體上不增加企業稅費負擔。

三是適度分權。結合中國資源分佈不均衡、地域差異較大等實際情況，在不影響全國統一市場秩序前提下，賦予地方適當的稅政管理權。

四是循序漸進。在煤炭、原油、天然氣等已實施從價計徵改革基礎上，對其他礦產資源全面實施改革。積極創造條件，逐步對水、森林、草場、灘塗等自然資源開徵資源稅。

(三) 主要目標

通過全面實施清費立稅、從價計徵改革，理順資源稅費關係，建立規範公平、調控合理、徵管高效的資源稅制度，有效發揮其組織收入、調控經濟、促進資源節約集約利用和生態環境保護的作用。

四、資源稅的作用

中國的現行資源稅是以調節資源級差收入、促進企業平等競爭和保護自然資源為主要目的而設置的一個稅種。資源稅的開徵，為構建中國的資源占用課稅體系奠定了基礎，對於完善中國的稅制結構，拓寬稅收的調節領域，全面發揮稅收的職能作用具有重要意義。

(一) 促進企業之間開展平等競爭

中國的資源稅屬於比較典型的級差資源稅，它根據應稅產品的品種、質量、存在形式、開採方式以及企業所處地理位置和交通運輸條件等客觀因素的差異確定差別稅率，從而使條件優越者稅負較高、反之則稅負較低。這種稅率設計使資源稅能夠比較有效地調節由於自然資源條件差異等客觀因素給企業帶來的級差收入，減少或排除資源條件差異對企業盈利水平的影響，為企業之間開展平等競爭創造有利的外部條件。

(二) 促進對自然資源的合理開發利用

通過對開發、利用應稅資源的行為課徵資源稅，體現了國有自然資源有償占用的原則，從而可以促使納稅人節約、合理地開發和利用自然資源，有利於中國經濟可持續發展。

(三) 為國家籌集財政資金

資源稅雖然以促進平等競爭和保護自然資源為主要課徵目的，但就其課徵結果而

言，仍不失為財政收入的一項重要來源。隨著其課徵範圍的逐漸擴展，資源稅的收入規模及其在稅收收入總額中所占的比重都相應增加，其財政意義也日漸明顯，在為國家籌集財政資金方面發揮著不可忽視的作用。

第二節　資源稅的基本要素

一、資源稅納稅人

資源稅的納稅人是指在中華人民共和國領域及管轄海域開採應稅礦產品或者生產鹽的單位和個人。單位是指國有企業、集體企業、私營企業、股份制企業、其他企業和行政單位、事業單位、軍事單位、社會團體及其他單位；個人是指個體經營者和其他個人；其他單位和其他個人包括外商投資企業、外國企業及外籍人員。

《資源稅暫行條例》還規定，收購未稅礦產品的單位為資源稅的扣繳義務人，在收購時代扣代繳。規定資源稅的扣繳義務人，主要是為了加強資源稅的徵管，適應稅源小、零散、不定期開採、易漏稅等稅務機關認為不易控管的情況。收購未稅礦產品的單位是指獨立礦山、聯合企業和其他單位。

二、資源稅徵稅範圍

資源稅的徵稅範圍主要分為礦產品和鹽兩大類，具體分為以下七個稅目。
（1）原油，指開採的天然原油，不包括人造石油。
（2）天然氣，指專用開採的與原油同時開採的天然氣。
（3）煤炭，包括原煤和以未稅原煤加工的洗選煤。
（4）金屬礦。
（5）其他非金屬礦，是指上列產品和井海礦鹽以外的非金屬礦。
（6）海鹽。
2016年7月1日起中國全面推進資源稅改革，逐步擴大資源稅徵收範圍：
（1）開展水資源稅改革試點工作。鑒於取用水資源涉及面廣、情況複雜，為確保改革平穩有序實施，先在河北省開展水資源稅試點。河北省開徵水資源稅試點工作，採取水資源費改稅方式，將地表水和地下水納入徵稅範圍，實行從量定額計徵，對高耗水行業、超計劃用水以及在地下水超採地區取用地下水，適當提高稅額標準，正常生產生活用水維持原有負擔水平不變。在總結試點經驗基礎上，財政部、國家稅務總局將選擇其他地區逐步擴大試點範圍，條件成熟后在全國推開。
（2）逐步將其他自然資源納入徵稅範圍。鑒於森林、草場、灘涂等資源在各地區的市場開發利用情況不盡相同，對其全面開徵資源稅條件尚不成熟，此次改革不在全國範圍統一規定對森林、草場、灘涂等資源徵稅。各省、自治區、直轄市（以下統稱省級）人民政府可以結合本地實際，根據森林、草場、灘涂等資源開發利用情況提出徵收資源稅的具體方案建議，報國務院批准後實施。

三、稅率

資源稅實行從價定率和從量定額計徵的辦法，依據資源稅稅目稅率幅度表（表 5-1）合理確定資源稅稅率水平：

1. 對《資源稅稅目稅率幅度表》中列舉名稱的資源品目，由省級人民政府在規定的稅率幅度內提出具體適用稅率建議，報財政部、國家稅務總局確定核準。

2. 對未列舉名稱的其他非金屬礦產品，按照從價計徵為主、從量計徵為輔的原則，由省級人民政府確定計徵方式和適用稅率；對未列舉名稱的其他金屬礦產品，由省級人民政府根據實際情況確定具體稅目和適用稅率。並報財政部、國家稅務總局備案。

3. 省級人民政府在提出和確定適用稅率時，要結合當前礦產企業實際生產經營情況，遵循改革前后稅費平移原則，充分考慮企業負擔能力。

表 5-1　　　　　　　　　資源稅稅目稅率幅度表

稅目		徵稅對象	稅率幅度
（1）原油			6%－10%
（2）天然氣			6%－10%
（3）煤炭			2%－10%
（4）金屬礦	輕稀土	精礦	按地區執行不同的適用稅率。其中，內蒙古為 11.5%、四川為 9.5%、山東為 7.5%
	中重稀土	精礦	27%
	鎢	精礦	6.5%
	鉬	精礦	11%
	鐵礦	精礦	1%－6%
	金礦	金錠	1%－4%
	銅礦	精礦	2%－8%
	鋁土礦	原礦	3%－9%
	鉛鋅礦	精礦	2%－6%
	鎳礦	精礦	2%－6%
	錫礦	精礦	2%－6%
	未列舉名稱的其他金屬礦產品	原礦或精礦	稅率不超過 20%

表5-1(續)

稅目		徵稅對象	稅率幅度
（5）非金屬礦	石墨	精礦	3%－10%
	硅藻土	精礦	1%－6%
	高嶺土	原礦	1%－6%
	螢石	精礦	1%－6%
	石灰石	原礦	1%－6%
	硫鐵礦	精礦	1%－6%
	磷礦	原礦	3%－8%
	氯化鉀	精礦	3%－8%
	硫酸鉀	精礦	6%－12%
	井礦鹽	氯化鈉初級產品	1%－6%
	湖鹽	氯化鈉初級產品	1%－6%
	提取地下鹵水曬制的鹽	氯化鈉初級產品	3%－15%
	煤層（成）氣	原礦	1%－2%
	粘土、砂石	原礦	每噸或立方米0.1元－5元
	未列舉名稱的其他非金屬礦產品	原礦或精礦	從量稅率每噸或立方米不超過30元；從價稅率不超過20%
（6）海鹽		氯化鈉初級產品	1%－5%

備註：

1. 鋁土礦包括耐火級礬土、研磨級礬土等高鋁粘土。
2. 氯化鈉初級產品是指井礦鹽、湖鹽原鹽、提取地下鹵水曬制的鹽和海鹽原鹽，包括固體和液體形態的初級產品。
3. 海鹽是指海水曬制的鹽，不包括提取地下鹵水曬制的鹽。

四、稅收優惠

1. 開採原油過程中用於加熱、修井的原油，免稅。
2. 納稅人開採或者生產應稅產品過程中，因意外事故或者自然災害等原因遭受重大損失的，由省、自治區、直轄市人民政府酌情決定減稅或者免稅。
3. 從2007年1月1日起，對地面抽採煤層氣暫不徵收資源稅。煤層氣是指賦存於煤層及其圍岩中與煤炭資源伴生的非常規天然氣，也稱煤礦瓦斯。
4. 關於原油、天然氣資源稅優惠政策：
（1）對油田範圍內運輸稠油過程中用於加熱的原油、天然氣免徵資源稅。
（2）對稠油、高凝油和高含硫天然氣資源稅減徵40%。
（3）對三次採油資源稅減徵30%。
（4）對低豐度油氣田資源稅暫減徵20%。

（5）對深水油氣田資源稅減徵30%。

5. 關於煤炭的稅收優惠：

（1）對衰竭期煤礦開採的煤炭，資源稅減徵30%。

（2）對充填開採置換出來的煤炭，資源稅減徵50%。

6. 對依法在建築物下、鐵路下、水體下通過充填開採方式採出的礦產資源，資源稅減徵50%。

充填開採是指隨著回採工作面的推進，向採空區或離層帶等空間充填廢石、尾礦、廢渣、建築廢料以及專用充填合格材料等採出礦產品的開採方法。

7. 對實際開採年限在15年以上的衰竭期礦山開採的礦產資源，資源稅減徵30%。

衰竭期礦山是指剩餘可採儲量下降到原設計可採儲量的20%（含）以下或剩餘服務年限不超過5年的礦山，以開採企業下屬的單個礦山為單位確定。

8. 對鼓勵利用的低品位礦、廢石、尾礦、廢渣、廢水、廢氣等提取的礦產品，由省級人民政府根據實際情況確定是否給予減稅或免稅。

9. 關於共伴生礦產的徵免稅的處理

為促進共伴生礦的綜合利用，納稅人開採銷售共伴生礦，共伴生礦與主礦產品銷售額分開核算的，對共伴生礦暫不計徵資源稅；沒有分開核算的，共伴生礦按主礦產品的稅目和適用稅率計徵資源稅。財政部、國家稅務總局另有規定的，從其規定。

10. 對在2016年7月1日前已按原礦銷量繳納過資源稅的尾礦、廢渣、廢水、廢石、廢氣等實行再利用，從中提取的礦產品，不再繳納資源稅。

11. 國務院規定的其他減稅、免稅項目。

五、出口應稅產品不退（免）資源稅的規定

資源稅規定僅對在中國境內開採或生產應稅產品的單位和個人徵收，進口的礦產品和鹽不徵收資源稅。由於對進口應稅產品不徵收資源稅，相應的，對出口應稅產品也不免或退還已納資源稅。

第三節　資源稅應納稅額的計算

一、從價計徵應納稅額的計算

稅源稅從價計徵的計稅依據為應稅產品的銷售額。

應納稅額＝銷售額×稅用稅率

（一）銷售額一般規定

銷售額是指納稅人銷售應稅產品向購買方收取的全部價款和價外費用，不包括增值稅銷項稅額和運雜費用。

價外費用，包括價外向購買方收取的手續費、補貼、基金、集資費、返還利潤、獎勵費、違約金、滯納金、延期付款利息、賠償金、代收款項、代墊款項、包裝費、

包裝物租金、儲備費、優質費、運輸裝卸費以及其他各種性質的價外費用。但下列項目不包括在內：

1. 同時符合以下條件的代墊運費費用：
（1）承運部門的運輸費用發票開具給購買方的；
（2）納稅人將該項發票轉交給購買方的。
2. 同時符合以下條件代為收取的政府性基金或者行政事業性收費：
（1）由國務院或者財政部批准設立的政府性基金，由國務院或者省級人民政府及其財政、價格主管部門批准設立的行政事業性收費；
（2）收取時開具省級以上財政部門印製的財政票據；
（3）所收款項全額上繳財政。

運雜費用是指應稅產品從坑口或洗選（加工）地到車站、碼頭或購買方指定地點的運輸費用、建設基金以及隨運銷產生的裝卸、倉儲、港雜費用。運雜費用應與銷售額分別核算，凡未取得相應憑據或不能與銷售額分別核算的，應當一併計徵資源稅。

另外，納稅人以人民幣以外的貨幣結算銷售額的，應當折合成人民幣計算。其銷售額的人民幣折合率可以選擇銷售額發生的當天或者當月1日的人民幣匯率中間價。納稅人應在事先確定採用何種折合率計算方法，確定後1年內不得變更。

（二）關於原礦銷售額與精礦銷售額的換算或折算。

為公平原礦與精礦之間的稅負，對同一種應稅產品，徵稅對象為精礦的，納稅人銷售原礦時，應將原礦銷售額換算為精礦銷售額繳納資源稅；徵稅對象為原礦的，納稅人銷售自採原礦加工的精礦，應將精礦銷售額折算為原礦銷售額繳納資源稅。換算比或折算率原則上應通過原礦售價、精礦售價和選礦比計算，也可通過原礦銷售額、加工環節平均成本和利潤計算。

金礦以標準金錠為徵稅對象，納稅人銷售金原礦、金精礦的，應比照上述規定將其銷售額換算為金錠銷售額繳納資源稅。

換算比或折算率應按簡便可行、公平合理的原則，由省級財稅部門確定，並報財政部、國家稅務總局備案。

（三）自產自用應稅產品的計稅依據

納稅人開採或者生產應稅產品，自用於連續生產應稅產品的，不繳納資源稅；自用於其他方面的（投資、分配、抵債、贈與、以物易物等），視同銷售，繳納資源稅。

稅法規定，納稅人申報的應稅產品銷售額明顯偏低並且無正當理由的、有視同銷售應稅產品行為而無銷售額的，除財政部、國家稅務總局另有規定外，按下列順序確定銷售額：
（1）按納稅人最近時期同類產品的平均銷售價格確定；
（2）按其他納稅人最近時期同類產品的平均銷售價格確定；
（3）按組成計稅價格確定。組成計稅價格為：

組成計稅價格＝成本×（1＋成本利潤率）÷（1－稅率）

公式中的成本是指：應稅產品的實際生產成本。公式中的成本利潤率由省、自治

區、直轄市稅務機關確定。

(四) 其他規定

(1) 納稅人用已納資源稅的應稅產品進一步加工應稅產品銷售的，不再繳納資源稅。

(2) 納稅人以未稅產品和已稅產品混合銷售或者混合加工為應稅產品銷售的，應當準確核算已稅產品的購進金額，在計算加工后的應稅產品銷售額時，准予扣減已稅產品的購進金額；未分別核算的，一併計算繳納資源稅。

(3) 納稅人開採或者生產不同稅目應稅產品的，應當分別核算不同稅目應稅產品的銷售額；未分別核算或者不能準確提供不同稅目應稅產品的銷售額的，從高適用稅率。

(五) 納稅人將其開採的原煤加工為洗選煤銷售的，以洗選煤銷售額乘以折算率作為應稅煤炭銷售額計算繳納資源稅

洗選煤應納稅額＝洗選煤銷售額×折算率×適用稅率

(六) 稀土、鎢、鉬應稅產品包括原礦和以自採原礦加工的精礦

納稅人將其開採的原礦加工為精礦銷售的，按精礦銷售額（不含增值稅）和適用稅率計算繳納資源稅。納稅人開採並銷售原礦的，將原礦銷售額（不含增值稅）換算為精礦銷售額計算繳納資源稅。應納稅額的計算公式為：

應納稅額＝精礦銷售額×適用稅率

精礦銷售額的計算公式為：精礦銷售額＝精礦銷售量×單位價格

精礦銷售額不包括從洗選廠到車站、碼頭或用戶指定運達地點的運輸費用。

納稅人銷售（或者視同銷售）其自採原礦的，可採用成本法或市場法將原礦銷售額換算為精礦銷售額計算繳納資源稅。

成本法公式為：

精礦銷售額＝原礦銷售額＋原礦加工為精礦的成本×（1＋成本利潤率）

市場法公式為：

精礦銷售額＝原礦銷售額×換算比

換算比＝同類精礦單位價格÷（原礦單位價格×選礦比）

選礦比＝加工精礦耗用的原礦數量÷精礦數量

原礦銷售額不包括從礦區到車站、碼頭或用戶指定運達地點的運輸費用。

【例5－1】本章導入案例計算如下：

【解析】開採原油過程中，用於加熱、修井的原油免稅。

該油田12月應納資源稅＝（20＋3）×6,000×6%＋600×2×6%＝8,350（萬元）

【例5－2】某省煤炭資源稅稅率為8%，某煤礦2016年8月銷售自採原煤500萬元（不含增值稅，下同）；用自採未稅原煤連續加工成洗選煤1,000噸，銷售600噸，每噸售價0.1萬元，將洗選煤100噸無償換取某保潔公司的保潔服務。已知計算資源稅時洗選煤折算率為90%，該煤礦當月應納資源稅多少萬元？

【解析】應納資源稅 = 500 × 8% +（600 + 100）× 0.1 × 90% × 8% = 40 + 5.04 = 45.04（萬元）

二、從量計徵應納稅額的計算

資源稅從量計徵的計稅依據為應稅產品的銷售量。

應納稅額 = 銷售數量 × 單位稅額

銷售數量，包括納稅人開採或生產應稅產品的實際銷售數量和視同銷售的自用數量。

納稅人開採或生產不同稅目應稅產品的，應分別核算不同稅目應稅產品的銷售數量；未分別核算或不能準確提供不同稅目應稅產品銷售數量的，從高適用稅率。

第四節 資源稅的徵收管理

一、納稅義務發生時間

1. 納稅人銷售應稅產品，其納稅義務發生時間是：

（1）納稅人採取分期收款結算方式的，其納稅義務發生時間，為銷售合同規定的收款日期的當天。

（2）納稅人採取預收貨款結算方式的，其納稅義務發生時間，為發出應稅產品的當天。

（3）納稅人採取其他結算方式的，其納稅義務發生時間，為收訖銷售款或者取得索取銷售款憑據的當天。

2. 納稅人自產自用應稅產品的納稅義務發生時間，為移送使用應稅產品的當天。

3. 扣繳義務人代扣代繳稅款的納稅義務發生時間，為支付貨款的當天。

二、納稅期限

資源稅的納稅期限為1日、3日、5日、10日、15日或者1個月，由主管稅務機關根據實際情況具體核定。不能按固定期限計算納稅的，可以按次計算納稅。

納稅人以1個月為一期納稅的，自期滿之日起10日內申報納稅；以1日、3日、5日、10日或者15日為一期納稅的，自期滿之日起5日內預繳稅款，於次月1日起10日內申報納稅並結清上月稅款。

扣繳義務人的解繳稅款期限，比照前面的規定執行。

三、納稅環節和納稅地點

資源稅在應稅產品的銷售或自用環節計算繳納。以自採原礦加工精礦產品的，在原礦移送使用時不繳納資源稅，在精礦銷售或自用時繳納資源稅。

納稅人以自採原礦加工金錠的，在金錠銷售或自用時繳納資源稅。納稅人銷售自

採原礦或者自採原礦加工的金精礦、粗金，在原礦或者金精礦、粗金銷售時繳納資源稅，在移送使用時不繳納資源稅。

納稅人應當向礦產品的開採地或鹽的生產地繳納資源稅。納稅人在本省、自治區、直轄市範圍開採或者生產應稅產品，其納稅地點需要調整的，由省級地方稅務機關決定。

本章小結

思考與練習題

一、選擇題

1. 下列各項中，屬於資源稅納稅義務的人有（ ）
   A. 進口鹽的外貿企業 B. 開採原煤的私營企業
   C. 生產鹽的外商投資企業 D. 開採天然原油的外商投資企業

2. 下列企業既是增值稅納稅人又是資源稅納稅人的有（ ）。
   A. 在境內銷售有色金屬礦產品的貿易公司
   B. 進口有色金屬礦產品的企業
   C. 在境內開採有色金屬原礦銷售的企業
   D. 在境外開採有色金屬原礦銷售的企業

3. 某油田開採原油80萬噸，2016年5月銷售原油70萬噸，非生產性自用5萬噸，另有2萬噸採油過程中用於加熱和修理油井，3萬噸待售。已知該油田每噸原油不含稅售價為5,000元。適用的資源稅稅率為6%，則該油田當年應納的資源稅稅額為（ ）萬元。
   A. 21,000 B. 22,500
   C. 23,100 D. 24,000

4. 資源稅納稅人自產自用應稅產品的納稅義務發生時間為（ ）。
   A. 應稅產品開採的當天 B. 應稅產品全部使用完畢的當天
   C. 應稅產品投入使用的當 D. 移送使用應稅產品的當天

5. 某煤礦開採銷售原煤，應繳納的稅金有（ ）。
   A. 資源稅 B. 增值稅

C. 消費稅　　　　　　　　　　　D. 城建稅
6. 下列各項中，應徵資源稅的有（　　）
   A. 進口原油　　　　　　　　　B. 生產銷售固體鹽
   C. 銷售以未稅原油加工的洗選煤　D. 開採銷售有色金屬礦原礦
7. 下列各項中，應計入資源稅銷售額的有（　　）
   A. 收取的價款　　　　　　　　B. 收取的包裝費
   C. 收取的增值稅銷項稅額　　　D. 收取的違約金
8. 下列各項關於資源稅減免稅規定的表述中，正確的有（　　）。
   A. 對出口的應稅產品免徵資源稅
   B. 對進口的應稅產品不徵收資源稅
   C. 開採原油過程中用於修井的原油免徵資源稅
   D. 開採應稅產品過程中因自然災害有重大損失的可由省級政府減徵資源稅

二、計算題

1. 某油田 2016 年 3 月銷售原油 20,000 噸，開具增值稅專用發票取得銷售額 10,000 萬元、增值稅額 1,700 萬元，按資源稅稅目稅率表的規定，其適用的稅率為 8%。請計算該油田 3 月應繳納的資源稅。

2. 位於縣城的某石油企業為增值稅一般納稅人，2015 年 3 月發生以下業務：
   (1) 進口原油 5,000 噸，支付買價 2,000 萬元。運抵中國境內輸入地點起卸前運輸費用為 60 萬元，保險費無法確定。
   (2) 開採石油 9,000 噸，其中當月銷售 6,000 噸，取得不含稅銷售收入 2,700 萬元，同時還向購買方取得延期付款利息 3.51 萬元；取得增值稅專用發票註明的運費 9 萬元，稅額 0.99 萬元。
   (其他相關資料：假定原油的資源稅稅率為 10%，進口關稅稅率為 1%，相關票據已經通過主管稅務機關的對比認證。)
   根據上述材料，計算回答下列問題，每問需計算出合計數。
   (1) 計算當月進口原油應繳納的關稅；
   (2) 計算當月進口原油應繳納的增值稅；
   (3) 計算當月銷售原油的增值稅銷項稅額；
   (4) 計算當月向稅務機關繳納的增值稅；
   (5) 計算當月應繳納的城市維護建設稅，教育費附加和地方教育附加；
   (6) 計算當月應繳納的資源稅。

3. 某煤礦主要從事煤炭開採、原煤加工業務，2016 年 11 月，採用分期收款方式銷售自行開採的原煤 1,200 噸，不含稅銷售額 660,000 元，合同規定，貨款分兩個月支付，本月支付 60%，其餘貨款於 12 月 15 日前支付。由於購貨方資金緊張，11 月支付貨款 200,000 元。請計算當月應納的增值稅和資源稅。（原煤資源稅稅率 8%）

第五章練習題答案 【案例分析】

第六章　關稅

【學習目標】

通過本章的學習，學生應瞭解關稅的特點、分類；理解關稅的納稅人、稅率；掌握進出口貨物完稅價格、完稅價格中運輸及相關費用、保險費的計算；掌握關稅應納稅額的計算及關稅的徵收管理。

【導入案例】

某公司從境外進口小轎車30輛，每輛小轎車貨價15萬元，運抵中國海關前發生的運輸費用、保險費用無法確定，經海關查實其他運輸公司相同業務的運輸費用佔貨價的比例為2%，關稅稅率60%，則應納關稅是多少？

第一節　關稅概述

一、關稅的概念

關稅是海關依法對進出關境貨物、物品徵收的一種稅。

所謂關境，又稱「海關境域」或「關稅領域」，是國家《海關法》全面實施的領域。「國境」是指一個主權國家的領土範圍，在通常情況下，一國關境與國境是一致的，包括國家全部的領土、領海、領空。但當某一國家在國境內設立了自由港、自由貿易區等，這些區域就進出口關稅而言處在關境之外，這時，該國家的關境小於國境，如在中國，根據相關法律，香港和澳門保持自由港地位，為中國單獨的關稅地區，即單獨關境區。單獨關境區是不適用該國海關法律、法規或實施單獨海關管理制度的區域。

此外，當幾個國家結成關稅同盟，組成一個共同的關境，實施統一的關稅法令和統一的對外稅則，這些國家彼此之間貨物進出國境不徵收關稅，只對來自或運往其他國家的貨物進出共同關境進徵收關稅，這些國家的關境大於國境，如歐洲聯盟。

二、關稅的特點

(一) 以進出境的貨物、物品為徵稅對象

關稅是對進出境的貨品徵稅，是否經過國境（關境）是徵關稅與否的前提條件。在境內和境外流通的貨物，不進出關境的不徵關稅。

(二) 關稅是單一環節的價外稅

關稅完稅價格中不包括關稅,即在徵收關稅時,是以實際成交價格為計稅依據,關稅不包括在內。但海關代為徵收增值稅、消費稅時,其計稅依據包括關稅在內。

(三) 關稅由海關機關統一徵收管理

與其他稅收不同,關稅是由主權國家設在國境或關境的海關機關,根據國家制定的關稅稅法、稅則徵收管理。其他任何單位和個人均無權徵收關稅。

(四) 關稅有較強的涉外性

關稅只對進出境的貨物和物品徵收。因此,關稅稅則的制定、稅率的高低都直接會影響到國際貿易的開展。尤其是在全球化背景下,世界各國的經濟聯繫更為密切,貿易關係不僅是經濟關係,也是一種政治關係。因此關稅政策及措施也與一國的經濟與外交政策緊密相關,具有涉外性。

三、關稅的分類

(一) 按徵收對象劃分,可以分為進口稅、出口稅和過境稅

1. 進口稅

進口稅是海關對進口貨物和物品所徵收的關稅。現今世界各國的關稅,主要是徵進口稅。徵收進口稅的目的在於保護本國市場和增加財政收入。

2. 出口稅

出口稅是海關對出口貨物和物品所徵收的關稅。為了降低出口貨物的成本,提高本國貨物在國際市場上的競爭能力,世界各國一般少徵或不徵出口稅。

3. 過境稅

過境稅是對外國經過本國國境運往另一國的過境貨物所徵收的關稅。目前,世界上大多數國家都不徵收過境稅,中國也不徵收過境稅。

(二) 按徵收標準劃分,可以分為從價稅、從量稅、複合稅、選擇稅、滑準稅。

1. 從價稅

從價稅是以徵稅對象的價格為計稅依據,根據一定比例的稅率進行計徵。目前,中國海關計徵關稅標準主要是從價稅。

2. 從量稅

從量稅是以徵稅對象的數量為計稅依據,按每單位數量預先制定的應稅額計徵。

3. 複合稅

複合稅又稱混合稅,即對某種進口貨物同時制訂出從價、從量兩種方式,分別計算稅額,以兩種稅額之和作為該貨物的應徵稅額。

4. 選擇稅

選擇稅是對一種進口商品同時定有從價稅和從量稅兩種稅率,但徵稅時選擇其稅額較高的一種徵稅。

5. 滑準稅

滑準稅是對某種貨物在稅則中預先按該商品的價格規定幾檔稅率。同一種貨物當價格高時適用較低稅率，價格低的時候適用較高稅率。

第二節　中國的關稅制度

一、徵稅對象

關稅的徵稅對象是准許進出境的貨物和物品。貨物是指貿易性商品，物品指入境旅客隨身攜帶的行李物品、個人郵遞物品、各種運輸工具上的服務人員攜帶進口的自用物品、饋贈物品以及其他方式進境的個人物品。

二、納稅義務人

進口貨物的收貨人、出口貨物的發貨人、進出境物品的所有人，是關稅的納稅義務人。進出口貨物的收、發貨人是依法取得對外貿易經營權，並進口或者出口貨物的法人或者其他社會團體。進出境物品的所有人包括該物品的所有人和推定為所有人的人。一般情況下，對於攜帶進境的物品，推定其攜帶人為所有人；對分離運輸的行李，推定相應的進出境旅客為所有人；對以郵遞方式進境的物品，推定其收件人為所有人；以郵遞或其他運輸方式出境的物品，推定其寄件人或托運人為所有人。

三、進出口稅則

(一) 進出口稅則及歸類

進出口稅則是一國政府根據國家關稅政策和經濟政策，通過一定的立法程序制定公布實施的進出口貨物和物品應稅的關稅稅率表。

稅則歸類，就是將每項具體進出口商品按其特性在稅則中找出其最適合的某一個稅號，以確定其適用的稅率、計算關稅稅負。稅則歸類錯誤會導致關稅的多徵或少徵，影響關稅作用的發揮。

(二) 關稅稅率及運用

1. 進口關稅稅率

中國進口稅則設有最惠國稅率、協定稅率、特惠稅率、普通稅率、關稅配額稅率等稅率。對進口貨物在一定期限內可以實行暫定稅率。最惠國稅率適用原產於與中國共同適用最惠國待遇條款的世界貿易組織（WTO）成員國或地區的進口貨物，或原產於與中國簽訂有相互給予最惠國待遇條款的雙邊貿易協定的國家或地區進口的貨物，以及原產於中國境內的進口貨物；協定稅率適用原產於中國參加的含有關稅優惠條款的區域性貿易協定有關締約方的進口貨物；特惠稅率適用原產於與中國簽訂有特殊優惠關稅協定的國家或地區的進口貨物；普通稅率適用於原產於上述國家或地區以外的

其他國家或地區的進口貨物。按照普通稅率徵稅的進口貨物，經國務院關稅稅則委員會特別批准，可以適用最惠國稅率。適用最惠國稅率、協定稅率、特惠稅率的國家或者地區名單，由國務院關稅稅則委員會決定，報國務院批准後執行。

根據經濟發展需要，國家對部分進口原材料、零部件、農藥原藥和中間體、樂器及生產設備實行暫定稅率。適用最惠國稅率的進口貨物有暫定稅率的，應當適用暫定稅率；適用特惠稅率、協定稅率的進口貨物有暫定稅率的，應當從低適用稅率；適用普通稅率的進口貨物，不適用暫定稅率。同時，對部分進口農產品和化肥產品實行關稅配額，即一定數量內的上述進口商品適用稅率較低的配額內稅率，超出該數量的進口商品適用稅率較高的配額外稅率。

2. 出口關稅稅率

國家僅對少數資源性產品及易於競相殺價、盲目進口、需要規範出口秩序的半製成品徵收出口關稅。對部分商品實行暫定稅率，出口暫定稅率優先適用於出口稅則中規定的出口稅率。

3. 特別關稅

特別關稅包括報復性關稅、反傾銷稅與反補貼稅、保障性關稅。徵收特別關稅的貨物、適用國別、稅率、期限和徵收辦法，由國務院關稅稅則委員會決定，海關總署負責實施。

4. 稅率的運用

（1）進出口貨物，應當按照納稅義務人申報進口或者出口之日實施的稅率徵稅。

（2）進口貨物到達前，經海關核準先行申報的，應當按照裝載此貨物的運輸工具申報進境之日實施的稅率徵稅。

（3）進出口貨物的補稅和退稅，適用該進出口貨物原申報進口或者出口之日所實施的稅率。

四、原產地規定

確定進境貨物原產國的主要原因之一，是便於正確運用進口稅則的各欄稅率，對產自不同國家或地區的進口貨物適用不同的關稅稅率。中國原產地規定基本上採用了「全部產地生產標準」、「實質性加工標準」兩種國際上通用的原產地標準。

全部產地生產標準，是指進口貨物「完全在一個國家內生產或製造」，生產或製造國即為該貨物的原產國；實質性加工標準是指適用於確定有兩個或兩個以上國家參與生產的產品的原產國的標準，以最后一個對貨物進行經濟上可以視為實質性加工的國家為原產國。「實質性加工」是指產品加工后，在進出口稅則中四位數稅號一級的稅則歸類已經有了改變，或者加工增值部分所占新產品總值的比例已超過30%及以上的。

五、稅收優惠

關稅減免是對某些納稅人和徵稅對象給予鼓勵和照顧的一種特殊調節手段，是貫徹國家關稅政策的一項重要措施，使關稅政策工作兼顧了普遍性和特殊性、原則性和靈活性。分為法定減免稅、特定減免稅和臨時減免稅。根據《海關法》規定，除法定

減免稅外的其他減免稅均由國務院決定。

(一) 法定減免稅

法定減免稅是稅法中明確列出的減稅或免稅。符合稅法規定可予減免稅的進出口貨物，納稅義務人無須提出申請，海關可按規定直接予以減免稅。海關對法定減免稅貨物一般不進行後續管理。

(1) 關稅稅額在人民幣 50 元以下的一票貨物，可免徵關稅。

(2) 無商業價值的廣告品和貨樣，可免徵關稅。

(3) 外國政府、國際組織無償贈送的物資，可免徵關稅。

(4) 進出境運輸工具裝載的途中必需的燃料、物料和飲食用品，可予免稅。

(5) 經海關核準暫時進境或者暫時出境，並在 6 個月內復運出境或者復運進境的貨樣、展覽品、施工機械、工程車輛、工程船舶、供安裝設備時使用的儀器和工具、電視或者電影攝製器械、盛裝貨物的容器以及劇團服裝道具，在貨物收發貨人向海關繳納相當於稅款的保證金或者提供擔保後，可予暫時免稅。

(6) 為境外廠商加工、裝配成品和為製造外銷產品而進口的原材料、輔料、零件、部件、配套件和包裝物料，海關按照實際加工出口的成品數量免徵進口關稅；或者對進口料、件先徵進口關稅，再按照實際加工出口的成品數量予以退稅。

(7) 因故退還的中國出口貨物，經海關審查屬實，可予免徵進口關稅，但已徵收的出口關稅不予退還。

(8) 因故退還的境外進口貨物，經海關審查屬實，可予免徵出口關稅，但已徵收的進口關稅不予退還。

(9) 進口貨物如有以下情形，經海關查明屬實，可酌情減免進口關稅：

①在境外運輸途中或者在起卸時，遭受損壞或者損失的；

②起卸后海關放行前，因不可抗力遭受損壞或者損失的；

③海關查驗時已經破漏、損壞或者腐爛，經證明不是保管不慎造成的。

(10) 無代價抵償貨物，即進口貨物在徵稅放行后，發現貨物殘損、短少或品質不良，而由國外承運人、發貨人或保險公司免費補償或更換的同類貨物，可以免稅。

(11) 中國締結或者參加的國際條約規定減徵、免徵關稅的貨物、物品，按照規定予以減免關稅。

(12) 法律規定減徵、免徵的其他貨物。

(二) 特定減免稅

特定減免稅也稱政策性減免稅，是指在法定減免稅之外，國家按照國際通行規則和中國實際情況，制定發布的有關進出口貨物減免關稅的政策。包括：科教用品；殘疾人專用品；扶貧、慈善性捐贈物資；加工貿易產品；邊境貿易進口物資；保稅區進出口貨物；出口加工區進出口貨物；進口設備；特定行業或用途的減免稅政策。

(三) 臨時減免稅

臨時減免稅是指以上法定和特定減免稅以外的其他減免稅，即由國務院根據《海

關法》對某個單位、某類商品、某個項目或某批進出口貨物的特殊情況，給予特別照顧，一案一批，專文下達的減免稅。

第三節　關稅應納稅額的計算

一、關稅的完稅價格

《海關法》規定，進出口貨物的完稅價格，由海關以該貨物的成交價格為基礎審查確定。成交價格不能確定時，完稅價格由海關依法估定。

(一) 一般進口貨物的完稅價格

1. 以成交價格為基礎的完稅價格

進口貨物的完稅價格包括貨物的貨價、貨物運抵中國境內輸入地點起卸前的運輸及其相關費用、保險費。中國境內輸入地為入境海關地，包括內陸河、江口岸，一般為第一口岸。貨物的貨價以成交價格為基礎。進口貨物的成交價格是指買方為購買該貨物，並按《完稅價格辦法》有關規定調整後的實付或應付價格。

2. 對實付或應付價格進行調整的有關規定

「實付或應付價格」指買方為購買進口貨物直接或間接支付的總額，即作為賣方銷售進口貨物的條件，由買方向賣方或為履行賣方義務向第三方已經支付或將要支付的全部款項。

(1) 如下列費用或者價值未包括在進口貨物的實付或者應付價格中，應當計入完稅價格：

①由買方負擔的除購貨佣金以外的佣金和經紀費。「購貨佣金」指買方為購買進口貨物向自己的採購代理人支付的勞務費用。「經紀費」指買方為購買進口貨物向代表買賣雙方利益的經紀人支付的勞務費用。

②由買方負擔的與該貨物視為一體的容器費用。

③由買方負擔的包裝材料和包裝勞務費用。

④與該貨物的生產和向中華人民共和國境內銷售有關的，由買方以免費或者以低於成本的方式提供並可以按適當比例分攤的料件、工具、模具、消耗材料及類似貨物的價款，以及在境外開發、設計等相關服務的費用。

⑤與該貨物有關並作為賣方向中國銷售該貨物的一項條件，應當由買方直接或間接支付的特許權使用費。

⑥賣方直接或間接從買方對該貨物進口后轉售、處置或使用所得中獲得的收益。

(2) 下列費用，如能與該貨物實付或者應付價格區分，不得計入完稅價格：

①廠房、機械、設備等貨物進口后的基建、安裝、裝配、維修和技術服務的費用。

②貨物運抵境內輸入地點之後的運輸費用、保險費和其他相關費用。

③進口關稅及其他國內稅收；

④為在境內複製進口貨物而支付的費用；

⑤境內外技術培訓及境外考察費用。

3. 進口貨物海關估價方法

進口貨物的價格不符合成交價格條件或者成交價格不能確定的，海關應當依次以相同貨物成交價格方法、類似貨物成交價格方法、倒扣價格方法、計算價格方法及其他合理方法確定的價格為基礎，估定完稅價格。

相同或類似貨物成交價格方法，即以與被估的進口貨物同時或大約同時（在海關接受申報進口之日的前后各 45 天以內）進口的相同或類似貨物的成交價格為基礎，估定完稅價格。

倒扣價格方法，即以被估的進口貨物、相同或類似進口貨物在境內銷售的價格為基礎估定完稅價格。

計算價格方法，即按下列各項的總和計算出的價格估定完稅價格。有關各項為：①生產該貨物所使用的原材料價值和進行裝配或其他加工的費用；②與向境內出口銷售同等級或同種類貨物的利潤、一般費用相符的利潤和一般費用；③貨物運抵境內輸入地點起卸前的運輸及相關費用、保險費。

其他合理方法，應當根據《完稅價格辦法》規定的估價原則，以在境內獲得的數據資料為基礎估定完稅價格。但不得使用以下價格：①境內生產的貨物在境內的銷售價格；②可供選擇的價格中較高的價格；③貨物在出口地市場的銷售價格；④以計算價格方法規定的有關各項之外的價值或費用計算的價格；⑤出口到第三國或地區的貨物的銷售價格；⑥最低限價或武斷虛構的價格。

(二) 出口貨物的完稅價格

1. 以成交價格為基礎的完稅價格

出口貨物的完稅價格，由海關以該貨物向境外銷售的成交價格為基礎審查確定，並應包括貨物運至中國境內輸出地點裝載前的運輸及其相關費用、保險費，但其中包含的出口關稅稅額，應當扣除。

出口貨物的成交價格，是指該貨物出口銷售到中國境外時買方向賣方實付或應付的價格。出口貨物的成交價格中含有支付給境外的佣金的，如果單獨列明，應當扣除。

2. 出口貨物海關估價方法

出口貨物的成交價格不能確定時，完稅價格由海關依次使用下列方法估定：

(1) 同時或大約同時向同一國家或地區出口的相同貨物的成交價格；

(2) 同時或大約同時向同一國家或地區出口的類似貨物的成交價格；

(3) 根據境內生產相同或類似貨物的成本、利潤和一般費用、境內發生的運輸及其相關費用、保險費計算所得的價格；

(4) 按照合理方法估定的價格。

(三) 進出口貨物完稅價格中的運輸及相關費用、保險費的計算

1. 以一般陸運、空運、海運方式進口的貨物

在進口貨物的運輸及相關費用、保險費計算中，海運進口貨物，計算至該貨物運抵境內的卸貨口岸；如果該貨物的卸貨口岸是內河（江）口岸，則應當計算至內河（江）口岸。

陸運進口貨物，計算至該貨物運抵境內的第一口岸；如果運輸及其相關費用、保險費支付至目的地口岸，則計算至目的地口岸。空運進口貨物，計算至該貨物運抵境內的第一口岸；如果該貨物的目的地為境內的第一口岸外的其他口岸，則計算至目的地口岸。

陸運、空運和海運進口貨物的運費和保險費，應當按照實際支付的費用計算。如果進口貨物的運費無法確定或未實際發生，海關應當按照該貨物進口同期運輸行業公布的運費率（額）計算運費，按照「貨價加運費」兩者總額的3‰計算保險費。

2. 以其他方式進口貨物

郵運進口貨物，以郵費作為運輸、保險等相關費用；以境外邊境口岸價格條件成交的鐵路或公路運輸進口貨物，按貨價的1%計算運輸及相關費用、保險費；自駕進口的運輸工具，海關在審定完稅價格時，可以不另行計入運費。

3. 出口貨物

出口貨物的銷售價格如果包括離境口岸到境外口岸之間的運輸、保險費的，該運費、保險費應當扣除。

二、應納稅額的計算

1. 從價稅應納稅額的計算

關稅稅額＝應稅進（出）口貨物數量×單位完稅價格×稅率

2. 從量稅應納稅額的計算

關稅稅額＝應稅進（出）口貨物數量×單位貨物稅額

3. 複合稅應納稅額的計算

關稅稅額＝應稅進（出）口貨物數量×單位貨物稅額＋應稅進（出）口貨物數量×單位完稅價格×稅率

4. 滑準稅應納稅額的計算

關稅稅額＝應稅進（出）口貨物數量×單位完稅價格×滑準稅稅率

【例6－1】本章導入案例計算如下：

【解析】：小轎車在進口環節應繳納的關稅、消費稅（稅率9%）、增值稅：

①進口小轎車的貨價＝15×30＝450（萬元）

②進口小轎車的運輸費＝450×2%＝9（萬元）

③進口小轎車的保險費＝（450＋9）×3‰＝1.38（萬元）

④進口小轎車應繳納的關稅：

關稅的完稅價格＝450＋9＋1.38＝460.38（萬元）

應繳納關稅＝460.38×60%＝276.23（萬元）

⑤進口環節小轎車應繳納的消費稅：

消費稅組成計稅價格＝（460.38＋276.23）÷（1－9%）＝809.46（萬元）

應繳納消費稅＝809.46×9%＝72.85（萬元）

⑥進口環節小轎車應繳納增值稅：

應繳納增值稅＝809.46×17%＝137.61（萬元）

第四節　關稅的徵收管理

一、關稅繳納

進口貨物自運輸工具申報進境之日起 14 日內，出口貨物在貨物運抵海關監管區后裝貨的 24 小時以前，應由進出口貨物的納稅義務人向貨物進（出）境地海關申報，海關根據稅則歸類和完稅價格計算應繳納的關稅和進口環節代徵稅，並填發稅款繳款書。納稅義務人應當自海關填發稅款繳款書之日起 15 日內，向指定銀行繳納稅款。關稅納稅義務人因不可抗力或者在國家稅收政策調整的情況下，不能按期繳納稅款的，經海關總署批准，可以延期繳納稅款，但最長不得超過 6 個月。

二、關稅的強制執行

納稅義務人未在關稅繳納期限內繳納稅款，即構成關稅滯納。為保證海關徵收關稅決定的有效執行和國家財政收入的及時入庫，《海關法》賦予海關對滯納關稅的納稅義務人強制執行的權利。強制措施主要有兩類：

一是徵收關稅滯納金。滯納金自關稅繳納期限屆滿滯納之日起，至納稅義務人繳納關稅之日止，按滯納稅款萬分之五的比例按日徵收，周末或法定節假日不予扣除。具體計算公式為：

關稅滯納金金額 = 滯納關稅稅額 × 滯納金徵收比率 × 滯納天數

二是強制徵收。如納稅義務人自海關填發繳款書之日起 3 個月仍未繳納稅款，經海關關長批准，海關可以採取強制扣繳、變價抵繳等強制措施。強制扣繳即海關從納稅義務人在開戶銀行或者其他金融機構的存款中直接扣繳稅款。變價抵繳即海關將應稅貨物依法變賣，以變賣所得抵繳稅款。

三、關稅退還

關稅退還是關稅納稅義務人按海關核定的稅額繳納關稅后，因某種原因的出現，海關將實際徵收多於應當徵收的稅額（稱為溢徵關稅）退還給原納稅義務人的一種行政行為。根據《海關法》規定，海關多徵的稅款，海關發現后應當立即退還。

按規定，有下列情形之一的，進出口貨物的納稅義務人可以自繳納稅款之日起 1 年內，書面聲明理由，連同原納稅收據向海關申請退稅並加算銀行同期活期存款利息，逾期不予受理：

（1）因海關誤徵，多納稅款的。
（2）海關核準免驗進口的貨物，在完稅后，發現有短卸情形，經海關審查認可的。
（3）已徵出口關稅的貨物，因故未將其運出口，申報退關，經海關查驗屬實的。

四、關稅補徵和追徵

補徵和追徵是海關在關稅納稅義務人按海關核定的稅額繳納關稅后，發現實際徵收稅

額少於應當徵收的稅額（稱為短徵關稅）時，責令納稅義務人補繳所差稅款的一種行政行為。海關法根據短徵關稅的原因，將海關徵收原短徵關稅的行為分為補徵和追徵兩種。

關稅補徵是非因納稅人違反海關規定造成短徵關稅的，關稅補徵期為繳納稅款或貨物、物品放行之日起 1 年內。

關稅追徵是因納稅人違反海關規定造成短徵關稅的，關稅追徵期為進出口貨物完稅之日或貨物放行之日起 3 年內，並從繳納稅款之日起按日加收少徵或者漏徵稅款萬分之五的滯納金。

五、關稅納稅爭議

為保護納稅人合法權益，中國《海關法》和《關稅條例》都規定了：納稅義務人對海關確定的進出口貨物的徵稅、減稅、補稅或者退稅等有異議時，有提出申訴的權利。在納稅義務人同海關發生納稅爭議時，可以向海關申請復議，但同時應當在規定期限內按海關核定的稅額繳納關稅，逾期則構成滯納，海關有權按規定採取強制執行措施。

本章小結

課后思考與練習

一、選擇題

1. 如果一個國家的國境內設有免徵關稅的自由港或自由貿易區，這時（　　）。
   A. 關境與國境一致　　　　　　　　B. 關境與國境不一致
   C. 關境大於國境　　　　　　　　　D. 關境小於國境

2. 適用特惠稅率、協定稅率的進口貨物有暫定稅率的，應當（　　）。
   A. 適用特惠稅率　　　　　　　　　B. 適用協定稅率
   C. 適用暫定稅率　　　　　　　　　D. 從低適用稅率

3. 對一種進口商品同時定有從價稅和從量稅兩種稅率，但徵稅時選擇其稅額較高的一種徵稅。這種稅率稱為（　　）。
   A. 複合稅　　　B. 滑準稅　　　C. 配額稅　　　D. 選擇稅

4. 關稅納稅義務人因不可抗力或者在國家稅收政策調整的情形下，不能按期繳納稅款的，經海關總署批准，可以延期繳納稅款，但最多不得超過（　　）。

A. 3 個月   B. 6 個月   C. 9 個月   D. 12 個月

5. 以下進口的貨物，海關可以酌情減免關稅的是（   ）。
   A. 進口 1 年內在境內使用的貨樣   B. 為製造外銷產品而進口的原材料
   C. 在境外運輸途中遭受損壞的物品   D. 外國政府贈送的物資

6. 下列各項中，應計入出口貨物關稅價格的是（   ）。
   A. 出口關稅稅額
   B. 單獨列明的支付給境外的佣金
   C. 貨物在中國境內輸出地點裝卸后的運輸費用
   D. 貨物在中國境內輸出地點裝卸前的運輸費用

7. 下列各項中，屬於關稅納稅義務人的有（   ）。
   A. 進口貨物的收貨人   B. 出口貨物的發貨人
   C. 進出口貨物的經紀人   D. 進出境物品的所有人

8. 某企業海運進口一批貨物，海關審定貨價折合人民幣 5,000 萬元，運抵境內輸入地點起卸前的運費折合人民幣 20 萬元，保險費無法查明，該批貨物進口關稅稅率為 5%，則該企業應納關稅（   ）萬元。
   A. 250   B. 251   C. 251.75   D. 260

9. 下列進口貨物中，免徵進口關稅的是（   ）。
   A. 外國企業無償贈送進口的物資
   B. 具有一定商品價值的貨樣
   C. 因保管不慎造成損失的進口貨物
   D. 關稅稅額在人民幣 50 元以下的一票貨物

10. 中國原產地的規定，基本採用（   ）。
    A. 全部產地生產標準   B. 部分產地生產標準
    C. 實質性加工標準   D. 實質性生產標準

二、計算題

1. 某企業為增值稅一般納稅人，9 月從國外進口一批材料，貨價 80 萬元，買方支付購貨佣金 2 萬元，運抵中國輸入地點起卸前運費及保險費 5 萬元；從國外進口一臺設備，貨價 10 萬元，境外運費和保險費 2 萬元，與設備有關的軟件特許權使用費 3 萬元；企業繳納進口環節相關稅金後海關放行。材料關稅稅率 20%，設備關稅稅率 10%。請計算該企業應納的進口環節稅金。

2. 某轎車生產企業為增值稅一般納稅人，12 月份的生產經營情況如下：
   （1）進口原材料一批，支付給國外買價 120 萬元，包裝材料 8 萬元，到達中國海關以前的運輸裝卸費 3 萬元、保險費 13 萬元，支付從海關運往企業所在地的運費，取得的貨物運輸業增值稅專用發票上註明運費 7 萬元；
   （2）進口兩臺機械設備，支付給國外的買價 60 萬元，相關稅金 3 萬元，支付到達中國海關以前的運輸裝卸 6 萬元、保險費 2 萬元，支付從海關運往企業所在地的運費，取得的貨物運輸業增值稅專用發票上註明運費 4 萬元；

其他相關資料：該企業進口原材料和機械設備的關稅稅率為10%；

要求：根據上述資料，按下列序號回答問題，每問需計算出合計數。

(1) 計算該企業12月進口原材料應繳納的關稅；
(2) 計算該企業12月進口原材料應繳納的增值稅；
(3) 計算該企業12月進口機械設備應繳納的關稅；
(4) 計算該企業12月進口機械設備應繳納的增值稅。

第六章練習題答案　　　　　　　　【案例分析】

第七章　企業所得稅

【學習目標】

本章為課程的最重要章節之一。通過本章學習，使學生熟悉中國企業所得稅的基本法律規定，瞭解企業所得稅的概念和特徵以及稅收優惠政策，掌握虧損的彌補以及境外所得的處理，重點掌握企業所得稅的徵稅範圍、納稅人以及應納稅所得額的計算，具備辦理有關企業所得稅事宜的基本技能。

【導入案例】

某工業企業2×16年生產經營情況如下：

（1）銷售收入4,500萬元，銷售成本1,900萬元，增值稅700萬元，銷售稅金及附加80萬元；

（2）其他業務收入300萬元，其他業務支出100萬元；

（3）銷售費用1,500萬元，其中廣告費800萬元，業務宣傳費20萬元；

（4）管理費用500萬元，其中業務招待費50萬元，研究新產品費用40萬元；

（5）財務費用80萬元，其中含向非金融機構借款1年的利息50萬元，年利息10%（銀行同期同類貸款利率6%）；

（6）營業外支出30萬元，其中含向供貨商支付違約金5萬元，接受工商局罰款1萬元，通過政府部門向災區捐贈20萬元；

（7）投資收益18萬元，系從直接投資外地居民企業分回稅後利潤17萬元，國債利息1萬元；

該工業企業如何計算2×16年應繳納的企業所得稅？

第一節　企業所得稅概述

一、企業所得稅的概念

企業所得稅是對企業取得的生產經營所得和其他所得徵收的一種稅，是國家參與企業利潤分配並調節收益水平的重要手段，體現了國家與企業的分配關係。

二、企業所得稅的特點

(一) 通常以純所得為徵稅對象

企業所得稅的課稅對象為應納稅所得額，即為企業在一個納稅年度內的應稅收入總額扣除各項成本、費用、稅金和損失后的餘額。

(二) 應納稅所得額的計算程序複雜

應納稅所得額是按照企業所得稅法規的規定計算的，既不是依據會計制度的規定計算出來的利潤總額，也不是企業的銷售額或營業額，它的計算涉及一定時期的成本、費用的歸集與分攤，還要扣除稅法規定的不予計稅的項目，因此，計算過程相對複雜。

(三) 徵稅以量能負擔為原則

企業所得稅納稅人與負稅人一致，一般不具有稅負轉移性；企業所得稅以所得額為課稅對象，企業所得稅的負擔輕重與納稅人所得的多少有聯繫，所得多的多繳稅，所得少的少繳稅，沒有所得的不繳稅，充分體現稅收的公平負擔原則。

(四) 將企業劃分為居民企業和非居民企業，分別行使徵稅權

居民企業負無限納稅義務，即對來源於中國境內和境外的所得都要進行課稅；非居民企業負有限納稅義務，即僅對其來源於中國境內的所得課稅，對來源於境外的所得不納稅。

(五) 實行按年計徵、分期預繳的辦法

企業所得稅以企業一個納稅年度的應納稅所得額為計稅依據，平時分月或分季預繳，年度終了后進行匯算清繳，多退少補。

三、中國企業所得稅的制度演變

中國的企業所得稅制度經歷了一個不斷發展和完善的過程。1950 年，政務院發布了《全國稅政實施要則》，規定全國設置 14 種稅收，其中涉及對所得徵稅的有工商業稅（所得稅部分）、存款利息所得稅和薪金報酬所得稅 3 種稅收。

改革開放以後，為適應引進國外資金、技術和人才，開展對外經濟技術合作的需要，根據黨中央統一部署，稅制改革工作在「七五」計劃期間逐步推開。1980 年 9 月，第五屆全國人民代表大會第三次會議通過了《中華人民共和國中外合資經營企業所得稅法》，並公布施行。1981 年 12 月，第五屆全國人民代表大會第四次會議通過了《中華人民共和國外國企業所得稅法》。

作為企業改革和城市改革的一項重大措施，1983 年國務院決定在全國試行國有企業「利改稅」，即將新中國成立后實行了 30 多年的國有企業向國家上繳利潤的制度改為繳納企業所得稅的制度。

1991 年 4 月，第七屆全國人民代表大會將《中華人民共和國中外合資經營企業所得稅法》與《中華人民共和國外國企業所得稅法》合併，制定了《中華人民共和國外

商投資企業和外國企業所得稅法》，並於同年 7 月 1 日起施行。

1993 年 12 月 13 日，國務院將《中華人民共和國國營企業所得稅條例（草案）》、《國營企業調節稅徵收辦法》、《中華人民共和國集體企業所得稅暫行條例》和《中華人民共和國私營企業所得稅暫行條例》，進行整合制定了《中華人民共和國企業所得稅暫行條例》，自 1994 年 1 月 1 日起施行。上述改革標誌著中國的所得稅制度改革向著法制化、科學化和規範化的方向邁出了重要的步伐。

2007 年 3 月 16 日，中華人民共和國第十屆全國人民代表大會第五次會議通過了《中華人民共和國企業所得稅法》（以下簡稱《企業所得稅法》），並於 2008 年 1 月 1 日開始實行，從此內外資企業實行統一的企業所得稅法。

第二節　企業所得稅的基本要素

一、納稅義務人

《企業所得稅法》規定，除個人獨資企業、合夥企業外，凡在中國境內，企業和其他取得收入的組織（以下統稱企業）為企業所得稅的納稅人，包括企業、事業單位、社會團體以及其他取得收入的組織。

中國按照地域管轄權和居民管轄權的雙重管轄權標準，把企業分為居民企業和非居民企業，不同的企業在向中國政府繳納所得稅時，納稅義務不同。

（一）居民企業

居民企業是指依法在中國境內成立，或者依照外國（地區）法律成立但實際管理機構在中國境內的企業。這裡的企業包括國有企業、集體企業、私營企業、聯營企業、股份制企業、外商投資企業、外國企業，以及有生產、經營所得和其他所得的其他組織。國際上，居民企業的判定標準有「登記註冊地標準」、「實際管理機構地標準」、「總機構所在地標準」等，中國根據實際情況採用了「登記註冊地標準」和「實際管理機構地標準」相結合的辦法。所謂實際管理機構是指對企業的生產經營、人員、帳務、財產等實施實質性全面管理和控制的機構。例如，在中國註冊成立的英特爾（中國）公司就是中國的居民企業；在百慕大註冊的公司但實際管理機構在中國境內，也是中國的居民企業。

（二）非居民企業

非居民企業是指依照外國（地區）法律成立且實際管理機構不在中國境內，但在中國境內設立機構、場所的，或者在中國境內未設立機構、場所，但有來源於中國境內所得的企業。例如，在中國設立有代表處及其他分支機構的外國企業。

二、徵稅對象

企業所得稅的徵稅對象是指企業的生產經營所得、其他所得和清算所得。

(一) 居民企業的徵稅對象

居民企業應就來源於中國境內、境外的所得作為徵稅對象。所得，包括銷售貨物所得、提供勞務所得、轉讓財產所得、股息紅利等權益性投資所得，以及利息所得、租金所得、特許權使用費所得、接受捐贈所得和其他所得。

(二) 非居民企業的徵稅對象

非居民企業在中國境內設立機構、場所的，應當就其所設機構、場所取得的來源於中國境內的所得，以及發生在中國境外但與其所設機構、場所有實際聯繫的所得，繳納企業所得稅；非居民企業在中國境內未設立機構、場所的，或者雖設立機構、場所但取得的所得與其所設機構、場所沒有實際聯繫的，應當就其來源於中國境內的所得繳納企業所得稅。

上述所稱實際聯繫，是指非居民企業在中國境內設立的機構、場所擁有的據以取得所得的股權、債權，以及擁有、管理、控製據以取得所得的財產。

(三) 所得來源的確定

(1) 銷售貨物所得，按照交易活動發生地確定。

(2) 提供勞務所得，按照勞務發生地確定。

(3) 轉讓財產所得。①不動產轉讓所得按照不動產所在地確定。②動產轉讓所得按照轉讓動產的企業或者機構、場所所在地確定。③權益性投資資產轉讓所得按照被投資企業所在地確定。

(4) 股息、紅利等權益性投資所得，按照分配所得的企業所在地確定。

(5) 利息所得、租金所得、特許權使用費所得，按照負擔、支付所得的企業或者機構、場所所在地確定，或者按照負擔、支付所得的個人的住所地確定。

(6) 其他所得，由國務院財政、稅務主管部門確定。

三、稅率

企業所得稅實行比例稅率。比例稅率簡便易行，透明度高，不會因徵稅而改變企業間收入分配比例，有利於促進效率的提高。

(1) 基本稅率為25%。適用於居民企業和在中國境內設有機構、場所且所得與機構、場所有關聯的非居民企業。

(2) 低稅率為20%。適用於在中國境內未設立機構、場所的，或者雖設立機構、場所，但取得的所得與其所設機構、場所沒有實際聯繫的非居民企業。但實際徵稅時適用10%的稅率。

四、企業所得稅的稅收優惠

稅收優惠，是指國家對某一部分特定企業和徵稅對象給予減輕或免除稅收負擔的一種措施。現行企業所得稅優惠方式包括免稅、減稅、加計扣除、加速折舊、減計收入、稅額抵免等。

(一) 免徵與減徵優惠

1. 從事農、林、牧、漁業項目的所得

(1) 企業從事下列項目的所得，免徵企業所得稅：①蔬菜、穀物、薯類、油料、豆類、棉花、麻類、糖料、水果、堅果的種植；②農作物新品種的選育；③中藥材的種植；④林木的培育和種植；⑤牲畜、家禽的飼養；⑥林產品的採集；⑦灌溉、農產品初加工、獸醫、農技推廣、農機作業和維修等農、林、牧、漁服務業項目；⑧遠洋捕撈。

(2) 企業從事下列項目的所得，減半徵收企業所得稅：①花卉、茶以及其他飲料作物和香料作物的種植；②海水養殖、內陸養殖。

2. 國家重點扶持的公共基礎設施項目投資經營的所得

國家重點扶持的公共基礎設施項目是指《公共基礎設施項目企業所得稅優惠目錄》規定的港口碼頭、機場、鐵路、公路、城市公共交通、電力、水利等項目。

企業從事前款規定的國家重點扶持的公共基礎設施項目的投資經營的所得，自項目取得第一筆生產經營收入所屬納稅年度起，第一年至第三年免徵企業所得稅，第四年至第六年減半徵收企業所得稅。

3. 從事符合條件的環境保護、節能節水項目的所得

符合條件的環境保護、節能節水項目，包括公共污水處理、公共垃圾處理、沼氣綜合開發利用、節能減排技術改造、海水淡化等。

企業從事符合條件的環境保護、節能節水項目的所得，自項目取得第一筆生產經營收入所屬納稅年度起，第一年至第三年免徵企業所得稅，第四年至第六年減半徵收企業所得稅。

但是以上規定享受減免稅優惠的項目，在減免稅期限內轉讓的，受讓方自受讓之日起，可以在剩餘期限內享受規定的減免稅優惠；減免稅期限屆滿後轉讓的，受讓方不得就該項目重複享受減免稅優惠。

4. 符合條件的技術轉讓所得

一個納稅年度內，居民企業技術轉讓所得不超過 500 萬元的部分，免徵企業所得稅；超過 500 萬元的部分，減半徵收企業所得稅。

(二) 高新技術企業優惠

(1) 國家需要重點扶持的高新技術企業減按 15% 的所得稅稅率徵收企業所得稅。

(2) 對經濟特區和上海浦東新區內在 2008 年 1 月 1 日（含）之後完成登記註冊的國家需要重點扶持的高新技術企業，在經濟特區和上海浦東新區內取得的所得，自取得第一筆生產經營收入所屬納稅年度起，第一年至第二年免徵企業所得稅，第三年至第五年按照 25% 的法定稅率減半徵收企業所得稅。

(3) 以境內、境外全部生產經營活動有關的研究開發費用總額、總收入、銷售收入總額、高新技術產品（服務）收入等指標申請並經認定的高新技術企業，其來源於境外的所得可以按照 15% 的優惠稅率繳納企業所得稅，在計算境外抵免限額時，可按照 15% 的優惠稅率計算境內外應納稅總額。

(4) 高新技術企業應在資格期滿前三個月內提出復審申請，在通過復審之前，在其高新技術企業資格有效期內，其當年企業所得稅暫按 15% 的稅率預繳。

(三) 小型微利企業優惠

小型微利企業減按 20% 的所得稅稅率徵收企業所得稅。

小型微利企業，是指從事國家非限制和禁止行業，並符合下列條件的企業：①工業企業，年度應納稅所得額不超過 30 萬元，從業人數不超過 100 人，資產總額不超過 3,000 萬元；②其他企業，年度應納稅所得額不超過 30 萬元，從業人數不超過 80 人，資產總額不超過 1,000 萬元。

自 2017 年 1 月 1 日至 2019 年 12 月 31 日，對年應納稅所得額低於 50 萬元（含 50 萬元）的小型微利企業，其所得減按 50% 計入應納稅所得額，按 20% 的稅率繳納企業所得稅。

符合規定條件的小型微利企業，無論採取查帳徵收還是核定徵收方式，均可享受小型微利企業所得稅優惠政策。

(四) 加計扣除優惠

1. 研究開發費

研究開發費，是指企業為開發新技術、新產品、新工藝發生的研究開發費用，未形成無形資產計入當期損益的，在按照規定據實扣除的基礎上，按照研究開發費用的 50% 加計扣除；形成無形資產的，按照無形資產成本的 150% 攤銷。

2. 企業安置殘疾人員所支付的工資

企業安置殘疾人員所支付的工資費用，在據實扣除的基礎上，按照支付給殘疾職工工資的 100% 加計扣除。

(五) 創投企業優惠

創投企業採取股權投資方式投資於未上市的中小高新技術企業 2 年以上的，可以按照其投資額的 70% 在股權持有滿 2 年的當年抵扣該創業投資企業的應納稅所得額；當年不足抵扣的，可以在以后納稅年度結轉抵扣。

(六) 加速折舊優惠

1. 加速折舊的一般規定

企業的固定資產由於技術進步原因，確需加速折舊的，可以縮短折舊年限或者採取加速折舊的方法。

可採用以上折舊方法的固定資產是指：①由於技術進步，產品更新換代較快的固定資產；②常年處於強震動、高腐蝕狀態的固定資產。

採取縮短折舊年限方法的，最低折舊年限不得低於規定折舊年限的 60%；採取加速折舊方法的，可以採取雙倍餘額遞減法或者年數總和法。

2. 加速折舊的特殊規定

(1) 對生物藥品製造業、專用設備製造業、鐵路、船舶、航空航天和其他運輸設備製造業、計算機、通信和其他電子設備製造業、儀器儀表製造業、信息傳輸、軟件

和信息技術服務業輕工、紡織、機械、汽車等行業的企業新購進的固定資產，可縮短折舊年限或採取加速折舊的方法。

對上述行業的小型微利企業新購進的研發和生產經營共用的儀器、設備，單位價值不超過 100 萬元的，允許一次性計入當期成本費用在計算應納稅所得額時扣除，不再分年度計算折舊；單位價值超過 100 萬元的，可縮短折舊年限或採取加速折舊的方法。

（2）對所有行業企業新購進的專門用於研發的儀器、設備，單位價值不超過 100 萬元的，允許一次性計入當期成本費用在計算應納稅所得額時扣除，不再分年度計算折舊；單位價值超過 100 萬元的，可縮短折舊年限或採取加速折舊的方法。

（3）對所有行業企業持有的單位價值不超過 5,000 元的固定資產，允許一次性計入當期成本費用在計算應納稅所得額時扣除，不再分年度計算折舊。

（七）減計收入優惠

企業以《資源綜合利用企業所得稅優惠目錄》規定的資源作為主要原材料，生產國家非限制和禁止並符合國家和行業相關標準的產品取得的收入，減按 90% 計入收入總額。

（八）稅額抵免優惠

企業購置並實際使用《環境保護專用設備企業所得稅優惠目錄》、《節能節水專用設備企業所得稅優惠目錄》和《安全生產專用設備企業所得稅優惠目錄》規定的環境保護、節能節水、安全生產等專用設備的，該專用設備的投資額的 10% 可以從企業當年的應納稅額中抵免；當年不足抵免的，可以在以後 5 個納稅年度結轉抵免。

企業購置上述專用設備在 5 年內轉讓、出租的，應當停止享受企業所得稅優惠，並補繳已經抵免的企業所得稅稅款。

（九）民族自治地方的優惠

民族自治地方的自治機關對本民族自治地方的企業應繳納的企業所得稅中屬於地方分享的部分，可以決定減徵或免徵。

（十）非居民企業優惠

（1）非居民企業在境內未設立機構、場所的，或者雖設立機構、場所但取得的所得與其所設機構、場所沒有實際聯繫的，減按 10% 的所得稅稅率徵收企業所得稅。

（2）非居民企業取得下列所得免徵企業所得稅：①外國政府向中國政府提供貸款取得的利息所得。②國際金融組織向中國政府和居民企業提供優惠貸款取得的利息所得。③經國務院批准的其他所得。

（十一）其他優惠

1. 西部大開發稅收優惠

對設在西部地區國家鼓勵類產業企業，在 2011 年 1 月 1 日至 2020 年 12 月 31 日期間，減按 15% 的稅率徵收企業所得稅。

2. 廣東橫琴新區、福建平潭綜合實驗區、深圳前海深港現代服務業合作區稅收優惠

自 2014 年 1 月 1 日起至 2020 年 12 月 31 日止，對設在橫琴新區、平潭綜合實驗區和前海深港現代服務業合作區的鼓勵類產業企業減按 15% 的稅率徵收企業所得稅。

第三節　應納稅所得額的確定

應納稅所得額是企業所得稅的計稅依據，按照《企業所得稅法》的規定，應納稅所得額為企業每一個納稅年度的收入總額，減除不徵稅收入、免稅收入、各項扣除，以及允許彌補的以前年度虧損後的餘額。基本公式為：

應納稅所得額＝收入總額－不徵稅收入－免稅收入－各項扣除－允許彌補的以前年度虧損

企業應納稅所得額的計算以權責發生制為原則，屬於當期的收入和費用，不論款項是否收付，均作為當期的收入和費用；不屬於當期的收入和費用，即使款項已經在當期收付，均不作為當期的收入和費用。應納稅所得額的正確計算直接關係到國家財政收入和企業的稅收負擔，是所得稅制度的核心問題。

一、收入總額

企業的收入總額是指企業以貨幣形式和非貨幣形式從各種來源取得的收入。企業取得收入的貨幣形式，包括現金、存款、應收帳款、應收票據、準備持有至到期的債券投資以及債務的豁免等；納稅人以非貨幣形式取得的收入，包括固定資產、生物資產、無形資產、股權投資、存貨、不準備持有至到期的債券投資、勞務以及有關權益等，這些非貨幣資產應當按照公允價值確定收入額，公允價值是指按照市場價格確定的價值。

(一) 一般收入的確認

(1) 銷售貨物收入，是指企業銷售商品、產品、原材料、包裝物、低值易耗品以及其他存貨取得的收入。

(2) 勞務收入，是指企業從事建築安裝、修理修配、交通運輸、倉儲租賃、金融保險、郵電通信、諮詢經紀、文化體育、科學研究、技術服務、教育培訓、餐飲住宿、仲介代理、衛生保健、社區服務、旅遊、娛樂、加工以及其他勞務服務活動取得的收入。

(3) 財產轉讓收入，是指企業轉讓固定資產、生物資產、無形資產、股權、債權等財產取得的收入。

(4) 股息、紅利等權益性投資收益，是指企業因權益性投資從被投資方取得的收入。股息、紅利等權益性投資收益，除國務院財政、稅務主管部門另有規定外，按照被投資方做出利潤分配決定的日期確認收入的實現。

（5）利息收入，是指企業將資金提供他人使用但不構成權益性投資，或者因他人佔用企業資金取得的收入，包括存款利息、貸款利息、債券利息、欠款利息等收入。利息收入，按照合同約定的債務人應付利息的日期確認收入的實現。

（6）租金收入，是指企業提供固定資產、包裝物或者及其他有形財產使用權取得的收入。租金收入，按照合同約定的承租人應付租金的日期確認收入的實現。

（7）特許權使用費收入，是指企業提供專利權、非專利技術、商標權、著作權以及其他特許權的使用權而取得的收入。特許權使用費收入，按照合同約定的特許權使用人應付特許權使用費的日期確認收入的實現。

（8）接受捐贈收入，是指企業接受的來自其他企業、組織或者個人無償給予的貨幣性資產、非貨幣性資產。接受捐贈收入，按照實際收到的捐贈資產的日期確認收入的實現。

（9）其他收入，是指企業取得的除以上收入外的其他收入，包括企業資產溢餘收入、逾期未退包裝物押金收入、確實無法償付的應付款項、已做壞帳損失處理後又收回的應收款項、債務重組收入、補貼收入、違約金收入、匯兌收益等。

(二) 特殊收入的確認

（1）以分期收款方式銷售貨物的，按照合同約定的收款日期確認收入的實現。

（2）企業受託加工製造大型機械設備、船舶、飛機，以及從事建築、安裝、裝配工程業務或者提供其他勞務等，持續時間超過12個月的，按照納稅年度內完工進度或者完成的工作量確認收入的實現。

（3）採取產品分成方式取得收入的，按照企業分得產品的日期確認收入的實現，其收入額按照產品的公允價值確定。

（4）企業發生非貨幣性資產交換，以及將貨物、財產、勞務用於捐贈、償債、贊助、集資、廣告、樣品、職工福利或者利潤分配等用途的，應當視同銷售貨物、轉讓財產或者提供勞務，但國務院財政、稅務主管部門另有規定的除外。

(三) 處置資產收入的確認

1. 企業發生下列情形的處置資產，除將資產轉移至境外以外，由於資產所有權屬在形式和實質上均不發生改變，可作為內部處置資產，不視同銷售確認收入，相關資產的計稅基礎延續計算。

（1）將資產用於生產、製造、加工另一產品；
（2）改變資產形狀、結構或性能；
（3）改變資產用途（如，自建商品房轉為自用或經營）；
（4）將資產在總機構及其分支機構之間轉移；
（5）上述兩種或兩種以上情形的混合；
（6）其他不改變資產所有權屬的用途。

2. 企業將資產移送他人的下列情形，因資產所有權屬已發生改變而不屬於內部處置資產，應按規定視同銷售確定收入：

（1）用於市場推廣或銷售；

（2）用於交際應酬；
（3）用於職工獎勵或福利；
（4）用於股息分配；
（5）用於對外捐贈；
（6）其他改變資產所有權屬的用途。

3. 企業發生上述 2 條規定情形時，屬於企業自製的資產，應按企業同類資產同期對外銷售價格確定銷售收入；屬於外購的資產，可按購入時的價格確定銷售收入。

（四）相關收入實現的確認

除《企業所得稅法》及實施條例另有規定外，企業銷售收入的確認，必須遵循權責發生制原則和實質重於形式原則。

1. 企業銷售商品同時滿足下列條件的，應確認收入的實現

（1）商品銷售合同已經簽訂，企業已將商品所有權相關的主要風險和報酬轉移給購貨方；

（2）企業對已售出的商品既沒有保留通常與所有權相聯繫的繼續管理權，也沒有實施有效控制；

（3）收入的金額能夠可靠地計量；

（4）已發生或將發生的銷售方的成本能夠可靠地核算。

2. 符合上款收入確認條件，採取下列商品銷售方式的，應按以下規定確認收入實現時間

（1）銷售商品採用托收承付方式的，在辦妥托收手續時確認收入。

（2）銷售商品採取預收款方式的，在發出商品時確認收入。

（3）銷售商品需要安裝和檢驗的，在購買方接受商品以及安裝和檢驗完畢時確認收入。如果安裝程序比較簡單，可在發出商品時確認收入。

（4）銷售商品採用支付手續費方式委託代銷的，在收到代銷清單時確認收入。

3. 採用售後回購方式銷售商品的

銷售的商品按售價確認收入，回購的商品作為購進商品處理。有證據表明不符合銷售收入確認條件的，如以銷售商品方式進行融資，收到的款項應確認為負債，回購價格大於原售價的，差額應在回購期間確認為利息費用。

4. 銷售商品以舊換新的

銷售商品應當按照銷售商品收入確認條件確認收入，回收的商品作為購進商品處理。

5. 企業為促銷採取的商業折扣的

企業為促進商品銷售在商品價格上給予的價格扣除屬於商業折扣，商品銷售涉及商業折扣的，應當按照扣除商業折扣后的金額確定銷售商品收入金額。

債權人為鼓勵債務人在規定的期限內付款而向債務人提供的債務扣除屬於現金折扣，銷售商品涉及現金折扣的，應當按扣除現金折扣前的金額確定銷售商品收入金額，現金折扣在實際發生時作為財務費用扣除。

企業因售出商品的質量不合格等原因而在售價上給予的減讓屬於銷售折讓；企業因售出商品質量、品種不符合要求等原因而發生的退貨屬於銷售退回。企業已經確認銷售收入的售出商品發生銷售折讓和銷售退回，應當在發生當期衝減當期銷售商品收入。

6. 企業勞務收入確認

在各個納稅期末，企業提供勞務交易的結果能夠可靠估計的，應採用完工進度（完工百分比）法確認提供勞務收入。

7. 企業的組合銷售

企業以買一贈一等方式組合銷售本企業商品的，不屬於捐贈，應將總的銷售金額按各項商品的公允價值的比例來分攤確認各項的銷售收入。

8. 企業取得的其他各類收入

企業取得財產（包括各類資產、股權、債權等）轉讓收入、債務重組收入、接受捐贈收入、無法償付的應付款收入等，不論是以貨幣形式、還是非貨幣形式體現，除另有規定外，均應一次性計入確認收入的年度計算繳納企業所得稅。

(五) 非貨幣性資產投資企業所得稅處理

非貨幣性資產，是指現金、銀行存款、應收帳款、應收票據以及準備持有至到期的債券投資等貨幣性資產以外的資產。

(1) 居民企業以非貨幣性資產對外投資確認的非貨幣性資產轉讓所得，可在不超過5年期限內，分期均勻計入相應年度的應納稅所得額，按規定計算繳納企業所得稅。

(2) 居民企業以非貨幣性資產對外投資，應對非貨幣性資產進行評估並按評估後的公允價值扣除計稅基礎後的餘額，計算確認非貨幣性資產轉讓所得。

居民企業以非貨幣性資產對外投資，應於投資協議生效並辦理股權登記手續時，確認非貨幣性資產轉讓收入的實現。

(3) 居民企業以非貨幣性資產對外投資而取得被投資企業的股權，應以非貨幣性資產的原計稅成本為計稅基礎，加上每年確認的非貨幣性資產轉讓所得，逐年進行調整。被投資企業取得非貨幣性資產的計稅基礎，應按非貨幣性資產的公允價值確定。

(4) 居民企業在對外投資5年內轉讓上述股權或投資收回的，應停止執行遞延納稅政策，並就遞延期內尚未確認的非貨幣性資產轉讓所得，在轉讓股權或投資收回當年的企業所得稅年度匯算清繳時，一次性計算繳納企業所得稅；居民企業在計算股權轉讓所得時，可按上述第3條規定將股權的計稅基礎一次性調整到位。

企業在對外投資5年內註銷的，應停止執行遞延納稅政策，並就遞延期內尚未確認的非貨幣性資產轉讓所得，在註銷當年的企業所得稅年度匯算清繳時，一次性計算繳納企業所得稅。

(5) 這裡所稱非貨幣性資產投資，限於以非貨幣性資產出資設立新的居民企業，或將非貨幣性資產注入現存的居民企業。

(6) 企業發生非貨幣性資產投資，符合《財政部 國家稅務總局關於企業重組業務企業所得稅處理若干問題的通知》等文件規定的特殊性稅務處理條件的，也可選擇按

特殊性稅務處理規定執行。

二、不徵稅收入和免稅收入

(一) 不徵稅收入

1. 財政撥款

財政撥款是指各級人民政府對納入預算管理的事業單位、社會團體等組織撥付的財政資金，但國務院和國務院財政、稅務主管部門另有規定的除外。

2. 依法收取並納入財政管理的行政事業性收費、政府性基金

行政事業性收費是指依照法律法規等有關規定，按照國務院規定程序批准，在實施社會公共管理，以及在向公民、法人或者其他組織提供特定公共服務過程中，向特定對象收取並納入財政管理的費用。政府性基金，是指企業依照法律、行政法規等有關規定，代政府收取的具有專項用途的財政資金。

3. 國務院規定的其他不徵稅收入

是指企業取得的，由國務院財政、稅務主管部門規定專項用途並經國務院批准的財政性資金。財政性資金，是指企業取得的來源於政府及其有關部門的財政補助、補貼、貸款貼息，以及其他各類財政專項資金，包括直接減免的增值稅和即徵即退、先徵后退、先徵后返的各種稅收，但不包括企業按規定取得的出口退稅款。

《企業所得稅法》中規定不徵稅收入的主要目的是對非經營活動或非營利活動帶來的經濟利益流入從應稅總收入中排除。不徵稅收入不屬於稅收優惠的範疇，不屬於營利性活動帶來的經濟利益，是專門從事特定目的的收入，從企業所得稅原理上講應永久不列為徵稅範圍的收入範疇。

(二) 免稅收入

1. 國債利息收入

為鼓勵企業積極購買國債，支援國家建設，稅法規定，企業因購買國債所得的利息收入，免徵企業所得稅。

（1）企業從發行者直接投資購買的國債持有至到期，其從發行者取得的國債利息收入，全額免徵企業所得稅。

（2）企業到期前轉讓國債，或者從非發行者投資購買的國債，其持有期間尚未兌付的國債利息收入，免徵企業所得稅。

尚未兌付的國債利息收入＝國債金額×（適用年利率÷365）×持有天數

（3）企業轉讓或到期兌付國債取得的價款，減除其購買國債成本，並扣除其持有期間尚未兌付的國債利息收入、交易過程中相關稅費后的餘額，為企業轉讓國債收益（損失），應按規定納稅。

2. 符合條件的居民企業之間的股息、紅利等權益性收益

符合條件的居民企業之間的股息、紅利等權益性收益是指居民企業直接投資於其他居民企業取得的投資收益。

3. 投資性收益

在中國境內設立機構、場所的非居民企業從居民企業取得與該機構、場所有實際聯繫的股息、紅利等權益性投資收益。

4. 非營利組織的收入

符合條件的非營利組織的收入，免徵企業所得稅。

三、稅前扣除項目

《企業所得稅法》規定，企業實際發生的與取得收入有關的、合理的支出，包括成本、費用、稅金、損失其他支出，準予在計算應納稅所得額時扣除。

(一) 稅前扣除項目的原則

（1）真實、合法性。企業申報的扣除項目和金額要真實、合法。所謂真實是指能提供證明有關支出確屬已經實際發生；合法是指符合國家稅法的規定，當其他法規規定與稅收法規規定不一致，應以稅收法規的規定為標準。

（2）權責發生制，是指企業費用應在發生的所屬期扣除，而不是在實際支付時確認扣除。

（3）配比性，是指企業發生的費用應當與收入配比扣除，除特殊規定外，企業發生的費用不能提前或之後申報扣除。

（4）相關性。企業可扣除的支出從性質和根源上必須與取得收入直接相關，即企業所實際發生的能直接帶來經濟利益的流入或者可預期經濟利益的流入的支出。

（5）確定性。即企業可扣除的費用不論何時支付，其金額必須是確定的。

（6）合理性。符合生產經營活動常規，應當計入當期損益或者有關資產成本的必要和正常的支出。

（7）劃分收益性支出和資本性支出。企業發生的支出應區分收益性支出和資本性支出。收益性支出在發生當期直接扣除；資本性支出應當分期扣除或者計入有關資產成本，不得在發生當期直接扣除。

（8）不重複扣除。除《企業所得稅法》和實施條例另有規定外，企業實際發生的成本、費用、稅金、損失和其他支出，不得重複扣除。

（9）企業的不徵稅收入用於支出所形成的費用，不得在計算應納稅所得額時扣除；企業的不徵稅收入用於支出所形成的資產，其計算的折舊、攤銷不得在計算應納稅所得額時扣除。

(二) 稅前扣除項目的範圍

1. 成本

成本是指企業在生產經營活動中發生的銷售成本、銷貨成本、業務支出以及其他耗費。

2. 費用

費用是指企業在生產經營活動中發生的銷售費用、管理費用和財務費用，已經計入成本的有關費用除外。

3. 稅金

稅金是指企業發生的除企業所得稅和允許抵扣的增值稅以外的企業繳納的各項稅金及其附加。准許扣除的稅金有兩種方式：一是在發生當期扣除；二是在發生當期計入相關資產的成本，在以後各期分攤扣除。

4. 損失

損失是指企業在生產經營活動中發生的固定資產和存貨的盤虧、毀損、報廢損失，轉讓財產損失、呆帳損失、壞帳損失，自然災害等不可抗力因素造成的損失以及其他損失。企業發生的損失，減除責任人賠償和保險賠款后的餘額，依照國務院財政、稅務主管部門的規定扣除。企業已經作為損失處理的資產，在以后納稅年度又全部收回或者部分收回時，應當計入當期收入。

5. 扣除的其他支出

扣除的其他支出是指除成本、費用、稅金、損失外，企業在生產經營活動中發生的與生產經營活動有關的、合理的支出。

(三) 稅前扣除項目的標準

1. 工資、薪金支出

企業發生的合理的工資、薪金支出準予據實扣除。

「合理工資薪金」，是指企業按照股東大會、董事會、薪酬委員會或相關管理機構制訂的工資薪金制度的規定實際發放給員工的工資薪金。工資、薪金支出是企業每一納稅年度支付給在本企業任職或與其有雇傭關係的員工的所有現金或非現金形式的勞動報酬，包括基本工資、獎金、津貼、補貼、年終加薪、加班工資，以及與任職或者受雇有關的其他支出。

企業在年度匯算清繳結束前向員工實際支付的已預提匯繳年度工資薪金，準予在匯繳年度按規定扣除。

2. 職工福利費、工會經費、職工教育經費

企業發生的職工福利費、工會經費、職工教育經費按標準扣除，未超過標準的按實際數扣除，超過標準的只能按標準扣除。

(1) 企業發生的職工福利費支出，不超過工資薪金總額14%的部分準予扣除。

(2) 企業撥繳的工會經費，不超過工資薪金總額2%的部分準予扣除。

(3) 除國務院財政、稅務主管部門另有規定外，企業發生的職工教育經費支出，不超過工資薪金總額2.5%的部分準予扣除，超過部分準予結轉以後納稅年度扣除。

從2014年度起，列入企業員工工資薪金制度，固定與工資薪金一起發放的福利性補貼，符合「合理工資薪金」規定的，可作為企業發生的工資薪金支出，按規定在稅前扣除。

3. 社會保險費

(1) 企業依照國務院有關主管部門或者省級人民政府規定的範圍和標準為職工繳納的「五險一金」，即基本養老保險費、基本醫療保險費、失業保險費、工傷保險費、生育保險費等基本社會保險費和住房公積金，準予扣除。

（2）企業為投資者或者職工支付的補充養老保險費、補充醫療保險費，在國務院財政、稅務主管部門規定的範圍和標準內，準予扣除。

（3）除企業依照國家有關規定為特殊工種職工支付的人身安全保險費和國務院財政、稅務主管部門規定可以扣除的其他商業保險費外，企業為投資者或者職工支付的商業保險費，不得扣除。

（4）企業參加財產保險，按照規定繳納的保險費，準予扣除。

4. 利息費用

企業在生產、經營活動中發生的利息費用，按下列規定扣除：

（1）非金融企業向金融機構借款的利息支出、金融企業的各項存款利息支出和同業拆借利息支出、企業經批准發生債券的利息支出可據實扣除。

（2）非金融企業向非金融機構借款的利息支出，不超過按照金融企業同期同類貸款利率計算的數額的部分可據實扣除，超過部分不許扣除。

其中，所謂金融機構是指各類銀行、保險公司及經中國人民銀行批准從事金融業務的非銀行金融機構。企業在按照合同要求首次支付利息並進行稅前扣除時，應提供「金融企業的同期同類貸款利率情況說明」，以證明其利息支出的合理性。

（3）關聯企業利息費用的扣除。企業從其關聯方接受的債權性投資與權益性投資的比例超過規定標準（金融企業5∶1、其他企業2∶1）而發生的利息支出，不得在計算應納稅所得額時扣除。

（4）企業向自然人借款的利息支出：

①企業向股東或其他與企業有關聯關係的自然人借款的利息支出，符合規定條件的，準予扣除。

②企業向除上述規定以外的內部職工或其他人員借款的利息支出，其借款情況同時符合以下條件的，其利息支出在不超過按照金融企業同期同類貸款利率計算的數額的部分，準予扣除。

條件一：企業與個人之間的借貸是真實、合法、有效的，並且不具有非法集資目的或其他違反法律、法規的行為；

條件二：企業與個人之間簽訂了借款合同。

5. 借款費用

（1）企業在生產經營活動中發生的合理的不需要資本化的借款費用，準予扣除。

（2）企業為購置、建造固定資產、無形資產和經過12個月以上的建造才能達到預定可銷售狀態的存貨發生的借款的，在有關資產購置、建造期間發生的合理的借款費用，應予以資本化，作為資本性支出計入有關資產的成本；有關資產交付使用后發生的借款利息，可在發生當期扣除。

（3）企業通過發行債券、取得貸款、吸收保戶儲金等方式融資而發生的合理的費用支出，符合資本化條件的，應計入相關資產成本；不符合資本化條件的，應作為財務費用，準予在企業所得稅前據實扣除。

6. 匯兌損失

企業在貨幣交易中，以及納稅年度終了時將人民幣以外的貨幣性資產、負債按照

期末即期人民幣匯率中間價折算為人民幣時產生的匯兌損失，除已經計入有關資產成本以及與向所有者進行利潤分配相關的部分外，準予扣除。

7. 業務招待費

企業發生的與其生產、經營業務有關的業務招待費支出，按照發生額的60%扣除，但最高不得超過當年銷售（營業）收入的5‰。企業在籌建時間，發生的與籌辦活動有關的業務招待費支出，可按實際發生額的60%計入企業籌辦費，可以在開始經營之日的當年一次性扣除，或者作為長期待攤費用，自支出發生月份的次月起，分期攤銷，攤銷年限不得低於3年。

8. 廣告費和業務宣傳費

企業發生的符合條件的廣告費和業務宣傳費支出，除國務院財政、稅務主管部門另有規定外，不超過當年銷售（營業）收入15%的部分，準予扣除；超過部分，準予在結轉以後納稅年度扣除。

企業在籌建期間，發生的廣告費和業務宣傳費，可按實際發生額計入籌辦費，並按有關規定在稅前扣除。

對化妝品製造或銷售、醫藥製造和飲料製造（不含酒類製造）企業發生的廣告費和業務宣傳費支出，不超過當年銷售（營業）收入30%的部分，準予扣除；超過部分，準予在以後納稅年度結轉扣除。

菸草企業的菸草廣告費和業務宣傳費支出，一律不得在計算應納稅所得額時扣除。

9. 環境保護專項資金

企業依照法律、行政法規有關規定提取的用於環境保護、生態恢復等方面的專項資金，準予扣除。上述專項資金提取後改變用途的，不得扣除。

10. 保險費

企業參加財產保險，按照規定繳納的保險費，準予扣除。

11. 租賃費

租入固定資產的方式分為兩種：經營性租賃是指所有權不轉移的租賃；融資租賃是指在實質上轉移與一項資產所有權有關的全部風險和報酬的一種租賃。租入固定資產支付的租賃費，按照以下方法扣除：

（1）以經營租賃方式租入固定資產發生的租賃費支出，按照租賃期限均勻扣除。

（2）以融資租賃方式租入固定資產發生的租賃費支出，按照規定構成融資租入固定資產價值的部分應當提取折舊費用，分期扣除。

12. 勞動保護支出

企業發生的合理的勞動保護支出，準予扣除。本扣除項目中的勞動保護支出，是指確因工作需要為雇員配備或提供工作服、手套、安全保護用品、防暑降溫用品等所發生的支出。

13. 公益性捐贈支出

公益性捐贈，是指企業通過公益性社會團體或者縣級（含縣級）以上人民政府及其部門，用於《中華人民共和國公益事業捐贈法》內定的公益事業的捐贈。

企業發生的公益性捐贈支出，在年度利潤總額12%以內的部分，準予在計算應納

稅所得額時扣除；超過年度利潤總額12%的部分，準予結轉以後三年內在計算應納稅所得額時扣除。年度利潤總額，是指企業依照國家統一會計制度的規定計算的年度會計利潤。

14. 有關資產的費用

企業轉讓各類固定資產發生的費用，允許扣除。企業按規定計算的固定資產折舊費、無形資產和遞延資產的攤銷費用，準予扣除。

15. 總機構分攤的費用

非居民企業在中國境內設立的機構、場所，就其中國境外總機構發生的與該機構、場所生產經營有關的費用，能夠提供總機構出具的費用匯集範圍、定額、分配依據和方法等證明文件，並合理分攤的，準予扣除。

16. 資產損失

企業當期發生的固定資產和流動資產盤虧、毀損淨損失，由其提供清查盤存資料經主管稅務機關審核后，準予扣除；企業因存貨盤虧、毀損、報廢等原因不得從銷項稅金中抵扣的進項稅金，應視同企業財產損失，準予與存貨損失一起在所得稅前按規定扣除。

17. 手續費及佣金支出

（1）企業發生與生產經營有關的手續費及佣金支出，不超過以下規定計算限額以內的部分，準予扣除；超過部分，不得扣除。

①保險企業：財產保險企業按當年全部保費收入扣除退保金等後餘額的15%（含本數，下同）計算限額；人身保險企業按當年全部保費收入扣除退保金等後餘額的10%計算限額。

②其他企業：按與具有合法經營資格仲介服務機構或個人（不含交易雙方及其雇員、代理人和代表人等）所簽訂服務協議或合同確認的收入金額的5%計算限額。

（2）企業應當與具有合法經營資格的仲介服務機構或個人簽訂代辦協議或合同，並按國家有關規定支付手續費及佣金。除委託個人代理外，企業以現金等非轉帳方式支付的手續費及佣金不得在稅前扣除。企業為發行權益性證券支付給有關證券承銷機構的手續費及佣金不得在稅前扣除。

（3）企業不得將手續費及佣金支出計入回扣、業務提成、返利、進場費等費用。

（4）企業已計入固定資產、無形資產等相關資產的手續費及佣金支出，應當通過折舊、攤銷等方式分期扣除，不得在發生當期直接扣除。

（5）企業支付的手續費及佣金不得直接衝減服務協議或合同金額，並如實入帳。

（6）企業應當如實向當地主管稅務機關提供當年手續費及佣金計算分配表和其他相關資料，並依法取得合法真實憑證。

18. 企業維簡費支出

維簡費指的是從成本費用中提取的專用於維持簡單再生產的資金。企業實際發生的維簡費支出，屬於收益性支出的，可作為當期費用稅前扣除；屬於資本性支出的，應計入有關資產成本，並按企業所得稅法規定計提折舊或攤銷費用在稅前扣除。企業按照有關規定預提的維簡費，不得在當期稅前扣除。

19. 其他項目

依照有關法律、行政法規和國家有關稅法規定準予扣除的其他項目，如會員費、合理的會議費、差旅費、違約金、訴訟費用等，準予扣除。

20. 關於以前年度發生應扣未扣支出的稅務處理問題

根據《中華人民共和國稅收徵收管理法》的有關規定，對企業發現以前年度實際發生的、按照稅收規定應在企業所得稅前扣除而未扣除或者少扣除的支出，企業做出專項申報及說明後，準予追補至該項目發生年度計算扣除，但追補確認期限不得超過5年。

企業由於上述原因多繳的企業所得稅稅款，可以在追補確認年度企業所得稅應納稅款中抵扣，不足抵扣的，可以向以後年度遞延抵扣或申請退稅。

虧損企業追補確認以前年度未在企業所得稅前扣除的支出，或盈利企業經過追補確認後出現虧損的，應首先調整該項支出所屬年度的虧損額，然后再按照彌補虧損的原則計算以後年度多繳的企業所得稅款，並按前款規定處理。

(四) 不得扣除的項目

在計算應納稅所得額時，下列支出不得扣除：

(1) 向投資者支付的股息、紅利等權益性投資收益款項。

(2) 企業所得稅稅款。

(3) 稅收滯納金，是指納稅人違反稅收法規，被稅務機關處以的滯納金。

(4) 罰金、罰款和被沒收財物的損失，是指納稅人違反國家有關法律、法規規定，被有關部門處以的罰款，以及被司法機關處以的罰金和被沒收財物。經營過程中企業間的罰款，如企業間罰息、違約金可以在所得稅前列支，但政府對企業的行政罰款不得在所得稅前列支。

(5) 超過規定標準的捐贈支出。

(6) 贊助支出，是指企業發生的與生產經營活動無關的各種非廣告性質支出。

(7) 未經核定的準備金支出，是指不符合國務院財政、稅務主管部門規定的各項資產減值準備、風險準備等準備金支出。

(8) 企業之間支付的管理費、企業內營業機構之間支付的租金和特許權使用費，以及非銀行企業內營業機構之間支付的利息，不得扣除。

(9) 與取得收入無關的其他支出。

四、虧損彌補

(1) 虧損是指企業依照《企業所得稅法》和暫行條例的規定，將每一納稅年度的收入總額減除不徵稅收入、免稅收入和各項扣除后小於零的數額。稅法規定，企業某一納稅年度發生的虧損可以用下一年度的所得彌補，下一年度的所得不足以彌補的，可以逐年延續彌補，但最長不得超過5年。企業在匯總計算繳納企業所得稅時，其境外營業機構的虧損不得抵減境內營業機構的盈利。

【例7-1】表7-1為經稅務機關審定的某國有企業8年應納稅所得額情況，假定

該企業一直執行 5 年虧損彌補的規定，則該企業 8 年間應繳納企業所得稅是多少？

表 7-1　　　　　2008—2015 年某國有企業 8 年應納稅所得額情況　　　　單位：萬元

年度	2008	2009	2010	2011	2012	2013	2014	2015
應納稅所得額情況	-100	-40	10	-20	30	40	50	70

【解析】：該企業 2008 年度虧損 100 萬元，按照稅法規定可以申請用 2009—2013 年間 5 年所得彌補，5 年抵虧期滿後，未彌補完的 20 萬元虧損不能再用以後年度所得彌補；2014 年所得彌補 2009 年的虧損 40 萬元和 2011 年虧損中的 10 萬元；2015 年所得彌補 2011 年虧損中的 10 萬元后還有餘額 60 萬元，按稅法規定繳納企業所得稅，應納稅額 = 60 × 25% = 15（萬元）。

（2）企業籌辦期間不計算為虧損年度，企業自開始生產經營的年度，為開始計算企業損益的年度。企業從事生產經營之前進行籌辦活動期間發生籌辦費用支出，不得計算為當期的虧損，企業可以在開始經營之日的當年一次性扣除，也可以按照新稅法有關長期待攤費用的規定處理，但一經選定，不得改變。

（3）稅務機關對企業以前年度納稅情況進行檢查時調增的應納稅所得額，凡企業以前年度發生虧損且該虧損屬於《企業所得稅法》規定允許彌補的，應允許調增的應納稅所得額彌補該虧損。彌補該虧損後仍有餘額的，按照《企業所得稅法》規定計算繳納企業所得稅。

第四節　資產的稅務處理

資產是指過去的交易、事項形成並由企業擁有或者控制的，可為企業帶來未來經濟利益的經濟資源。稅法規定資產的稅務處理，其目的在於區分資本性支出與收益性支出，確定準予扣除項目和不準予扣除的項目，正確計算應納稅所得額。納入稅務處理範圍的資產形式主要有固定資產、生物資產、無形資產、長期待攤費用、投資資產、存貨等，均以歷史成本為計稅基礎。

一、固定資產的稅務處理

固定資產是指企業為生產產品、提供勞務、出租或者經營管理而持有的、使用時間超過 12 個月的非貨幣性資產，包括房屋、建築物、機器、機械、運輸工具以及其他與生產經營活動有關的設備、器具、工具等。

（一）固定資產計稅基礎

（1）外購的固定資產，以購買價款和支付的相關稅費以及直接歸屬於使該資產達到預定用途發生的其他支出為計稅基礎。

（2）自行建造的固定資產，以竣工結算前發生的支出為計稅基礎。

（3）融資租入的固定資產，以租賃合同約定的付款總額和承租人在簽訂租賃合同過程中發生的相關費用為計稅基礎，租賃合同未約定付款總額的，以該資產的公允價值和承租人在簽訂租賃合同過程中發生的相關費用為計稅基礎。

（4）盤盈的固定資產，以同類固定資產的重置完全價值為計稅基礎。

（5）通過捐贈、投資、非貨幣性資產交換、債務重組等方式取得的固定資產，以該資產的公允價值和支付的相關稅費為計稅基礎。

（6）改建的固定資產，除已足額提取折舊的固定資產和租入的固定資產以外的其他固定資產，以改建過程中發生的改建支出增加計稅基礎。

（二）固定資產折舊的範圍

在計算應納稅所得額時，企業按照規定計算的固定資產折舊，準予扣除。下列固定資產不得計算折舊扣除：

（1）房屋、建築物以外未投入使用的固定資產；
（2）以經營租賃方式租入的固定資產；
（3）以融資租賃方式租出的固定資產；
（4）已足額提取折舊仍繼續使用的固定資產；
（5）與經營活動無關的固定資產；
（6）單獨估價作為固定資產入帳的土地；
（7）其他不得計提折舊扣除的固定資產。

（三）固定資產折舊的計提方法

（1）企業應當自固定資產投入使用月份的次月起計提折舊；停止使用的固定資產，應當從停止使用月份的次月起停止計提折舊。

（2）企業應當根據固定資產的性質和使用情況，合理確定固定資產的預計淨殘值。固定資產的預計淨殘值一經確定，不得變更。

（3）固定資產按照直線法計算的折舊，準予扣除。

（四）固定資產折舊的計提年限

除國務院財政、稅務主管部門另有規定外，固定資產計算折舊的最低年限如下：

（1）房屋、建築物，為 20 年。
（2）飛機、火車、輪船、機器、機械和其他生產設備，為 10 年。
（3）與生產經營活動有關的器具、工具、家具等，為 5 年。
（4）飛機、火車、輪船以外的運輸工具，為 4 年。
（5）電子設備，為 3 年。

從事開採石油、天然氣等礦產資源的企業，在開始商業性生產前發生的費用和有關固定資產的折耗、折舊方法，由國務院財政、稅務主管部門另行規定。

（五）固定資產改擴建的稅務處理

自 2011 年 7 月 1 日起，企業對房屋、建築物固定資產在未足額提取折舊前進行改擴建的，如屬於推倒重置的，該資產原值減除提取折舊後的淨值，應並入重置後的固

定資產計稅成本，並在該固定資產投入使用后的次月起，按照稅法規定的折舊年限，一併計提折舊；如屬於提升功能、增加面積的，該固定資產的改擴建支出，並入該固定資產計稅基礎，並從改擴建完工投入使用后的次月起，重新按稅法規定的該固定資產折舊年限計提折舊，如該改擴建后的固定資產尚可使用的年限低於稅法規定的最低年限的，可以按尚可使用的年限計提折舊。

(六) 固定資產折舊的稅會差異處理

(1) 企業固定資產會計折舊年限如果短於稅法規定的最低折舊年限，其按會計折舊年限計提的折舊高於按稅法規定的最低折舊年限計提的折舊部分，應調增當期應納稅所得額；企業固定資產會計折舊年限已期滿且會計折舊已提足，但稅法規定的最低折舊年限尚未到期且稅收折舊尚未足額扣除，其未足額扣除的部分準予在剩餘的稅收折舊年限繼續按規定扣除。

(2) 企業固定資產會計折舊年限如果長於稅法規定的最低折舊年限，其折舊應按會計折舊年限計算扣除，稅法另有規定除外。

(3) 企業按會計規定提取的固定資產減值準備，不得稅前扣除，其折舊仍按稅法確定的固定資產計稅基礎計算扣除。

(4) 企業按稅法規定實行加速折舊的，其按加速折舊辦法計算的折舊額可全額在稅前扣除。

(5) 石油天然氣開採企業在計提油氣資產折耗（折舊）時，由於會計與稅法規定計算方法不同導致的折耗（折舊）差異，應按稅法規定進行納稅調整。

二、生物資產的稅務處理

生物資產是指有生命的動物和植物。生物資產分為消耗性生物資產、公益性生物資產和生產性生物資產。消耗性生物資產，是指為出售而持有的，或在將來收穫為農產品的生物資產，包括生長中的農田作物、蔬菜、用材林以及存欄待售的牲畜等。公益性生物資產，是指以防護、環境保護為主要目的的生物資產，包括防風固沙林、水土保持林和水源涵養林等。生產性生物資產，是指為產出農產品、提供勞務或出租等目的而持有的生物資產，包括經濟林、薪炭林、產畜和役畜等。稅法規定，只有生產性生物資產可以計提折舊。

(一) 生物資產的計稅基礎

生產性生物資產按照以下方法確定計稅基礎：

(1) 外購的生產性生物資產，以購買價款和支付的相關稅費為計稅基礎。

(2) 通過捐贈、投資、非貨幣性資產交換、債務重組等方式取得的生產性生物資產，以該資產的公允價值和支付的相關稅費為計稅基礎。

(二) 生物資產的折舊方法和折舊年限

生產性生物資產按照直線法計算的折舊，準予扣除。企業應當自生產性生物資產投入使用月份的次月起計算折舊；停止使用的生產性生物資產應當自停止使用月份的

次月起停止計算折舊。

企業應當根據生產性生物資產的性質和使用情況，合理確定生產性生物資產的預計淨殘值。生產性生物資產的預計淨殘值一經確定，不得變更。

生產性生物資產計算折舊的最低年限如下：

（1）林木類生產性生物資產，為 10 年。

（2）畜類生產性生物資產，為 3 年。

三、無形資產的稅務處理

無形資產是指企業為生產產品、提供勞務、出租或者經營管理而持有的、沒有實物形態的非貨幣性長期資產，包括專利權、商標權、著作權、土地使用權、非專利技術、商譽等。

（一）無形資產的計稅基礎

無形資產按照以下方法確定計稅基礎：

（1）外購的無形資產，以購買價款和支付的相關稅費，以及直接歸屬於使該資產達到預定用途發生的其他支出為計稅基礎。

（2）自行開發的無形資產，以開發過程中該資產符合資本化條件後至達到預定用途前發生的支出為計稅基礎。

（3）通過捐贈、投資、非貨幣性資產交換、債務重組等方式取得的無形資產，以該資產的公允價值和支付的相關稅費為計算基礎。

（二）無形資產攤銷的範圍

在計算應納稅所得額時，企業按照規定計算的無形資產攤銷費用，准予扣除。下列無形資產不得計算攤銷費用扣除：

（1）自行開發的支出已在計算應納稅所得額時扣除的無形資產；

（2）自創商譽；

（3）與經營活動無關的無形資產；

（4）其他不得計算攤銷費用扣除的無形資產。

（三）無形資產的攤銷方法及年限

無形資產的攤銷採取直線法計算。無形資產的攤銷年限不得低於 10 年。作為投資或者受讓的無形資產，有關法律規定或者合同約定了使用年限的，可以按照規定或者約定的使用年限分期攤銷。外購商譽的支出，在企業整體轉讓或者清算時准予扣除。

四、長期待攤費用的稅務處理

長期待攤費用，是指企業已經支出、攤銷期限在 1 年以上（不含 1 年）的各項費用。在計算應納稅所得額時，企業發生的下列支出作為長期待攤費用，按照規定攤銷的，准予扣除。

（1）已足額提取折舊的固定資產的改建支出。固定資產的改建支出，是指改變房

屋或者建築物結構、延長使用年限等發生的支出。已足額提取折舊的固定資產的改建支出，按照固定資產預計尚可使用年限分期攤銷。

（2）租入固定資產的改建支出。租入固定資產的改建支出，按照合同約定的剩餘租賃期限分期攤銷。

（3）固定資產的大修理支出。固定資產的一般修理支出，不被作為長期待攤費用，而是當做收益性支出當期直接扣除。只有符合一定條件的大修理支出，才有必要作為長期待攤費用，按照固定資產尚可使用年限分期攤銷。《企業所得稅法》所指固定資產的大修理支出，是指同時符合下列條件的支出：①修理支出達到取得固定資產時的計稅基礎50%以上；②修理後固定資產的使用年限延長2年以上。

（4）其他應當作為長期待攤費用的支出。其他應當作為長期待攤費用的支出，自支出發生月份的次月起，分期攤銷，攤銷年限不得低於3年。

五、存貨的稅務處理

存貨，是指企業持有以備出售的產品或者商品、處在生產過程中的在產品、在生產或者提供勞務過程中耗用的材料和物料等。

（一）存貨的計稅基礎

存貨按照以下方法確定成本：

（1）通過支付現金方式取得的存貨，以購買價款和支付的相關稅費為成本；

（2）通過支付現金以外的方式取得的存貨，以該存貨的公允價值和支付的相關稅費為成本；

（3）生產性生物資產收穫的農產品，以產出或者採收過程中發生的材料費、人工費和分攤的間接費用等必要支出為成本。

（二）存貨的成本計算方法

企業使用或者銷售存貨的成本計算方法，可以在先進先出法、加權平均法、個別計價法中選用一種。計價方法一經選用，不得隨意變更。

六、投資資產的稅務處理

投資資產，是指企業對外進行權益性投資和債權性投資而形成的資產。

企業對外投資期間，投資資產的成本在計算應納稅所得額時不得扣除，企業在轉讓或者處置投資資產時，投資資產的成本準予扣除。

投資資產按以下方法確定投資成本：

（1）通過支付現金方式取得的投資資產，以購買價款為成本；

（2）通過支付現金以外的方式取得的投資資產，以該資產的公允價值和支付的相關稅費為成本。

七、稅法規定與會計規定有差異的處理

稅法規定與會計規定有差異的處理，是指企業在財務會計核算中與稅法規定不一

致的，應當依照稅法規定予以調整。

(1) 企業不能提供完整、準確的收入及成本、費用憑證，不能正確計算應納稅所得額的，由稅務機關核定其應納稅所得額。

(2) 企業依法清算時，以其清算終了后的清算所得為應納稅所得額，按規定繳納企業所得稅。所謂清算所得，是指企業的全部資產可變現價值或者交易價格減除資產淨值、清算費用以及相關稅費等后的餘額。

投資方企業從被清算企業分得的剩餘資產，其中相當於從被清算企業累計未分配利潤和累計盈餘公積中應當分得的部分，應當確認為股息所得；剩餘資產減除上述股息所得后的餘額，超過或者低於投資成本的部分，應當確認為投資資產轉讓所得或者損失。

(3) 對企業按照有關財務會計規定計算的利潤總額，要按照稅法的規定進行必要調整后，才能作為應納稅所得額計算繳納所得稅；

(4) 自 2011 年 7 月 1 日起，企業當年度實際發生的相關成本、費用，由於各種原因未能及時取得該成本、費用的有效憑證，企業在預繳季度所得稅時，可暫按帳面發生金額進行核算；但在匯算清繳時，應補充提供該成本、費用的有效憑證。

(5) 關於稅前扣除規定與企業實際會計處理之間的協調問題。對企業依據財務會計制度規定，並實際在財務會計處理上已確認的支出，凡沒有超過《企業所得稅法》和有關稅收法規規定的稅前扣除範圍和標準的，可按企業實際會計處理確認的支出，在企業所得稅前扣除，計算其應納稅所得額。

第五節　企業所得稅應納稅額的計算

一、居民企業查帳徵收應納稅額的計算

居民企業應納稅額等於應納稅所得額乘以適用稅率，基本計算公式為：

居民企業應納稅額＝應納稅所得額×適用稅率－減免稅額－抵免稅額

應納稅所得額的計算一般有兩種方法。

(一) 直接計算法

在直接計算法下，居民企業每一納稅年度的收入總額減除不徵稅收入、免稅收入、各項扣除以及允許彌補以前年度虧損后的餘額為應納稅所得額。計算公式為：

應納稅所得額＝收入總額－不徵稅收入－免稅收入－各項扣除金額－彌補虧損

【例 7-2】某企業為居民企業，2015 年度生產經營情況如下：

(1) 銷售收入 5,500 萬元；

(2) 銷售成本 3,800 萬元，增值稅 900 萬元，銷售稅金及附加 100 萬元；

(3) 銷售費用 800 萬元，其中含廣告費 500 萬元；

(4) 管理費用 600 萬元，其中含業務招待費 100 萬元、研究新產品費用 50 萬元；

（5）財務費用 100 萬元，其中含向非金融機構（非關聯企業）借款 500 萬元的年利息支出，年利率 10%（銀行同期同類貸款利率為 6%）；

（6）營業外支出 50 萬元，其中含向供貨商支付違約金 10 萬元，向稅務局支付稅款滯納金 2 萬元，通過公益性社會團體向貧困地區的捐贈現金 10 萬元。

要求：計算該公司 2015 年度應繳納的企業所得稅。

【解析】：（1）銷售費用中，廣告費稅前扣除限額＝5,500×15%＝825（萬元），實際發生 800 萬元，可以據實扣除。準予扣除的銷售費用為 800 萬元。

（2）管理費用中，業務招待費稅前扣除限額＝5,500×5‰＝27.5（萬元）＜100×6%＝60（萬元），可以扣除 27.5 萬元；研究新產品費用可按實際發生額的 50% 加計扣除，即 50×50%＝25（萬元）。準予扣除的管理費用＝600－100＋27.5＋25＝552.5（萬元）

（3）向非金融機構借款 500 萬元的年利息支出實際數：500×10%＝50（萬元），扣除限額：500×6%＝30（萬元），準予扣除 30 萬元。準予扣除的財務費用＝100－50＋30＝80（萬元）

（4）營業外支出中，企業間違約金 10 萬元可以列支，稅務機關的稅款滯納金 2 萬元不得稅前扣除。

利潤總額＝5,500－3,800－100－800－600－100－50＝50（萬元）

捐贈扣除限額＝50×12%＝6（萬元），實際發生 10 萬元，準予扣除 6 萬元。

準予扣除的營業外支出＝50－2－10＋6＝44（萬元）

該公司 2015 年應納稅所得額＝5,500－3,800－100－800－552.5－80－44＝123.50（萬元）

該公司 2015 年應納所得稅額＝123.50×25%＝30.88（萬元）

（二）間接計算法

在間接計算法下，是在會計利潤總額的基礎上加或減按照稅法規定調整的項目金額后，即為應納稅所得額。計算公式為：

應納稅所得額＝會計利潤總額±納稅調整項目金額

【例 7－3】本章導入案例計算如下：

【解析】：（1）會計利潤＝4,500＋300－1,900－100－80－1,500－500－80－30＋17＋1＝628（萬元）

（2）各納稅調整額：

廣告、業務宣傳費：扣除限額＝（4,500＋300）×15%＝720（萬元），需調增 800＋20－720＝100（萬元）

業務招待費：（4,500＋300）×5‰＝24＜500×60%＝30（萬元），準予扣除的業務招待費為 24 萬元，需調增 50－24＝26（萬元）

新產品開發費：可按實際發生額的 50% 加計扣除，調減 40×50%＝20（萬元）

財務費用：向非金融機構借款 1 年的實際支出利息 50 萬元，扣除限額＝50÷

10%×6% = 30（萬元），需調增 50 - 30 = 20（萬元）。

營業外支出中行政罰款不得扣除，需調增 1 萬元。

捐贈扣除限額 = 628×12% = 75.36（萬元），實際捐贈 20 萬元可全額扣除，不用調整應納稅所得額。

國債利息收入免稅，居民企業直接投資於其他居民企業的投資收益免稅，應調減應納稅所得額 17 + 1 = 18（萬元）。

（3）應稅所得額 = 628 + 100 + 26 - 20 + 20 + 1 - 18 = 737（萬元）

（4）應納稅額 = 737×25% = 184.25（萬元）

二、居民企業核定徵收應納稅額的計算

部分中小企業由於其會計核算資料的不完整和業務的分散使得其採用一般計算方法計算徵收所得稅不符合成本效益原則，因此為了加強企業所得稅的徵收管理，對其採用核定徵收的辦法，計算應納稅額。

（一）核定徵收企業所得稅的範圍

納稅人具有下列情形之一的，應採用核定徵收方式徵收企業所得稅：

（1）依照法律、行政法規的規定可以不設置帳簿的；

（2）依照法律、行政法規的規定應當設置但未設置帳簿的；

（3）擅自銷毀帳簿或者拒不提供納稅資料的；

（4）雖設置帳簿，但帳目混亂或者成本資料、收入憑證、費用憑證殘缺不全，難以查帳的；

（5）發生納稅義務，未按照規定的期限辦理納稅申報，經稅務機關責令限期申報，逾期仍不申報的；

（6）申報的計稅依據明顯偏低，又無正當理由的。

（二）核定徵收的方式

核定徵收方式包括核定應稅所得率徵收與核定應納所得稅額徵收兩種。核定應納所得稅額徵收是指稅務機關按照一定的標準、程序和方法，直接核定納稅人年度應納企業所得稅額，由納稅人按規定進行申報繳納的辦法；核定應稅所得率徵收是指稅務機關按照一定的標準、程序和方法，預先核定納稅人的應稅所得率，由納稅人根據納稅年度內的收入總額或是成本費用等項目的實際發生額，按預先核定的應稅所得率計算繳納企業所得稅的辦法。

稅務機關應根據納稅人具體情況，對核定徵收企業所得稅的納稅人，核定應稅所得率或者核定應納所得稅額。具有下列情形之一的，核定其應稅所得率：

（1）能正確核算（查實）收入總額，但不能正確核算（查實）成本費用總額的；

（2）能正確核算（查實）成本費用總額，但不能正確核算（查實）收入總額的；

（3）通過合理方法，能計算和推定納稅人收入總額或成本費用總額的。

納稅人不屬於以上情形的，核定其應納所得稅額。

(三)核定徵收的方法

1. 稅務機關採用下列方法核定企業應納所得稅額

(1) 參照當地同類行業或者類似行業中經營規模和收入水平相近的納稅人的稅負水平核定;

(2) 按照應稅收入額或成本費用支出額定率核定;

(3) 按照耗用的原材料、燃料、動力等推算或測算核定;

(4) 按照其他合理方法核定。

採用上面所列的一種方法不足以正確核定應納稅所得額或應納稅額的,可以同時採用兩種以上的方法核定。採用兩種以上方法測算的應納稅額不一致時,可按測算的應納稅額從高核定。

2. 核定應稅所得率徵收計算

應納所得稅額 = 應納稅所得額 × 適用稅率

應納稅所得額 = 應稅收入額 × 應稅所得率

或:應納稅所得額 = 成本(費用)支出額/(1 - 應稅所得率)× 應稅所得率

實行應稅所得率方式核定徵收企業所得稅的納稅人,經營多業的,無論其經營項目是否單獨核算,均由稅務機關根據其主營項目確定適用的應稅所得率。

應稅所得率按表7-2規定的幅度標準確定:

表7-2　　　　　　　　　　　應稅所得率的幅度標準

行業	應稅所得率(％)
農、林、牧、漁業	3~10
製造業	5~15
批發和零售貿易業	4~15
交通運輸業	7~15
建築業	8~20
飲食業	8~25
娛樂業	15~30
其他行業	10~30

納稅人的生產經營範圍、主營業務發生重大變化,或者應納稅所得額或應納稅額增減變化達到20%的,應及時向稅務機關申報調整已確定的應納稅額或應稅所得率。

三、境外所得稅收抵免

境外已納稅額扣除,是避免國際間對同一所得重複徵稅的一項重要措施。企業取得的下列所得已在境外繳納的所得稅稅額,可以從其當期應納稅額中抵免,抵免限額為該項所得依照稅法規定計算的應納稅額;超過抵免限額的部分,可以在以後5個年

度內，用每年度抵免限額抵免當年應抵稅額后的餘額進行抵補：

（1）居民企業來源於中國境外的應稅所得。

（2）非居民企業在中國境內設立機構、場所，取得發生在中國境外但與該機構、場所有實際聯繫的應稅所得。

已在境外繳納的所得稅稅額，是指來源於中國境外的所得依照中國境外稅收法律以及相關規定應當繳納並已經實際繳納的企業所得稅性質的稅款。

抵免限額是指企業來源於中國境外的所得依照中國稅法規定計算的應納稅額，採用分國不分項的計算原則，其計算公式如下：

某國（地區）所得稅抵免限額＝中國境內、境外所得依照《企業所得稅法》及實施條例規定計算的應納稅總額×來源於某國（地區）的應納稅所得額÷中國境內、境外應納稅所得總額。

【例7－4】某企業2015年度境內應納稅所得額為100萬元，適用25%的企業所得稅稅率。另外，該企業分別在A、B兩國設有分支機構（中國與A、B兩國已經締結避免雙重徵稅協定），在A國分支機構的應納稅所得額為30萬元，A國企業所得稅稅率為20%；在B國的分支機構的應納稅所得額為50萬元，B國企業所得稅稅率為30%。兩個分支機構在A、B兩國分別繳納了6萬元和15萬元的企業所得稅。

要求：計算該企業匯總時在中國應繳納的企業所得稅稅額。

【解析】：（1）該企業按中國稅法計算的境內、境外所得的應納稅額。

應納稅額＝（100＋30＋50）×25%＝45（萬元）

（2）A、B兩國的扣除限額。

A國扣除限額＝45×［30÷（100＋30＋50）］＝7.5（萬元）

B國扣除限額＝45×［50÷（100＋30＋50）］＝12.5（萬元）

在A國繳納的所得稅為6萬元，低於扣除限額7.5萬元，可全額扣除。

在B國繳納的所得稅為15萬元，高於扣除限額12.5萬元，其超過扣除限額的部分2.5萬元當年不能扣除。

（3）匯總時在中國應繳納的所得稅＝45－6－12.5＝26.5（萬元）

四、非居民企業應納稅額的計算

對於在中國境內未設立機構、場所的，或者雖設立機構、場所，但取得的所得與其所設機構、場所沒有實際聯繫的非居民企業的所得，按照下列方法計算應納稅所得額：

（1）股息、紅利等權益性投資收益和利息、租金、特許權使用費所得，以收入全額為應納稅所得額。

（2）轉讓財產所得，以收入全額減除財產淨值后的餘額為應納稅所得額。財產淨值是指財產的計稅基礎減除已經按照規定扣除的折舊、折耗、攤銷、準備金等后的餘額。

（3）其他所得，參照前兩項規定的方法計算應納稅所得額。

【例7-5】某外國公司在中國境內未設立機構、場所，2015年取得境內甲公司支付的貸款利息收入100萬元，取得乙公司支付的財產轉讓收入80萬元，該項財產淨值60萬元。2015年該外國公司在中國應繳納的企業所得稅是多少？

【解析】：應納企業所得稅 = (100 + 80 − 60) × 10% = 12（萬元）

五、非居民企業所得稅核定徵收辦法

非居民企業因會計帳簿不健全，資料殘缺難以查帳，或者其他原因不能準確計算並據實申報其應納稅所得額的，稅務機關有權採取以下方法核定其應納稅所得額。

1. 按收入總額核定應納稅所得額

應納稅所得額 = 收入總額 × 經稅務機關核定的利潤率

2. 按成本費用核定應納稅所得額

應納稅所得額 = 成本費用總額 ÷ (1 − 經稅務機關核定的利潤率) × 經稅務機關核定的利潤率

3. 按經費支出換算收入核定應納稅所得額

應納稅所得額 = 經費支出總額 ÷ (1 − 經稅務機關核定的利潤率 − 營業稅稅率) × 經稅務機關核定的利潤率

4. 稅務機關可按照以下標準確定非居民企業的利潤率

（1）從事承包工程作業、設計和諮詢勞務的，利潤率為15%~30%；
（2）從事管理服務的，利潤率為30%~50%；
（3）從事其他勞務或勞務以外經營活動的，利潤率不低於15%。

第六節　企業所得稅的徵收管理

一、特別納稅調整

特別納稅調整是指企業與其關聯方之間的業務往來，不符合獨立交易原則而減少企業或者其關聯方應納稅收入或者所得額的，稅務機關有權按照合理方法調整。企業與其關聯方共同開發、受讓無形資產，或者共同提供、接受勞務發生的成本，在計算應納稅所得額時應當按照獨立交易原則進行分攤。

關聯方是指與企業有關聯關係的企業、其他組織或者個人。
（1）在資金、經營、購銷等方面存在直接或者間接的控制關係。
（2）直接或者間接地同為第三者控制。
（3）在利益上具有相關聯的其他關係。

獨立交易原則，是指沒有關聯關係的交易各方，按照公平成交價格和營業常規進行業務往來遵循的原則。

二、源泉扣繳

（1）對非居民企業在中國境內未設立機構、場所的，或者雖設立機構、場所但取

得的所得與其所設機構、場所沒有實際聯繫的所得應繳納的所得稅實行源泉扣繳，以支付人為扣繳義務人。稅款由扣繳義務人在每次支付或者到期應支付時，從支付或者到期應支付的款項中扣繳。

對非居民企業在中國境內取得工程作業和勞務所得應繳納的所得稅，稅務機關可以指定工程價款或者勞務費的支付人為扣繳義務人。

（2）依照稅法規定應當扣繳的所得稅，扣繳義務人未依法扣繳或者無法履行扣繳義務的，由納稅人在所得發生地繳納。納稅人未依法繳納的，稅務機關可以從該納稅人在中國境內其他收入項目的支付人應付的款項中，追繳該納稅人的應納稅款。

（3）扣繳義務人每次代扣的稅款，應當自代扣之日起七日內繳入國庫，並向所在地的稅務機關報送扣繳企業所得稅報告表。

三、納稅地點

（1）除稅收法律、行政法規另有規定外，居民企業以企業登記註冊地為納稅地點；但登記註冊地在境外的，以實際管理機構所在地為納稅地點。其中企業註冊登記地，是指企業依照國家有關規定登記註冊的住所地。

（2）居民企業在中國境內設立不具有法人資格的營業機構的，應當匯總計算並繳納企業所得稅。企業匯總計算並繳納企業所得稅時，應當統一核算應納稅所得額，具體辦法由國務院財政、稅務主管部門另行制定。

（3）非居民企業在中國境內設立機構、場所的，應當就其所設機構、場所取得的來源於中國境內的所得，以及發生在中國境外但與其所設機構、場所有實際聯繫的所得，以機構、場所所在地為納稅地點。

（4）非居民企業在中國境內未設立機構、場所的，或者雖設立機構、場所，但取得的所得與其所設機構、場所沒有實際聯繫的所得，以扣繳義務人所在地為納稅地點。

（5）除國務院另有規定外，企業之間不得合併繳納企業所得稅。

四、納稅期限

企業所得稅按年計徵，分月或者分季預繳，年終匯算清繳，多退少補。

企業所得稅的納稅年度，自公曆每年1月1日起至12月31日止。企業在一個納稅年度的中間開業，或者由於合併、關閉等原因終止經營活動，使該納稅年度的實際經營期不足12個月的，應當以其實際經營期為一個納稅年度。企業清算時，應當以清算期間作為一個納稅年度。

企業應當自月份或者季度終了之日起15日內，向稅務機關報送預繳企業所得稅納稅申報表，預繳稅款。自年度終了之日起5個月內，向稅務機關報送年度企業所得稅納稅申報表，並匯算清繳，結清應繳應退稅款。

企業在報送企業所得稅納稅申報表時，應當按照規定附送財務會計報告和其他有關資料。

企業在年度中間終止經營活動的，應當自實際經營終止之日起60日內，向稅務機關辦理當期企業所得稅匯算清繳。

本章小結

思考與練習題

一、單項選擇題

1. 按照《企業所得稅法》和實施條例規定，下列各項中哪個屬於非居民企業（　　）。
   A. 在黑龍江省工商局登記註冊的企業
   B. 在美國註冊但實際管理機構在哈爾濱的外資獨資企業
   C. 在美國註冊的企業設在蘇州的辦事處
   D. 在黑龍江省註冊但在中東開展工程承包的企業

2. 2015年3月1日，某大型工業企業以經營租賃方式租入固定資產使用，租期1年，一次性交付租金12萬元；6月1日以融資租賃方式租入機械設備一臺，租期2年，當年支付租金15萬元。公司計算當年企業應納稅所得額時應扣除的租賃費用為（　　）萬元。
   A. 10　　　　B. 12　　　　C. 15　　　　D. 27

3. 某企業（增值稅一般納稅人）2015年由於管理不善，庫存的一批外購材料丟失，該批材料是數月前從農業生產者手中收購取得的農產品，已抵扣進項稅額，帳面成本30,450元，保險公司審理後同意賠付30,000元，稅務機關接受了該企業資產損失的專項申報，在企業所得稅前可扣除的損失金額為（　　）元。
   A. 450　　　B. 1,850.5　　　C. 4,408.5　　　D. 5,000

4. 某企業2015年度境內所得應納稅所得額為400萬元，全年已預繳稅款25萬元，來源於境外某國稅前所得100萬元，境外實納稅款20萬元，該企業當年匯算清繳應補（退）的稅款為（　　）萬元。
   A. 50　　　　B. 60　　　　C. 70　　　　D. 80

5. 某白酒生產企業因擴大生產規模新建廠房，由於自有資金不足，2015年1月1日向銀行借入長期借款1筆，金額為1,000萬元，貸款年利率是4.2%。2015年1月1日該廠房開始建設，9月30日房屋交付使用，則2015年度該企業可以在稅前直接扣除的該項借款費用是（　　）萬元。

A. 36.6   B. 35.4   C. 32.7   D. 31.5

6. 某批發兼零售的居民企業，2015年度自行申報營業收入總額350萬元、成本費用總額370萬元，當年虧損20萬元。經稅務機關審核，該企業申報的收入總額無法核實，成本費用核算正確，依據規定對其採取核定徵收。應稅所得稅率為8%，該企業2015年度應繳納企業所得稅（　　）萬元。

A. 7   B. 7.4   C. 7.61   D. 8.04

二、多項選擇題

1. 企業繳納的下列保險金可以在稅前直接扣除的有（　　）。
   A. 為特殊工種的職工支付的人身安全保險費
   B. 為沒有工作的董事長夫人繳納的社會保險費用
   C. 為投資者或者職工支付的商業保險費
   D. 企業為投資者支付的補充養老保險

2. 根據《企業所得稅法》的規定，在計算企業所得稅應納稅所得額時，下列項目不得在企業所得稅稅前扣除的有（　　）。
   A. 外購貨物管理不善發生的損失　　B. 違反法律被司法部門處以的罰金
   C. 非廣告性質的贊助支出　　D. 銀行按規定加收的罰息

3. 下列各項中，屬於企業所得稅徵收稅範圍的有（　　）。
   A. 居民企業來源於境外的所得
   B. 設立機構、場所的非居民企業，其機構、場所來源於中國境內的所得
   C. 未設立機構、場所的非居民企業來源於中國境外的所得
   D. 居民企業來源於中國境內的所得

4. 根據《企業所得稅法》的規定，以下適用25%稅率的是（　　）。
   A. 在中國境內的居民企業
   B. 在中國境內設有機構場所，且所得與其機構、場所有關聯的非居民企業
   C. 在中國境內設有機構場所，但所得與其機構、場所沒有實際聯繫的非居民企業
   D. 在中國境內未設立機構場所的非居民企業

5. 納稅人下列行為應視同銷售確認所得稅收入的有（　　）。
   A. 將貨物用於投資　　B. 將商品用於捐贈
   C. 將產品用於集體福利　　D. 將產品用於在建工程

6. 下列稅金中，可在企業所得稅前扣除的有（　　）
   A. 可抵扣的增值稅　　B. 土地增值稅
   C. 房產稅　　D. 資源稅

三、判斷題

1. 納稅人發生年度虧損的，可以用下一納稅年度的所得彌補；下一納稅年度的所得不足彌補的，可以逐年延續彌補，但是延續彌補期最長不得超過5年。這裡說的虧損，是指會計利潤小於零。（　　）

2. 對於在中國境內未設立機構、場所的非居民企業，其來源於中國境內的所得應繳納的企業所得稅，由支付人在每次支付或者到期支付時，從支付或者到期應支付的款項中扣繳。（ ）

3. 納稅人接受捐贈的貨幣性收入屬於應稅收入，納稅人接受捐贈的非貨幣性資產不屬於應稅收入。（ ）

4. 企業在匯總計算繳納企業所得稅時，其境外營業機構的虧損可以抵減境內營業機構的盈利。（ ）

5. 企業開發新技術、新產品、新工藝發生的研究開發費用，未形成資產計入當期損益的，在按規定據實扣除的基礎上，按照研究開發費用的50%加計扣除；形成無形資產的，不得加計攤銷。（ ）

6. 企業在納稅年度內發生虧損，則無須向稅務機關報送預繳所得稅申報表、年度企業所得稅申報表、財務會計報告和稅務機關規定應當報送的其他資料。（ ）

四、計算題

1. 某市生產企業為增值稅一般納稅人，為居民企業。2015年度發生相關業務如下：

（1）銷售產品取得不含稅銷售額8,000萬元，債券利息收入240萬元（其中國債利息收入30萬元）；應扣除的銷售成本5,100萬元，繳納增值稅600萬元、城市維護建設稅及教育附加60萬元。

（2）發生銷售費用1,400萬元，其中廣告費用800萬元、業務宣傳費用450萬元。發生財務費用200萬元，其中支付向某企業流動資金週轉借款2,000萬元一年的借款利息160萬元（同期銀行貸款利率為6%）；發生管理費用1,100萬元，其中用於新產品、新工藝研製而實際支出的研究開發費用400萬元。

（3）2013年度、2014年度經稅務機關確認的虧損額分別為70萬元和40萬元。

（4）2015年度在A、B兩國分別設立兩個全資子公司，其中在A國設立了甲公司，在B國設立乙公司。2015年，甲公司虧損30萬美元，乙公司應納稅所得額50萬美元。乙公司在B國按20%的稅率繳納了所得稅。

（說明：該企業要求其全資子公司稅后利潤全部匯回；1美元=6.3元人民幣）

要求：計算該企業2015年度實際應繳納的企業所得稅。

2. 某企業為居民企業，2015年發生經營業務如下：

（1）取得產品銷售收入4,000萬元；

（2）發生產品銷售成本2,600萬元；

（3）發生銷售費用770萬元（其中廣告費650萬元）；管理費用480萬元（其中業務招待費25萬元）；財務費用60萬元；

（4）銷售稅金160萬元（含增值稅120萬元）；

（5）營業外收入80萬元，營業外支出50萬元（含通過公益性社會團體向貧困山區捐款30萬元，支付稅收滯納金6萬元）；

（6）計入成本、費用中的實發工資總額200萬元、撥繳職工工會經費5萬元、發

生職工福利費 31 萬元、發生職工教育經費 7 萬元。

要求：計算該企業 2015 年度應納的企業所得稅。

第七章練習題答案　　　　　　　　　　　　**【案例分析】**

第八章 個人所得稅

【學習目標】

通過本章的學習，理解個人所得稅的含義及特點；掌握居民納稅人和非居民納稅人的劃分標準；熟練掌握個人所得稅的徵收範圍及各種應稅所得之間的區別、稅率的適用；在此基礎上，重點掌握個人所得稅的不同的應稅所得的計稅方法和特定收入的計稅方法以及應納稅額的計算；瞭解個人所得稅的徵收管理。

【導入案例】

某集團公司張經理2016年各項收入情況如下：每月工資6,200元，12月分得年終獎金90,000元；與某大學王教授合著一本專業著作，取得稿酬收入20,000元，其中：張經理分得稿酬12,000元，並拿出3,000元捐贈給希望工程基金會；在A國某大學講學取得酬金折合人民幣80,000元，已按A國稅法規定繳納個人所得稅折合人民幣10,000元。什麼是個人所得稅？張經理應怎樣計算個人所得稅？

第一節 個人所得稅概述

一、個人所得稅的概念

個人所得稅是以自然人取得的各類應稅所得為徵稅對象而徵收的一種所得稅，是政府利用稅收對個人收入進行調節的一種手段。個人所得稅的徵稅對象不僅包括個人還包括具有自然人性質的企業。

二、個人所得稅的發展歷程

個人所得稅是世界各國普遍開徵的一個稅種，最早誕生於18世紀的英國，它在調節收入分配、緩解貧富懸殊、促進社會穩定、增加財政收入等方面發揮了積極的作用，被稱為經濟調節的「內在穩定器」。

中國的個人所得稅法誕生於1980年，1980年9月10日第五屆全國人民代表大會第三次會議審議通過了《個人所得稅法》，並同時公布實施。1986年和1987年，國務院根據中國社會經濟發展的狀況，為了有效調節社會成員收入水平的差距，分別發布了《城鄉個體工商業戶所得稅暫行條例》和《個人收入調節稅暫行條例》，從而形成

了中國對個人所得課稅三個稅收法律、法規並存的狀況。1993 年 10 月 31 日第八屆全國人民代表大會常務委員會第四次會議通過了《關於修改〈中華人民共和國個人所得稅法〉的決定》，同時公布了修改后的《個人所得稅法》，自 1994 年 1 月 1 日起施行。之後的 1999 年 8 月、2005 年 10 月、2007 年 6 月、2007 年 12 月，全國人大相繼對 1993 年頒布的《個人所得稅法》進行了微調。2011 年 6 月 30 日，十一屆全國人大常委會第二十一次會議表決通過了關於第六次修改《個人所得稅法》的決定，修訂后的《個人所得稅法》自 2011 年 9 月 1 日起施行。

三、個人所得稅的特點

（一）實行分類徵收

世界各國的個人所得稅制大體分為三種類型：分類徵收制、綜合徵收制和混合徵收制。分類徵收制，是將納稅人不同來源、性質的所得項目，分別規定不同的稅率徵稅；綜合徵收制，是對納稅人全年的各項所得加以匯總，就其總額進行徵稅；混合徵收制，是對納稅人不同來源、性質的所得先分別按照不同的稅率徵稅，然后將全年的各項所得進行匯總徵稅。目前中國個人所得稅的徵收採用的是分類徵收制。

（二）累進稅率與比例稅率並用

中國現行個人所得稅根據各類個人所得的不同性質和特點，對工資薪金所得、個體工商戶的生產經營所得、企事業單位的承包承租經營所得，採用累進稅率；對於勞務報酬、稿酬等其他所得，採用比例稅率。

（三）採取源泉扣繳和自行申報兩種徵稅方法

對納稅人的應納稅額分別採用由支付單位源泉扣繳和納稅人自行申報兩種方法，既便於稅收徵管，又有利於增強納稅人的納稅意識。

第二節 個人所得稅的基本要素

一、個人所得稅納稅義務人

個人所得稅的納稅義務人，包括中國公民、個體工商業戶以及在中國有所得的外籍人員（包括無國籍人員，下同）和香港、澳門、臺灣同胞。上述納稅義務人依據住所和居住時間兩個標準，區分為居民和非居民，分別承擔不同的納稅義務。

（一）居民納稅義務人

居民納稅義務人負有無限納稅義務。其所取得的應納稅所得，無論是來源於中國境內還是中國境外任何地方，都要在中國繳納個人所得稅。根據《個人所得稅法》規定，居民納稅義務人是指在中國境內有住所，或者無住所而在中國境內居住滿 1 年的個人。

所謂在中國境內有住所的個人，是指因戶籍、家庭、經濟利益關係，而在中國境

內習慣性居住的個人。這裡所說的習慣性居住，是判定納稅義務人屬於居民還是非居民的一個重要依據。它是指個人因學習、工作、探親等原因消除之後，沒有理由在其他地方繼續居留時所要回到的地方。而不是指實際居住或在某一個特定時期內的居住地。一個納稅人因學習、工作、探親、旅遊等原因，原來是在中國境外居住，但是在這些原因消除之後，如果必須回到中國境內居住的，則中國為該人的習慣性居住地。儘管該納稅義務人在一個納稅年度內，甚至連續幾個納稅年度，都未在中國境內居住過1天，他仍然是中國居民納稅義務人，應就其來自全球的應納稅所得向中國繳納個人所得稅。

所謂在境內居住滿1年，是指在一個納稅年度（即公曆1月1日起至12月31日止，下同）內，在中國境內居住滿365日。在計算居住天數時，對臨時離境應視同在華居住，不扣減其在華居住的天數。這裡所說的臨時離境，是指在一個納稅年度內，一次不超過30日或者多次累計不超過90日的離境。

(二) 非居民納稅義務人

非居民納稅義務人，是指不符合居民納稅義務人判定標準（條件）的納稅義務人，非居民納稅義務人承擔有限納稅義務，即僅就其來源於中國境內的所得，向中國繳納個人所得稅。《個人所得稅法》規定，非居民納稅義務人是「在中國境內無住所又不居住或者無住所而在境內居住不滿1年的個人」。

納稅義務人及其納稅義務示意圖如圖9-1所示。

圖9-1　納稅人及其納稅義務示意圖

二、個人所得稅徵稅對象

(一) 工資、薪金所得

工資、薪金所得，是指個人因任職或者受雇而取得的工資、薪金、獎金、年終加薪、勞動分紅、津貼、補貼以及任職或者受雇有關的其他所得。

根據中國目前個人收入的構成情況，規定對於一些不屬於工資、薪金性質的補貼、津貼或者不屬於納稅人本人工資、薪金所得項目的收入，不予徵稅。這些項目包括：

(1) 獨生子女補貼；

(2) 執行公務員工資制度未納入基本工資總額的補貼、津貼差額和家屬成員的副食品補貼；

(3) 托兒補助費；

(4) 差旅費津貼、誤餐補助。

(二) 個體工商戶的生產、經營所得

個體工商戶的生產、經營所得，是指：

(1) 個體工商戶從事工業、手工業、建築業、交通運輸業、商業、飲食業、服務業、修理業及其他行業取得的所得。

(2) 個人經政府有關部門批准，取得執照，從事辦學、醫療、諮詢以及其他有償服務活動取得的所得。

(3) 上述個體工商戶和個人取得的與生產、經營有關的各項應稅所得。

(4) 個人因從事彩票代銷業務而取得所得，應按照「個體工商戶的生產、經營所得」項目計徵個人所得稅。

(5) 其他個人從事個體工商業生產、經營取得的所得。

(6) 從事個體出租車運營的出租車駕駛員取得的收入，按個體工商戶的生產、經營所得項目繳納個人所得稅。

出租車屬個人所有，但掛靠出租汽車經營單位或企事業單位，駕駛員向掛靠單位繳納管理費的，或出租汽車經營單位將出租車所有權轉移給駕駛員的，出租車駕駛員從事客貨運營取得的收入，比照個體工商戶的生產、經營所得項目徵稅。

出租汽車經營單位對出租車駕駛員採取單車承包或承租方式運營，出租車駕駛員從事客貨運營取得的收入，按工資、薪金所得項目徵稅。

(7) 個體工商戶和從事生產、經營的個人，取得與生產、經營活動無關的其他各項應稅所得，應分別按照其他應稅項目的有關規定，計算徵收個人所得稅。如取得銀行存款的利息所得、對外投資取得的股息所得，應按「股息、利息、紅利」稅目的規定單獨計徵個人所得稅。

(8) 個人獨資企業、合夥企業的個人投資者以企業資金為本人、家庭成員及其相關人員支付與企業生產經營無關的消費性支出及購買汽車、住房等財產性支出，視為企業對個人投資者利潤分配，並入投資者個人的生產經營所得，依照「個體工商戶的生產經營所得」項目計徵個人所得稅。

(三) 企事業單位的承包經營、承租經營的所得

對企事業單位的承包經營、承租經營所得，是指個人承包經營或承租經營以及轉包、轉租取得的所得。承包項目可分多種，如生產經營、採購、銷售、建築安裝等各種承包。轉包包括全部轉包或部分轉包。

(四) 勞務報酬所得

勞務報酬所得，指個人獨立從事設計、裝潢、安裝、制圖、化驗、測試、醫療、法律、諮詢、講學、新聞、廣播、翻譯、審稿、書畫、雕刻、影視、錄音、演出、表演、廣告、展覽、技術服務、介紹服務、經紀服務、代辦服務以及其他勞務取得的所得。

在實際操作過程中，工資、薪金所得與勞務報酬所得易於混淆。兩者的主要區別在於：工資、薪金所得是屬於非獨立個人勞務活動，即在機關、團體、學校、部隊、企業、事業單位及其他組織中任職、受雇而得到的報酬；而勞務報酬所得，則是個人獨立從事各種技藝、提供各項勞務取得的報酬。

(五) 稿酬所得

稿酬所得，是指個人因其作品以圖書、報刊形式出版、發表而取得的所得。將稿酬所得獨立劃歸一個徵稅項目，而對不以圖書、報刊形式出版、發表的翻譯、審稿、書畫所得歸為勞務報酬所得，主要是考慮了出版、發表作品的特殊性。①它是一種依靠較高智力創作的精神產品；②它具有普遍性；③它與社會主義精神文明和物質文明密切相關；④它的報酬相對偏低。因此，稿酬所得應當與一般勞務報酬相對區別，並給予適當優惠照顧。

(六) 特許權使用費所得

特許權使用費所得，是指個人提供專利權、商標權、著作權、非專利技術以及其他特許權的使用權取得的所得。提供著作權的使用權取得的所得不包括稿酬所得。

(七) 利息、股息、紅利所得

利息、股息、紅利所得是指個人擁有債權、股權而取得的利息、股息、紅利所得。

除個人獨資企業、合夥企業以外的其他企業的個人投資者，以企業資金為本人、家庭成員及相關人員支付與生產經營無關的消費性支出以及購買汽車、住房等財產性支出，視為企業對個人投資者的紅利分配，按「利息、股息、紅利所得」項目計徵個人所得稅。

納稅年度內個人投資者從其投資企業（個人獨資企業、合夥企業除外）借款，在該納稅年度終了后既不歸還，又未用於企業生產經營的，其未歸還的借款可視為企業對個人投資者的紅利分配，按「利息、股息、紅利所得」項目計徵個人所得稅。

(八) 財產租賃所得

財產租賃所得，是指個人出租建築物、土地使用權、機器設備、車船以及其他財產取得的所得。個人取得的財產轉租收入，屬於「財產租賃所得」的徵稅範圍，由財

產轉租人繳納個人所得稅。

(九) 財產轉讓所得

財產轉讓所得，是指個人轉讓有價證券、股權、建築物、土地使用權、機器設備、車船以及其他財產取得的所得。

在現實生活中，個人進行的財產轉讓主要是個人財產所有權的轉讓。財產轉讓實際上是一種買賣行為，當事人雙方通過簽訂、履行財產轉讓合同，形成財產買賣的法律關係，使出讓財產的個人從對方取得價款（收入）或其他經濟利益。財產轉讓所得因其性質的特殊性，需要單獨列舉項目徵稅。對個人取得的各項財產轉讓所得，除股票轉讓所得外，都要徵收個人所得稅。

(十) 偶然所得

偶然所得，是指個人得獎、中獎、中彩以及其他偶然性質的所得。得獎是指參加各種有獎競賽活動，取得名次得到的獎金；中獎、中彩是指參加各種有獎活動，如有獎銷售、有獎儲蓄，或者購買彩票，經過規定程序，抽中、搖中號碼而取得的獎金。偶然所得應繳納的個人所得稅稅款，一律由發獎單位或機構代扣代繳。

(十一) 經國務院財政部門確定徵稅的其他所得

除上述列舉的各項個人應稅所得外，其他確有必要徵稅的個人所得，由國務院財政部門確定。個人取得的所得，難以界定應納稅所得項目的，由主管稅務機關確定。

三、個人所得稅稅率

個人所得稅的稅率按所得項目不同分別確定為：

(一) 工資、薪金所得適用稅率

工資、薪金所得，適用七級超額累進稅率，稅率為3%～45%（見表8-1）。

表8-1　　　　　　　　工資、薪金所得個人所得稅稅率表

級數	全月應納稅所得額	稅率（％）	速算扣除數
1	不超過1,500元的	3	0
2	超過1,500～4,500元的部分	10	105
3	超過4,500～9,000元的部分	20	555
4	超過9,000～35,000元的部分	25	1,005
5	超過35,000～55,000元的部分	30	2,775
6	超過55,000～80,000元的部分	35	5,505
7	超過80,000元的部分	45	13,505

(二) 個體工商戶的生產、經營所得和對企事業單位的承包經營、承租經營所得適用稅率

個體工商戶的生產、經營所得和對企事業單位的承包經營、承租經營所得，適用

5%～35%的超額累進稅率（見表8－2）。

表8－2　個體工商戶的生產、經營所得和對企事業單位的承包經營、承租經營所得個人所得稅稅率表

級數	全年應納稅所得額	稅率（％）	速算扣除數
1	不超過15,000元的	5	0
2	超過15,000～30,000的部分	10	750
3	超過30,000～60,000元的部分	20	3,750
4	超過60,000～100,000元部分	30	9,750
5	超過100,000元的部分	35	14,750

值得注意的是，由於目前實行承包（租）經營的形式較多，分配方式也不相同，因此，承包、承租人適用的稅率也不一致。

（1）承包、承租人對企業經營成果不擁有所有權，僅按合同（協議）規定取得一定所得的，應按「工資、薪金所得」稅目徵收個人所得稅；

（2）承包、承租人按合同（協議）規定只向發包方、出租方繳納一定的費用，繳納承包、承租費用后的企業的經營成果歸承包、承租人所有的，其取得的所得，按「對企事業單位承包、承租經營所得」稅目徵收個人所得稅。

（三）稿酬所得適用稅率

稿酬所得，適用比例稅率，稅率為20％，並按應納稅額減徵30％。故其實際稅率為14％。

（四）勞務報酬所得適用稅率

勞務報酬所得，適用比例稅率，稅率為20％。對勞務報酬所得一次收入畸高的，可以實行加成徵收，具體辦法由國務院規定。

根據《個人所得稅法實施條例》規定。「勞務報酬所得一次收入畸高」，是指個人一次取得勞務報酬，其應納稅所得額超過20,000元。對應納稅所得額超過20,000～50,000元的部分，依照稅法規定計算應納稅額後再按照應納稅額加徵五成；超過50,000元的部分，加徵十成。因此，勞務報酬所得實際上適用20％、30％、40％的三級超額累進稅率（見表8－3）。

表8－3　勞務報酬所得個人所得稅稅率表

級數	每次應納稅所得額	稅率（％）	速算扣除數
1	不超過20,000元的部分	20	0
2	超過20,000～50,000元的部分	30	2,000
3	超過50,000元的部分	40	7,000

（五）特許權使用費所得、利息、股息、紅利所得、財產租賃所得、財產轉讓所得、偶然所得和其他所得適用稅率

特許權使用費所得、利息、股息、紅利所得、財產租賃所得、財產轉讓所得、偶然所得和其他所得，適用比例稅率，稅率為20%。

自2008年10月9日起暫免徵收儲蓄存款利息的個人所得稅。對個人出租居民住房取得的所得減按10%的稅率徵收個人所得稅。

四、個人所得稅的稅收優惠

(一) 免稅項目

（1）省級人民政府、國務院部委和中國人民解放軍軍以上單位以及外國組織、國際組織頒發的科學、教育、技術、文化、衛生、體育、環境保護等方面的獎金。

（2）國債和國家發行的金融債券利息。其中，國債利息，是指個人持有中華人民共和國財政部發行的債券而取得的利息；國家發行的金融債券利息，是指個人持有經國務院批准發行的金融債券而取得的利息所得。

（3）按照國家統一規定發給的補貼、津貼。是指按照國務院規定發給的政府特殊津貼、院士津貼、資深院士津貼和國務院規定免納個人所得稅的補貼、津貼。

（4）福利費、撫恤金、救濟金。其中，福利費是指根據國家有關規定，從企業、事業單位、國家機關、社會團體提留的福利費或者從工會經費中支付給個人的生活補助費；救濟金是指國家民政部門支付給個人的生活困難補助費。

（5）保險賠款。

（6）軍人的轉業安置費、復員費。

（7）按照國家統一規定發給幹部、職工的安家費、退職費、退休工資、離休工資、離休生活補助費。

（8）依照中國有關法律規定應予免稅的各國駐華使館、領事館的外交代表、領事官員和其他人員的所得。

（9）中國政府參加的國際公約、簽訂的協議中規定免稅的所得。

（10）經國務院財政部門批准免稅的所得。

(二) 減稅項目

有下列情形之一的，經批准可以減徵個人所得稅：

（1）殘疾、孤老人員和烈屬的所得。

（2）因嚴重自然災害造成重大損失的。

（3）其他經國務院財政部門批准減稅的。

上述減稅項目的減徵幅度和期限，由省、自治區、直轄市人民政府規定。

第三節　個人所得稅應納稅額的計算

　　個人所得稅的計稅依據即應納稅所得額。由於個人所得稅的應稅項目不同，並且取得某項所得所需費用也不相同，因此，計算個人應納稅所得額，需按不同應稅項目分項計算。以某項應稅項目的收入額減去稅法規定的該項費用減除標準后的餘額，為該項應納稅所得額。

　　中國現行的個人所得稅，根據其所得的不同情況分別實行定額、定率和會計核算三種扣除辦法。

　　（1）工資、薪金所得採取定額扣除的辦法；

　　（2）個體工商戶的生產、經營所得和對企事業單位的承包經營、承租經營所得及財產轉讓所得，涉及生產、經營有關成本或費用的支出，採取會計核算辦法扣除；

　　（3）勞務報酬所得、稿酬所得、特許權使用費所得、財產租賃所得，採取定額和定率兩種扣除辦法；

　　（4）利息、股息、紅利所得、偶然所得和其他所得，不得扣除任何費用。

一、工資、薪金所得應納稅額的計算

　　工資、薪金所得，以每月收入額減除費用 3,500 元后的餘額為應納稅所得額。

　　但是，考慮到外籍人員和在境外工作的中國公民的生活水平比國內公民要高，而且，中國匯率的變化情況對他們的工資、薪金所得也有一定的影響。為了不因徵收個人所得稅而加重他們的負擔，現行稅法對外籍人員和在境外工作的中國公民的工資、薪金所得增加了附加減除費用的照顧。

　　國務院在發布的《個人所得稅法實施條例》中，對附加減除費用適用的範圍和標準作了具體規定：

（一）附加減除費用適用的範圍

　　（1）在中國境內的外商投資企業和外國企業中工作取得工資、薪金所得的外籍人員。

　　（2）應聘在中國境內的企業、事業單位、社會團體、國家機關中工作取得工資、薪金所得的外籍專家。

　　（3）在中國境內有住所而在中國境外任職或者受雇取得工資、薪金所得的個人。

　　（4）財政部確定的取得工資、薪金所得的其他人員。

（二）附加減除費用標準

　　上述適用範圍內的人員每月工資、薪金所得在減除 3,500 元費用的基礎上，再減除 1,300 元。

（三）華僑和香港、澳門、臺灣同胞參照上述附加減除費用標準執行

　　工資、薪金所得應納稅額的計算公式為：

應納稅額＝應納稅所得額×適用稅率－速算扣除數

＝（每月收入額－3,500元或4,800元）×適用稅率－速算扣除數

【例8-1】某經理為中國公民，10月工資6,000元。計算其10月應繳納的個人所得稅。

【解析】應納稅額＝（6,000－3,500）×10%－105＝145（元）

二、個體工商戶的生產、經營所得應納稅額的計算

個體工商戶包括：依法取得個體工商戶營業執照，從事生產經營的個體工商戶；經政府有關部門批准，從事辦學、醫療、諮詢等有償服務活動的個人；其他從事個體生產、經營的個人。以業主為個人所得稅納稅義務人。

個體工商戶的生產、經營所得，以每一納稅年度的收入總額，減除成本、費用、稅金、損失、其他支出以及允許彌補的以前年度虧損后的餘額，為應納稅所得額。其計算以權責發生制為原則，屬於當期的收入和費用，不論款項是否收付，均作為當期的收入和費用；不屬於當期的收入和費用，即使款項已經在當期收付，均不作為當期收入和費用。具體計算公式：

應納稅所得額＝收入總額－（成本＋費用＋準予扣除的稅金＋損失＋其他支出）－規定的費用扣除－允許彌補的以前年度虧損

應納稅額＝應納稅所得額×適用稅率－速算扣除數

(一) 收入總額

收入總額是指個體工商戶從事生產經營以及與生產經營有關的活動（以下簡稱生產經營）取得的貨幣形式和非貨幣形式的各項收入，包括：銷售貨物收入、提供勞務收入、轉讓財產收入、利息收入、租金收入、接受捐贈收入、其他收入。其他收入包括個體工商戶資產溢餘收入、逾期一年以上的未退包裝物押金收入、確實無法償付的應付款項、已作壞帳損失處理後又收回的應收款項、債務重組收入、補貼收入、違約金收入、匯兌收益等。

(二) 稅前扣除項目

個體工商戶發生的支出應當區分收益性支出和資本性支出。收益性支出在發生當期直接扣除；資本性支出應當分期扣除或者計入有關資產成本，不得在發生當期直接扣除。

1. 稅前扣除項目的範圍

成本是指個體工商戶在生產經營活動中發生的銷售成本、銷貨成本、業務支出以及其他耗費；

費用是指個體工商戶在生產經營活動中發生的銷售費用、管理費用和財務費用，已經計入成本的有關費用除外；

稅金是指個體工商戶在生產經營活動中發生的除個人所得稅和允許抵扣的增值稅以外的各項稅金及其附加；

损失是指个体工商户在生产经营活动中发生的固定资产和存货的盘亏、毁损、报废损失、转让财产损失、坏账损失、自然灾害等不可抗力因素造成的损失以及其他损失；

其他支出是指除成本、费用、税金、损失外，个体工商户在生产经营活动中发生的与生产经营活动有关的、合理的支出。

2. 税前扣除项目的标准

（1）个体工商户实际支付给从业人员的合理的工资薪金支出，准予扣除。个体工商户业主的费用扣除标准为每月 3,500 元，其工资薪金支出不得税前扣除。

（2）个体工商户按照国务院有关主管部门或者省级人民政府规定的范围和标准为其业主和从业人员缴纳的基本养老保险费、基本医疗保险费、失业保险费、生育保险费、工伤保险费和住房公积金，准予扣除。

个体工商户为从业人员缴纳的补充养老保险费、补充医疗保险费，分别在不超过从业人员工资总额5%标准内的部分据实扣除；超过部分，不得扣除。

个体工商户业主本人缴纳的补充养老保险费、补充医疗保险费，以当地（地级市）上年度社会平均工资的 3 倍为计算基数，分别在不超过该计算基数5%标准内的部分据实扣除；超过部分，不得扣除。

（3）除个体工商户依照国家有关规定为特殊工种从业人员支付的人身安全保险费和财政部、国家税务总局规定可以扣除的其他商业保险费外，个体工商户业主本人或者为从业人员支付的商业保险费，不得扣除。

（4）个体工商户在生产经营活动中发生的合理的不需要资本化的借款费用，准予扣除。

（5）个体工商户在生产经营活动中发生的下列利息支出，准予扣除：向金融企业借款的利息支出；向非金融企业和个人借款的利息支出，不超过按照金融企业同期同类贷款利率计算的数额的部分。

（6）个体工商户向当地工会组织拨缴的工会经费、实际发生的职工福利费支出、职工教育经费支出分别在工资薪金总额的2%、14%、2.5%的标准内据实扣除。

工资薪金总额是指允许在当期税前扣除的工资薪金支出数额。

职工教育经费的实际发生数额超出规定比例当期不能扣除的数额，准予在以后纳税年度结转扣除。

个体工商户业主本人向当地工会组织缴纳的工会经费、实际发生的职工福利费支出、职工教育经费支出，以当地（地级市）上年度社会平均工资的 3 倍为计算基数，分别在工资薪金总额的2%、14%、2.5%的标准内据实扣除。

（7）个体工商户发生的与生产经营活动有关的业务招待费，按照实际发生额的60%扣除，但最高不得超过当年销售（营业）收入的5‰。

（8）个体工商户每一纳税年度发生的与其生产经营活动直接相关的广告费和业务宣传费不超过当年销售（营业）收入15%的部分，可以据实扣除；超过部分，准予在以后纳税年度结转扣除。

（9）个体工商户参加财产保险，按照规定缴纳的保险费，准予扣除。

(10) 個體工商戶根據生產經營活動的需要租入固定資產支付的租賃費，按照以下方法扣除：以經營租賃方式租入固定資產發生的租賃費支出，按照租賃期限均勻扣除；以融資租賃方式租入固定資產發生的租賃費支出，按照規定構成融資租入固定資產價值的部分應當提取折舊費用，分期扣除。

(11) 個體工商戶通過公益性社會團體或者縣級以上人民政府及其部門，用於《中華人民共和國公益事業捐贈法》規定的公益事業的捐贈，捐贈額不超過其應納稅所得額30%的部分可以據實扣除。

(12) 個體工商戶研究開發新產品、新技術、新工藝所發生的開發費用，以及研究開發新產品、新技術而購置單臺價值在10萬元以下的測試儀器和試驗性裝置的購置費準予直接扣除；單臺價值在10萬元以上（含10萬元）的測試儀器和試驗性裝置，按固定資產管理，不得在當期直接扣除。

(13) 個體工商戶代其從業人員或者他人負擔的稅款，不得稅前扣除。

(14) 個體工商戶按照規定繳納的攤位費、行政性收費、協會會費等，按實際發生數額扣除。

(15) 個體工商戶發生的合理的勞動保護支出，準予扣除。

(16) 個體工商戶自申請營業執照之日起至開始生產經營之日止所發生符合本辦法規定的費用，除為取得固定資產、無形資產的支出，以及應計入資產價值的匯兌損益、利息支出外，作為開辦費，個體工商戶可以選擇在開始生產經營的當年一次性扣除，也可自生產經營月份起在不短於3年期限內攤銷扣除，但一經選定，不得改變。

開始生產經營之日為個體工商戶取得第一筆銷售（營業）收入的日期。

(17) 個體工商戶在貨幣交易中，以及納稅年度終了時將人民幣以外的貨幣性資產、負債按照期末即期人民幣匯率中間價折算為人民幣時產生的匯兌損失，除已經計入有關資產成本部分外，準予扣除。

3. 不得扣除的項目

個體工商戶下列支出不得扣除：

(1) 個人所得稅稅款；

(2) 稅收滯納金；

(3) 罰金、罰款和被沒收財物的損失；

(4) 不符合扣除規定的捐贈支出；

(5) 贊助支出，是指個體工商戶發生的與生產經營活動無關的各種非廣告性質支出；

(6) 用於個人和家庭的支出，個體工商戶生產經營活動中，應當分別核算生產經營費用和個人、家庭費用。對於生產經營與個人、家庭生活混用難以分清的費用，其40%視為與生產經營有關費用，準予扣除；

(7) 與取得生產經營收入無關的其他支出；

(8) 國家稅務總局規定不準扣除的支出。

個人獨資企業和合夥企業比照「個體工商戶的生產經營所得」應稅項目，計算徵收個人所得稅。個人獨資企業的投資者以全部生產經營所得為應納稅所得額；合夥企

業的投資者按照合夥企業的全部生產經營所得和合夥協議約定的分配比例確定應納稅所得額，合夥協議沒有約定分配比例的，以全部生產經營所得和合夥人數量平均計算每個投資者的應納稅所得額。

【例 8－2】

某個體工商戶徐某從事運輸服務，帳證健全，全年取得的收入總額為 70 萬元，準予扣除的成本、費用以及相關支出合計為 63 萬元，其中含徐某每月領取的工資 4,200 元。計算徐某當年應納的個人所得稅。

【解析】全年應納稅所得額 ＝ 70－63＋0.42×12－0.35×12 ＝ 7.84（萬元）

全年應納稅額 ＝ 78,400×30%－9,750＝13,770（元）

三、對企事業單位承包經營、承租經營所得應納稅額的計算

對企事業單位的承包經營、承租經營所得，以每一納稅年度的收入總額，減除必要費用後的餘額，為應納稅所得額。每一納稅年度的收入總額，是指納稅義務人按照承包經營、承租經營合同規定分得的經營利潤和工資、薪金性質的所得；所說的減除必要費用，是指按月減除 3,500 元。

對企事業單位的承包經營、承租經營所得，其個人所得稅應納稅額的計算公式為：

應納稅額＝應納稅所得額×適用稅率－速算扣除數

＝（納稅年度收入總額－必要費用）×適用稅率－速算扣除數

在一個納稅年度中，承包經營或者承租經營期限不足 1 年的，以其實際經營期為納稅年度。

【例 8－3】2017 年 1 月 1 日，張某與某事業單位簽訂承包經營招待所合同，承包期為 3 年。當年招待所實現承包經營利潤 150,000 元（含承包人工資報酬 60,000 元），按合同規定承包人每年應從承包經營利潤中上繳承包費 30,000 元。計算承包人當年應納個人所得稅稅額。

【解析】年應納稅所得額＝承包經營利潤－上繳費用－每月必要費用扣減合計

＝150,000－30,000－（3,500×12）＝78,000（元）

應納稅額＝年應納稅所得額×適用稅率－速算扣除數

＝78,000 ×30%－9,750＝13,650（元）

四、勞務報酬所得應納稅額的計算

勞務報酬所得，每次收入不超過 4,000 元的，減除費用 800 元；4,000 元以上的，減除 20% 的費用，其餘額為應納稅所得額。

對勞務報酬所得，其個人所得稅應納稅額的計算公式為：

（一）每次收入不足 4,000 元的

應納稅額＝應納稅所得額×適用稅率

＝（每次收入額－800）×20%

（二）每次收入在4,000元以上的，應納稅所得額不足20,000元的

　　應納稅額＝應納稅所得額×適用稅率＝每次收入額×（1－20%）×20%

（三）每次收入的應納稅所得額超過20,000元的

　　應納稅額＝應納稅所得額×適用稅率－速算扣除數

　　　　　　＝每次收入額×（1－20%）×適用稅率－速算扣除數

　　勞務報酬所得，根據不同勞務項目的特點，對「次」的規定為：①只有一次性收入的，以取得該項收入為一次。例如從事設計、安裝、裝潢、制圖、化驗、測試等勞務，往往是接受客戶的委託，按照客戶的要求，完成一次勞務後取得收入。因此，是屬於只有一次性的收入，應以每次提供勞務取得的收入為一次。②屬於同一事項連續取得收入的，以1個月內取得的收入為一次。例如，某歌手與一卡拉OK廳簽約，在一年內每天到卡拉OK廳演唱一次，每次演出後獲酬200元。在計算其勞務報酬所得時，應視為同一事項的連續性收入，以其1個月內取得的收入為一次計徵個人所得稅，而不能以每天取得的收入為一次。

　　【例8－4】某演員3月份到某地演出，取得演出報酬收入50,000元，計算該演員當月應納的個人所得稅。

　　【解析】應納稅額＝每次收入額×（1－20%）×適用稅率－速算扣除數
　　　　　　　　　　＝50,000×（1－20%）×30%－2,000＝10,000（元）

五、稿酬所得應納稅額的計算

　　稿酬所得，每次收入不超過4,000元的，減除費用800元；4,000元以上的，減除20%的費用，其餘額為應納稅所得額。

　　稿酬所得應納稅額的計算公式為：

（一）每次收入不足4,000元的

　　應納稅額＝應納稅所得額×適用稅率×（1－30%）

　　　　　　＝（每次收入額－800）×20%×（1－30%）

（二）每次收入在4,000元以上的

　　應納稅額＝應納稅所得額×適用稅率×（1－30%）

　　　　　　＝每次收入額×（1－20%）×20%×（1－30%）

　　稿酬所得，以每次出版、發表取得的收入為一次。具體可細分為：

　　(1) 同一作品再版取得的所得，應視作另一次稿酬所得計徵個人所得稅。

　　(2) 同一作品先在報刊上連載，然後再出版，或先出版，再在報刊上連載的，應視為兩次稿酬所得徵稅。即連載作為一次，出版作為另一次。

　　(3) 同一作品在報刊上連載取得收入的，以連載完成後取得的所有收入合併為一次，計徵個人所得稅。

　　(4) 同一作品在出版和發表時，以預付稿酬或分次支付稿酬等形式取得的稿酬收

入，應合併計算為一次。

（5）同一作品出版、發表后，因添加印數而追加稿酬的，應與以前出版、發表時取得的稿酬合併計算為一次，計徵個人所得稅。

【例8-5】某大學教授2016年度稿酬收入如下：

【解析】：（1）公開發表論文兩篇，分別取得500元和1,800元稿酬。

（2）2013年4月出版一本專著，取得稿酬12,000元。2016年重新修訂后再版，取得稿酬13,500元。

（3）2016年2月編著一本教材出版，取得稿酬5,600元。同年5月添加印數，取得追加稿酬5,200元。

要求：計算該教授2016年度稿酬所得應納個人所得稅。

【解析】（1）應納稅額 =（1,800－800）×20%×（1－30%）＝140（元）

（2）應納稅額 = 13,500 ×（1－20%）×20%×（1－30%）＝ 1,512（元）

（3）應納稅額 =（5,600＋5,200）×（1－20%）×20%×（1－30%）
　　　　　　＝1,209.6（元）

該教授2015年度稿酬所得應納個人所得稅 ＝140＋1,512＋1,209.6 ＝ 2,861.6（元）

六、特許使用費所得應納稅額的計算

特許權使用費所得，每次收入不超過4,000元的，減除費用800元；4,000元以上的，減除20%的費用，其餘額為應納稅所得額。

特許權使用費所得應納稅額的計算公式為：

（一）每次收入不足4,000元的

應納稅額 = 應納稅所得額 × 適用稅率 =（每次收入額－800）×20%

（二）每次收入在4,000元以上的

應納稅額 = 應納稅所得額 × 適用稅率 = 每次收入額 ×（1－20%）×20%

特許權使用費所得，以某項使用權的一次轉讓所取得的收入為一次。如果該次轉讓取得的收入是分筆支付的，則應將各筆收入相加為一次的收入，計徵個人所得稅。

七、財產租賃所得應納稅額的計算

財產租賃所得，以1個月內取得的收入為一次。個人出租財產取得的財產租賃收入不含增值稅，在計算繳納個人所得稅時，應依次扣除以下費用但不包括本次出租繳納的增值稅：

（1）財產租賃過程中繳納的稅費。在確定財產租賃的應納稅所得額時，納稅人在出租財產過程中繳納的稅金和教育費附加，可持完稅（繳款）憑證，從其財產租賃收入中扣除。

（2）由納稅人負擔的該出租財產實際開支的修繕費用。允許扣除的修繕費用，以

每次 800 元為限。一次扣除不完的，準予在下一次繼續扣除，直到扣完為止。

(3) 稅法規定的費用扣除標準。每次收入不超過 4,000 元的，減除費用 800 元；4,000 元以上的，減除 20% 的費用，其餘額為應納稅所得額。

財產租賃所得應納稅額的計算公式為：

應納稅額 = 應納稅所得額 × 適用稅率

【例 8-6】小張於 1 月將其自有的面積為 120 平方米的房屋出租給王某居住，租期 1 年。小張每月取得的租金收入 2,000 元，全年租金收入 24,000 元（不含增值稅）。計算小張全年租金收入應繳納的個人所得稅。

【解析】財產租賃收入以每月內取得的收入為一次，因此，小張每月及全年應納稅額為：

(1) 每月應納稅額 =（2,000 - 800）× 10% = 120（元）
(2) 全年應納稅額 = 120 × 12 = 1,440（元）

假定上例中，當年 3 月份因下水道堵塞找人修理，發生修理費用 500 元，有維修部門的正式收據，則 3 月份和全年的應納稅額為：

(1) 3 月份應納稅額 =（2,000 - 500 - 800）× 10% = 70（元）
(2) 全年應納稅額 = 120 × 11 + 70 = 1,390（元）

八、財產轉讓所得應納稅額的計算

財產轉讓所得，以轉讓財產的收入額減除財產原值和合理費用後的餘額，為應納稅所得額。

財產原值，是指：

(1) 有價證券，為買入價以及買入時按照規定交納的有關費用。
(2) 建築物，為建造費或者購進價格以及其他有關費用。
(3) 土地使用權，為取得土地使用權所支付的金額，開發土地的費用以及其他有關費用。
(4) 機器設備、車船，為購進價格、運輸費、安裝費以及其他有關費用。
(5) 其他財產，參照以上方法確定。

納稅義務人未提供完整、準確的財產原值憑證，不能正確計算財產原值的，由主管稅務機關核定其財產原值。

合理費用，是指賣出財產時按照規定支付的有關費用。

個人轉讓房屋的個人所得稅應稅收入不含增值稅，其取得房屋時所支付價款中包含的增值稅計入財產原值，計算轉讓所得時可扣除的稅費不包括本次轉讓繳納的增值稅。

財產轉讓所得應納稅額的計算公式為：

應納稅額 = 應納稅所得額 × 適用稅率
　　　　 =（收入總額 - 財產原值 - 合理稅費）× 20%

個人轉讓自用 5 年以上並且是家庭唯一生活用房的所得免徵個人所得稅。

【例 8-7】某人建房一幢，造價 38,000 元，支付費用 3,000 元。該人轉讓房屋，售價 64,000 元（不含增值稅），在賣房過程中按規定支付交易費等有關費用 3,500 元（不含增值稅），其應納個人所得稅稅額的計算過程為：

【解析】應納稅所得額 = 財產轉讓收入 - 財產原值 - 合理費用

$$= 64,000 - (38,000 + 3,000) - 3,500$$
$$= 19,500 （元）$$

應納稅額 = 19,500 × 20% = 3,900（元）

個人以非貨幣性資產投資，屬於個人轉讓非貨幣性資產和投資同時發生。對個人轉讓非貨幣性資產的所得，應按照「財產轉讓所得」項目，依法計算繳納個人所得稅。應按評估後的公允價值確認非貨幣性資產轉讓收入。非貨幣性資產轉讓收入減除該資產原值及合理稅費後的餘額為應納稅所得額。納稅人一次性繳稅有困難的，可合理確定分期繳納計劃並報主管稅務機關備案後，自發生上述應稅行為之日起不超過 5 個公歷年度內（含）分期繳納個人所得稅。

九、利息、股息、紅利所得的應納稅額的計算

利息、股息、紅利所得應納稅額的計算公式為：

應納稅額 = 應納稅所得額 × 適用稅率 = 每次收入額 × 20%

十、偶然所得和其他所得的應納稅額的計算

偶然所得和其他所得以每次收入為一次，不扣除任何費用。

其應納稅額的計算公式為：

應納稅額 = 應納稅所得額 × 適用稅率 = 每次收入額 × 20%

十一、應納稅額計算的特殊問題

(一) 對個人取得全年一次性獎金等計算徵收個人所得稅的方法

全年一次性獎金是指行政機關、企事業單位等扣繳義務人根據其全年經濟效益和對僱員全年工作業績的綜合考核情況，向僱員發放的一次性獎金。一次性獎金也包括年終加薪、實行年薪制和績效工資辦法的單位根據考核情況兌現的年薪和績效工資。

納稅人取得全年一次性獎金，單獨作為 1 個月工資、薪金所得計算納稅，自 2005 年 1 月 1 日起按以下計稅辦法，由扣繳義務人發放時代扣代繳：

1. 先將僱員當月內取得的全年一次性獎金，除以 12 個月，按其商數確定適用稅率和速算扣除數。

如果在發放年終一次性獎金的當月，僱員當月工資薪金所得低於稅法規定的費用扣除額，應將全年一次性獎金減除「僱員當月工資薪金所得與費用扣除額的差額」後的餘額，按上述辦法確定全年一次性獎金的適用稅率和速算扣除數。

2. 將僱員個人當月內取得的全年一次性獎金，按上述第 1 條確定的適用稅率和速算扣除數計算徵稅，計算公式如下：

(1) 如果雇員當月工資薪金所得高於（或等於）稅法規定的費用扣除額的。適用公式為：

應納稅額＝雇員當月取得全年一次性獎金×適用稅率－速算扣除數

(2) 如果雇員當月工資薪金所得低於稅法規定的費用扣除額的，適用公式為：

應納稅額＝（雇員當月取得全年一次性獎金－雇員當月工資薪金所得與費用扣除額的差額）×適用稅率－速算扣除數

3. 在一個納稅年度內，對每一個納稅人，該計稅辦法只允許採用一次。

4. 雇員取得除全年一次性獎金以外的其他各種名目獎金，如半年獎、季度獎、加班獎、先進獎、考勤獎等，一律與當月工資、薪金收入合併，按稅法規定繳納個人所得稅。

(二) 兩個以上的納稅人共同取得同一項所得的計稅問題

兩個或兩個以上的納稅義務人共同取得同一項所得的（如共同寫作一部著作而取得稿酬所得），可以對每個人分得的收入分別減除費用，並計算各自應納稅款。

(三) 公益、救濟性捐贈

個人將其所得通過中國境內的社會團體、國家機關向教育和其他社會公益事業以及遭受嚴重自然災害地區、貧困地區捐贈，捐贈額未超過納稅義務人申報的應納稅所得額30％的部分，可以從其應納稅所得額中扣除。

【例8－8】王女士購買福利彩票，一次中獎10萬元，通過民政部門向貧困地區捐贈50,000元，計算張小姐應納的個人所得稅。

【解析】：捐贈扣除限額＝100,000×30％＝30,000（元）

實際捐贈50,000元，超過扣除限額，則允許扣除的捐贈額為30,000元。

王女士應納個人所得稅稅額＝（100,000－30,000）×20％＝14,000（元）

(四) 境外所得的稅額扣除

在對納稅人的境外所得徵稅時，會存在其境外所得已在來源國家或者地區繳納過個人所得稅的情況。為了避免雙重徵稅，中國在對納稅人的境外所得行使稅收管轄權時，對該所得在境外已納稅額採取了分不同情況從應徵稅額中予以扣除的做法。

稅法規定，「納稅義務人從中國境外取得的所得，準予其在應納稅額中扣除已在外繳納的個人所得稅稅額。但扣除額不得超過該納稅義務人境外所得依照中國稅法規定計算的應納稅額。」

(1) 已在境外繳納的個人所得稅稅額，是指納稅義務人從中國境外取得的所得，依照該所得來源國家或者地區的法律應當繳納並且實際已經繳納的稅額。

(2) 依照中國稅法規定計算的應納稅額，是指納稅義務人從中國境外取得的所得。區別不同國家或者地區和不同應稅項目，依照中國稅法規定的費用減除標準和適用稅率計算的應納稅額；同一國家或者地區內不同應稅項目，依照中國稅法計算的應納稅額之和，為該國家或者地區的扣除限額。

(3) 納稅義務人在中國境外一個國家或者地區實際已經繳納的個人所得稅稅額，

低於依照上述規定計算出的該國家或者地區扣除限額的，應當在中國繳納差額部分的稅款；超過該國家或者地區扣除限額的，其超過部分不得在本納稅年度的應納稅額中扣除，但是可以在以後納稅年度的該國家或者地區扣除限額的餘額中補扣，補扣期限最長不得超過 5 年。

【例 8-9】某納稅人在某納稅年度，從 A、B 兩國取得應稅收入。其中：在 A 國一公司任職，取得工資、薪金收入 69,600 元（平均每月 5,800 元），因提供一項專利技術使用權，一次取得特許權使用費收入 30,000 元，該兩項收入在 A 國繳納個人所得稅 5,000 元；因在 B 國出版著作，獲得稿酬收入（版稅）15,000 元，並在 B 國繳納該項收入的個人所得稅 1,720 元。計算該納稅人在中國境內應繳納的個人所得稅。

【解析】：（1）A 國所納個人所得稅的抵減：

①工資、薪金所得。該納稅義務人從 A 國取得的工資、薪金收入，應每月減除費用 4,800 元，其餘額按超額累進稅率表的適用稅率計算應納稅額。

每月應納稅額為：(5,800 - 4,800) × 3% - 25 = 30（元）

全年應納稅額為：30 × 12（月份數）= 360（元）

②特許權使用費所得。該納稅義務人從 A 國取得的特許權使用費收入，應減除 20% 的費用，其餘額按 20% 的比例稅率計算應納稅額，應為：

應納稅額：30,000 ×（1 - 20%）× 20%（稅率）= 4,800（元）

根據計算結果，該納稅義務人從 A 國取得應稅所得在 A 國繳納的個人所得稅額的抵減限額為 5,160 元（360 + 4,800）。其在 A 國實際繳納個人所得稅 5,000 元，低於抵減限額，可以全額抵扣，並需在中國補繳差額部分的稅款，計 160 元（5,160 - 5,000）。

（2）B 國所納個人所得稅的抵減：

按照中國稅法的規定，該納稅義務人從 B 國取得的稿酬收入，應減除 20% 的費用，就其餘額按 20% 的稅率計算應納稅額並減徵 30%。計算結果為：

[15,000 ×（1 - 20%）× 20%] ×（1 - 30%）= 1,680（元）

即其抵扣限額為 1,680 元。該納稅義務人的稿酬所得在 B 國實際繳納個人所得稅 1,720 元，超出抵減限額 40 元，不能在本年度扣除，但可在以後 5 個納稅年度的該國減除限額的餘額中補減。

綜合上述計算結果，該納稅義務人在本納稅年度中的境外所得，應在中國補繳個人所得稅 160 元。其在 B 國繳納的個人所得稅未抵減完的 40 元，可按中國稅法規定的前提條件下補減。

第四節　個人所得稅的徵收管理

個人所得稅的納稅辦法。有自行申報納稅和代扣代繳兩種。

一、自行申報納稅

自行申報納稅，是由納稅人自行在稅法規定的納稅期限內，向稅務機關申報取得的應稅所得項目和數額，如實填寫個人所得稅納稅申報表，並按照稅法規定計算應納稅額，據此繳納個人所得稅的一種方法。

(一) 自行申報納稅的納稅義務人

(1) 自 2006 年 1 月 1 日起，年所得 12 萬元以上的；
(2) 從中國境內兩處或者兩處以上取得工資、薪金所得的；
(3) 從中國境外取得所得的；
(4) 取得應稅所得，沒有扣繳義務人的；
(5) 國務院規定的其他情形。

(二) 自行申報納稅的申報期限

(1) 年所得 12 萬元以上的納稅人，在納稅年度終了后 3 個月內向主管稅務機關辦理納稅申報。

(2) 個體工商戶和個人獨資、合夥企業取得的生產、經營所得應納的稅款，按年計算，分月預繳的，由納稅義務人每月終了后 15 日內辦理納稅申報；分季預繳的，在每個季度終了后 15 日內辦理納稅申報預繳。年度終了后 3 個月內匯算清繳，多退少補。

(3) 對企事業單位的承包經營、承租經營所得應納的稅款，按年計算，由納稅義務人在年度終了后 30 日內繳入國庫，並向稅務機關報送納稅申報表。納稅義務人在一年內分次取得承包經營、承租經營所得的，應當在取得每次所得后的 15 日內預繳，年度終了后 3 個月內匯算清繳，多退少補。

(4) 從中國境外取得所得的納稅義務人，應當在年度終了后 30 日內，將應納的稅款繳入國庫，並向稅務機關報送納稅申報表。

(5) 除以上規定的情形外，納稅人取得其他各項所得須申報納稅的，在取得所得的次月 15 日內向主管稅務機關辦理納稅申報。

(6) 納稅人不能按照規定的期限辦理納稅申報，需要延期的，按照《稅收徵管法》和《稅收徵管法實施細則》的有關規定辦理。

(三) 自行申報納稅的申報方式

納稅人可以採取數據電文、郵寄等方式申報，也可以直接到主管稅務機關申報，或者採取符合主管稅務機關規定的其他方式申報。納稅人採取郵寄方式申報的，以郵政部門掛號信函收據作為申報憑據，以寄出的郵戳日期為實際申報日期。

納稅人也可以委託有稅務代理資質的仲介機構或者他人代為辦理納稅申報。

(四) 自行申報納稅的申報地點

(1) 在中國境內有任職、受雇單位的，向任職、受雇單位所在地主管稅務機關申報。

(2) 在中國境內有兩處或者兩處以上任職、受雇單位的，選擇並固定向其中一處

單位所在地主管稅務機關申報。

（3）在中國境內無任職、受雇單位，年所得項目中有個體工商戶的生產、經營所得或者對企事業單位的承包經營、承租經營所得（以下統稱生產、經營所得）的，向其中一處實際經營所在地主管稅務機關申報。

（4）在中國境內無任職、受雇單位，年所得項目中無生產、經營所得的，向戶籍所在地主管稅務機關申報。在中國境內有戶籍，但戶籍所在地與中國境內經常居住地不一致的，選擇並固定向其中一地主管稅務機關申報。在中國境內沒有戶籍的，向中國境內經常居住地主管稅務機關申報。

（5）其他所得的納稅人，納稅申報地點分別為：

①從兩處或者兩處以上取得工資、薪金所得的，選擇並固定向其中一處單位所在地主管稅務機關申報。

②從中國境外取得所得的，向中國境內戶籍所在地主管稅務機關申報。在中國境內有戶籍，但戶籍所在地與中國境內經常居住地不一致的，選擇並固定向其中一地主管稅務機關申報。在中國境內沒有戶籍的，向中國境內經常居住地主管稅務機關申報。

③個體工商戶向實際經營所在地主管稅務機關申報。

④個人獨資、合夥企業投資者興辦兩個或兩個以上企業的，區分不同情形確定納稅申報地點：興辦的企業全部是個人獨資性質的，分別向各企業的實際經營管理所在地主管稅務機關申報；興辦的企業中含有合夥性質的，向經常居住地主管稅務機關申報；興辦的企業中含有合夥性質，個人投資者經常居住地與其興辦企業的經營管理所在地不一致的，選擇並固定向其參與興辦的某一合夥企業的經營管理所在地主管稅務機關申報；除以上情形外，納稅人應當向取得所得所在地主管稅務機關申報。

納稅人不得隨意變更納稅申報地點，因特殊情況變更納稅申報地點的，須報原主管稅務機關備案。

（五）自行申報納稅的申報管理

（1）主管稅務機關應當將各類申報表，登載到稅務機關的網站上，或者擺放到稅務機關受理納稅申報的辦稅服務廳，免費供納稅人隨時下載或取用。

（2）主管稅務機關應當在每年法定申報期間，通過適當方式，提醒年所得12萬元以上的納稅人辦理自行納稅申報。

（3）受理納稅申報的主管稅務機關根據納稅人的申報情況，按照規定辦理稅款的徵、補、退、抵手續。

（4）主管稅務機關按照規定為已經辦理納稅申報並繳納稅款的納稅人開具完稅憑證。

（5）稅務機關依法為納稅人的納稅申報信息保密。

（6）納稅人變更納稅申報地點，並報原主管稅務機關備案的，原主管稅務機關應當及時將納稅人變更納稅申報地點的信息傳遞給新的主管稅務機關。

（7）主管稅務機關對已辦理納稅申報的納稅人建立納稅檔案，實施動態管理。

二、代扣代繳納稅

代扣代繳，是指按照稅法規定負有扣繳稅款義務的單位或者個人，在向個人支付應納稅所得時，應計算應納稅額，從其所得中扣出並繳入國庫，同時向稅務機關報送扣繳個人所得稅報告表。這種方法，有利於控制稅源、防止漏稅和逃稅。

凡支付個人應納稅所得的企業（公司）、事業單位、機關、社團組織、軍隊、駐華機構（不包括外國駐華使領館和聯合國及其他依法享有外交特權和豁免的國際組織駐華機構）、個體戶等單位或者個人，為個人所得稅的扣繳義務人。

扣繳義務人向個人支付下列所得，應代扣繳個人所得稅：工資、薪金所得；對企事業單位的承包經營、承租經營所得；勞務報酬所得；稿酬所得；特許權使用費所得；利息、股息、紅利所得；財產租賃所得；財產轉讓所得；偶然所得；經國務院財政部門確定徵稅的其他所得。

扣繳義務人每月所扣的稅款，應當在次月 15 日內繳入國庫，並向主管稅務機關報送扣繳個人所得稅報告表、代扣代收稅款憑證和包括每一納稅人姓名、單位、職務、收入、稅款等內容的支付個人收入明細表以及稅務機關要求報送的其他有關資料。

扣繳義務人對納稅人的應扣未扣的稅款，其應納稅款仍然由納稅人繳納，扣繳義務人應承擔應扣未扣稅款 50% 以上至 3 倍的罰款。

本章小結

思考與練習題

一、單項選擇題

1. 美國商人大衛先生 2010 年 2 月 20 日來華工作，2011 年 3 月 25 日回國，2011 年 4 月 15 日返回中國，2011 年 10 月 10 日至 2011 年 10 月 30 日期間，赴歐洲洽談業務，2011 年 11 月 1 日返回中國，后於 2012 年 6 月 20 日離開中國回美國。則該納稅人屬於中國居民納稅人的年度是（　　）。

　　A. 2010 年度　　　　　　　　　　B. 2011 年度
　　C. 2012 年度　　　　　　　　　　D. 這幾年均不是中國居民納稅人

2. 某作家將自己的一部作品的使用權提供給一個製片廠，所取得收入應屬於

(　　)。
A. 特許權使用費所得　　　　　　B. 稿酬所得
C. 財產租賃所得　　　　　　　　D. 財產轉讓所得

3. 中國公民甲、乙共同為一企業研發一種新產品，完成後從該企業一次性取得85,000元收入，甲分得45,000元，則二人共繳稅款（　　）元。
A. 14,400　　B. 16,400　　C. 20,400　　D. 18,400

4. 國內某作家的一篇小說在一家日報上連載兩個月，第一個月月末報社支付稿酬3,000元；第二個月月末報社支付稿酬15,000元。該作家兩個月所獲稿酬應繳納的個人所得稅為（　　）元。
A. 1,988　　B. 2,016　　C. 2,296　　D. 2,408

5. 下列各項中，屬於勞務報酬所得的有（　　）。
A. 發表論文取得的報酬　　　　　B. 提供著作權的使用權取得的報酬
C. 將外國小說翻譯出版取得的報酬　D. 受託從事文字翻譯取得的報酬

6. 某人抽獎抽中一等獎，獎金18,000元，該人拿出3,500元通過民政局捐贈給予敬老院，則其應納所得稅為（　　）元。
A. 2,900　　B. 3,400　　C. 3,200　　D. 3,600

二、多項選擇題

1. 下列屬於個人所得稅居民納稅人的有（　　）。
A. 在珠海有房產出租收入的美國居民
B. 2010年回國定居的某大學教授
C. 到國外進修1年的某公司經理
D. 2010年5月3日至2011年6月28日來華工作的外國專家

2. 將個人所得稅的納稅義務人區分為居民納稅人和非居民納稅人，依據的標準有（　　）。
A. 住所　　　　　　　　　　　　B. 境內工作時間
C. 取得收入的工作地　　　　　　D. 居住時間

3. 下列以一個月內取得的收入為一次計徵個人所得稅的項目有（　　）。
A. 財產租賃所得
B. 在雜誌上連載三個月的小說稿酬所得
C. 分月取得的財產轉讓所得
D. 屬於同一事項連續取得的勞務報酬所得

4. 採用定額和定率兩種扣除辦法的個人所得稅應稅所得項目有（　　）。
A. 特許權使用費所得　　　　　　B. 勞務報酬所得
C. 稿酬所得　　　　　　　　　　D. 偶然所得

5. 下列項目中計徵個人所得稅時，允許從總收入中減除費用800元的有（　　）
A. 稿酬3,500元
B. 在有獎銷售中一次性獲獎2,000元

C. 提供諮詢服務一次取得收入 3,000 元

D. 轉讓房屋收入 100,000 元

6. 下列各項中，應按照「特許權使用費所得」項目計徵個人所得稅的有（　　）。

A. 作家轉讓著作權取得的收入

B. 作家拍賣自己的文學作品手稿複印件取得的收入

C. 作家拍賣寫作用過的金筆取得的收入

D. 作家拍賣收藏的已故另一作家文學作品手稿取得的收入

三、計算題

中國公民張某為某境外上市公司高科技公司的員工，2015 年 1～12 月的收入情況如下：

（1）每月取得工資 4,500 元，年度末取得年終獎金 5,000 元；

（2）1 月份出版一本書，取得稿酬 5,000 元。該書 6～8 月被某晚報連載，6 月份取得稿費 1,000 元，7 月份取得稿費 2,000 元，8 月份取得稿費 1,500 元；

（3）受邀請提供培訓收入 20,000 元，從中拿出 6,000 元，通過國家機關捐給了貧困山區；

（4）7 月將位於市區的一套房屋出租，租期一年，每月租金 2,500 元，10 月發生修繕費用 900 元，每月已經按照規定繳納了營業稅、房產稅、城建稅和教育費附加等 182.5 元；

（5）9 月將其擁有的兩處住房中的一套已使用 7 年的住房出售，轉讓收入 220,000 元，該房產造價 120,000 元，另支付交易費用等相關稅費 4,000 元；

（6）11 月將 2008 年出版的一部作品的使用權進行轉讓，取得收入 30,000 元；

（7）在美國講學取得收入 18,000 元，取得股息所得 35,000 元，已分別繳納了個人所得稅 3,000 元和 6,000 元。

要求：請根據上述資料計算張某 2015 年應在中國繳納的個人所得稅。

第八章練習題答案

【案例分析】

第九章　印花稅和契稅

【學習目標】

理解印花稅和契稅的納稅人、徵稅對象和稅率，掌握印花稅和契稅應納稅額的計算，瞭解其申報繳納。

第一節　印花稅

引言

2011年12月某稅務人員到某建築公司查帳。通過檢查各類帳簿，發現該公司「工程往來」帳戶長期與某一異地建築隊有經濟往來。該公司與異地的建築工程隊是何關係，有無簽訂建築工程承包合同，經與該公司會計人員座談瞭解，否認有轉包、分包建築工程事項。帶著這一疑點，檢查人員有針對性的外查該異地建築隊。經查實，該異地的建築隊長期掛靠在該公司名下，僅2011年就從該公司接收轉包、分包工程697萬元，分包、轉包合同書5份，均未申報繳納印花稅。稅務人員將稽查結果通知該公司，並對該公司工程承包合同進行了詳細核查，查實該公司只就其總包合同申報繳納了印花稅，對外部建築隊的分包、轉包合同金額均未申報繳納稅款，有意隱瞞分包、轉包合同，偷漏印花稅2,091元。什麼是印花稅，中國對建造工程承包合同的印花稅是如何規定的呢？

一、印花稅概述

(一) 印花稅的概念

印花稅是對經濟活動和經濟交往中書立、使用、領受的憑證所徵收的一種稅。因由納稅人自行在應稅憑證上粘貼印花稅票完稅而得名。1624年印花稅始創於荷蘭，目前世界各國都普遍徵收，是一種歷史悠久的稅種。中國現行印花稅法的基本規範，是1998年8月6日國務院發布並於同年10月1日實施的《中華人民共和國印花稅暫行條例》。徵收印花稅有利於增加財政收入，有利於配合和加強對經濟合同的監督管理，有利於培養納稅意識，也有利於配合對其他應納稅種的監督管理。

(二) 印花稅的特點

1. 徵稅範圍廣

印花稅的徵稅對象是經濟活動和經濟交往中書立、領受應稅憑證的行為，其徵稅範圍十分廣泛。凡稅法列舉的合同或者合同性質的憑證、產權轉移書據、營業帳簿及權利、許可證照等都必須依法納稅。

2. 稅率低，稅負輕

印花稅的稅率或稅額明顯低於其他稅種，最低比例稅率為應稅憑證所載金額的為萬分之零點五，一般都為萬分之幾或千分之幾；定額稅率為每件應稅憑證5元。

3. 納稅人自行完稅

印花稅主要通過納稅人自行計算、自行購花、自行貼花並註銷或畫銷完成，即「三自」的納稅方法。這不同於其他稅種是先由納稅人辦理申報納稅，再由稅務機關審核確定其應納稅額，然后由納稅人辦理納稅交款手續。

二、印花稅的基本要素

(一) 印花稅的徵稅範圍

印花稅共有13個稅目，列入稅目的就要徵稅，未列入稅目的不徵稅。

(1) 購銷合同，包括供應、預購、採購、購銷結合及協作、調劑、補償、貿易等合同；還包括出版單位與發行單位之間訂立的圖書、報紙、期刊和音像製品的應稅憑證，例如訂購單、訂數單等，還包括發電廠與電網之間、電網與電網之間（國家電網公司系統、南方電網公司系統內部各級電網互供電量除外）簽訂的購售電合同，但是，電網與用戶之間簽訂的供電合同不徵收印花稅。

(2) 加工承攬合同，包括加工、定做、修繕、修理、印刷、廣告、測繪、測試等合同。

(3) 建設工程勘察設計合同，包括建設工程勘察合同和建設工程設計合同。

(4) 建築安裝工程承包合同，包括建築、安裝工程承包合同。承包合同包括總承包合同、分包合同和轉包合同。

(5) 財產租賃合同，包括租賃房屋、船舶、飛機、機動車輛、機械、器具、設備等合同，還包括企業、個人出租門店、櫃臺等簽訂的合同。

(6) 貨物運輸合同，包括民用航空、鐵路運輸、海上運輸、內河運輸、公路運輸和聯運合同以及作為合同使用的單據。

(7) 倉儲保管合同，包括倉儲、保管合同以及作為合同使用的倉單、棧單等。

(8) 借款合同。包括銀行及其他金融組織與借款人（不包括銀行同業拆借）所簽訂的合同以及只填開並作為合同使用、取得銀行借款的借據。銀行及其他金融機構經營的融資租賃業務，是一種以融物方式達到融資目的的業務，實際上是分期償還的固定資產借款，因此融資租賃合同也屬於借款合同。

(9) 財產保險合同，包括財產、責任、保證、信用保險合同以及作為合同使用的單據。它具體分為企業財產保險、機動車輛保險、貨物運輸保險、家庭財產保險和農

牧業保險五大類。「家庭財產兩全保險」屬於家庭財產保險性質，其合同在財產保險合同之列，應照章納稅。

（10）技術合同，包括技術開發、轉讓、諮詢、服務等合同以及作為合同使用的單據。

（11）產權轉移書據，包括財產所有權和版權、商標專用權、專利權、專有技術使用權等轉移書據和土地使用權出讓合同、土地使用權轉讓合同、商品房銷售合同等權利轉移合同。

（12）營業帳簿，是指單位或者個人記載生產經營活動的財務會計核算帳簿，營業帳簿按其反映內容的不同，可分為記載資金的帳簿和其他帳簿。記載資金的帳簿是指反映生產經營單位資本金數額增減變化的帳簿。其他帳簿是指除上述帳簿以外的有關其他生產經營活動內容的帳簿，包括日記帳簿和各明細分類帳簿。

（13）權利、許可證照，包括政府部門發給的房屋產權證、工商營業執照、商標註冊證、專利證、土地使用證。

（二）印花稅的納稅人

印花稅的納稅人是指在中國境內書立、使用、領受《印花稅法》所列舉的憑證並應依法履行納稅義務的單位和個人。所稱單位和個人，是指國內各類企業、事業、機關、團體、部隊以及中外合資企業、合作企業、外資企業、外國公司和其他經濟組織及其在華機構等單位和個人。上述單位和個人，按照書立、使用、領受應稅憑證的不同，可以分別確定為立合同人、立據人、立帳簿人、領受人、使用人和各類電子應稅憑證的簽訂人。

（1）立合同人是指合同的當事人，即指對憑證有直接權利義務關係的單位和個人，但不包括合同的擔保人、證人、鑒定人。

（2）立據人是指書立產權轉移書據的納稅人，即土地、房屋權屬轉移過程中買賣雙方的當事人。

（3）立帳簿人，是指設立並使用營業帳簿的單位和個人。

（4）領受人，是指領取或接受並持有權利許可證照的單位和個人。

（5）使用人，是指在國外書立、領受，但在國內使用應稅憑證的單位和個人。

（6）各類電子應稅憑證的簽訂人，即以電子形式簽訂的各類應稅憑證的當事人。

值得注意的是，應稅憑證凡由兩方或兩方以上當事人共同書立的，其當事人各方都是印花稅的納稅人，應各就其所持有憑證的計稅金額履行納稅義務。

（三）印花稅的稅率

印花稅採用比例稅率和定額稅率兩種形式（稅目稅率表見表9-1）。

表 9-1　　　　　　　　　　　印花稅稅目、稅率表

稅目	範圍	稅率	納稅人	說明
1. 購銷合同	包括供應、預購、採購、購銷結合及協作、調劑、補償、易貨等合同	按購銷金額 0.3‰ 貼花	立合同人	
2. 加工承攬合同	包括加工、定做、修繕、修理、印刷廣告、測繪、測試等合同	按加工或承攬收入 0.5‰ 貼花	立合同人	
3. 建設工程勘察設計合同	包括勘察、設計合同	按收取費用 0.5‰ 貼花	合同人	
4. 建築安裝工程承包合同	包括建築、安裝工程承包合同	按承包金額 0.3‰ 貼花	立合同人	
5. 財產租賃合同	包括租賃房屋、船舶、飛機、機動車輛、機械、器具、設備等合同	按租賃金額 1‰ 貼花。稅額不足 1 元，按 1 元貼花	立合同人	
6. 貨物運輸合同	包括民用航空運輸、鐵路運輸、海上運輸、內河運輸、公路運輸和聯運合同	按運輸費用 0.5‰ 貼花	立合同人	單據作為合同使用的，按合同貼花
7. 倉儲保管合同	包括倉儲、保管合同	按倉儲保管費用 1‰ 貼花	立合同人	倉單或棧單作為合同使用的，按合同貼花
8. 借款合同	銀行及其他金融組織和借款人（不包括銀行同業拆借）所簽訂的借款合同	按借款金額 0.05‰ 貼花	立合同人	單據作為合同使用的，按合同貼花
9. 財產保險合同	包括財產、責任、保證、信用等保險合同	按收取的保險費 1‰ 貼花	立合同人	單據作為合同使用的，按合同貼花
10. 技術合同	包括技術開發、轉讓、諮詢、服務等合同	按所載金額 0.3‰ 貼花	立合同人	
11. 產權轉移書據	包括財產所有權和版權、商標專用權、專利權、專有技術使用權等轉移書據、土地使用權出讓合同、土地使用權轉讓合同、商品房銷售合同	按所載金額 0.5‰ 貼花	立據人	
12. 營業帳簿	生產、經營用帳冊	記載資金的帳簿，按實收資本和資本公積的合計金額 0.5‰ 貼花。其他帳簿按件貼花 5 元	立帳簿人	
13. 權利、許可證照	包括政府部門發給的房屋產權證、工商營業執照、商標註冊證、專利證、土地使用證	按件貼花 5 元	領受人	

（四）印花稅的計稅依據

1. 計稅依據的一般規定

（1）購銷合同的計稅依據為合同記載的購銷金額。

（2）加工承攬合同的計稅依據為加工或承攬收入的金額。

（3）建設工程勘察設計合同的計稅依據為收取的費用。

（4）建築安裝工程承包合同的計稅依據為承包金額。

（5）財產租賃合同的計稅依據為租賃金額。經計算，稅額不足 1 元的，按 1 元貼花。

（6）貨物運輸合同的計稅依據為運輸費用（即運費收入），但不包括所運貨物的金額、裝卸費和保險費等。

（7）倉儲保管合同的計稅依據為倉儲保管費用。

（8）借款合同的計稅依據為借款金額。

（9）財產保險合同的計稅依據為支付（收取）的保險費，不包括所保財產的金額。

（10）技術合同的計稅依據為合同所載的金額。為了鼓勵技術研究開發，對技術開發合同，只就合同所載的報酬金額計稅，研究開發經費不作為計稅依據。單對合同約定按研究開發經費一定比例作為報酬的，應按一定比例的報酬金額貼花。

（11）產權轉移書據的計稅依據為書據所載金額。

（12）營業帳簿中記載資金的帳簿的計稅依據為「實收資本」與「資本公積」兩項的合計金額。其他帳簿的計稅依據為應稅憑證件數。

（13）權利、許可證照的計稅依據為應稅憑證件數。

2. 計稅依據的特殊規定

（1）上述憑證以「金額」、「收入」、「費用」作為計稅依據的，應當全額計稅，不得作任何扣除。

（2）同一憑證，載有兩個或兩個以上經濟事項而適用不同稅目稅率，如分別記載金額的，應分別計算應納稅額，相加后按合計稅額貼花；如未分別記載金額的，按稅率高的計稅貼花。

（3）按金額比例貼花的應稅憑證，未標明金額的，應按照憑證所載數量及國家牌價計算金額；沒有國家牌價的，按市場價格計算金額，然后按規定稅率計算應納稅額。

（4）應稅憑證所載金額為外國貨幣的，應按照憑證書立當日國家外匯管理局公布的外匯牌價折合成人民幣，然后計算應納稅額。

（5）應納稅額不足 1 角的，免納印花稅；1 角以上的，其稅額尾數不滿 5 分的不計，滿 5 分的按 1 角計算。

（6）有些合同，在簽訂時無法確定計稅金額，如技術轉讓合同中的轉讓收入，是按銷售收入的一定比例收取或是按實現利潤分成的；財產租賃合同，只是規定了月（天）租金標準而無租賃期限的。對這類合同，可在簽訂時先按定額 5 元貼花，以后結算時再按實際金額計稅，補貼印花。

（7）應稅合同在簽訂時納稅義務即已產生，應計算應納稅額並貼花。所以，不論

合同是否兌現或是否按期兌現,均應貼花。

對已履行並貼花的合同,所載金額與合同履行后實際結算金額不一致的,只要雙方未修改合同金額,一般不再辦理完稅手續。

(8) 對有經營收入的事業單位,凡屬由國家財政撥付事業經費,實行差額預算管理的單位,其記載經營業務的帳簿,按其他帳簿定額貼花,不記載經營業務的帳簿不貼花;凡屬經費來源實行自收自支的單位,其營業帳簿,應對記載資金的帳簿和其他帳簿分別計算應納稅額。

跨地區經營的分支機構使用的營業帳簿,應由各分支機構於其所在地計算貼花。對上級單位核撥資金的分支機構,其記載資金的帳簿按核撥的帳面資金額計稅貼花,其他帳簿按定額貼花;對上級單位不核撥資金的分支機構,只就其他帳簿按件定額貼花。為避免對同一資金重複計稅貼花,上級單位記載資金的帳簿,應按扣除撥給下屬機構資金數額后的其餘部分計稅貼花。

(9) 商品購銷活動中,採用以貨換貨方式進行商品交易簽訂的合同,是反映既購又銷雙重經濟行為的合同。對此,應按合同所載的購、銷合計金額計稅貼花。合同未列明金額的,應按合同所載購、銷數量依照國家牌價或者市場價格計算應納稅額。

(10) 施工單位將自己承包的建設項目,分包或者轉包給其他施工單位所簽訂的分包合同或者轉包合同,應按新的分包合同或轉包合同所載金額計算應納稅額。這是因為印花稅是一種具有行為稅性質的憑證稅,儘管總承包合同已依法計稅貼花,但新的分包或轉包合同是一種新的憑證,又產生了新的納稅義務。

(11) 從 2008 年 9 月 19 日起,證券交易印花稅由雙方徵收改為單邊徵收。即只對賣出方(或繼承、贈與 A 股、B 股股權的出讓方)徵收證券(股票)交易印花稅,對買入方(受讓方)不再徵稅。稅率仍保持1‰。

(12) 對國內各種形式的貨物聯運,凡在起運地統一結算全程運費的,應以全程運費作為計稅依據,由起運地運費結算雙方繳納印花稅;凡分程結算運費的,應以分程的運費作為計稅依據,分別由辦理運費結算的各方繳納印花稅。

對國際貨運,凡由中國運輸企業運輸的,不論在中國境內、境外起運或中轉分程運輸,中國運輸企業所持的一份運費結算憑證,均按本程運費計算應納稅額;托運方所持的一份運費結算憑證,按全程運費計算應納稅額。由外國運輸企業運輸進出口貨物,外國運輸企業所持的一份運費結算憑證免納印花稅;托運方所持的一份運費結算憑證應繳納印花稅。國際貨運運費結算憑證在國外辦理的,應在憑證轉回中國境內時按規定繳納印花稅。

必須明確的是,印花稅票為有價證券,其票面金額以人民幣為單位,分為1角、2角、5角、1元、2元、5元、10元、50元和100元9種。

(五) 印花稅的稅收優惠

對印花稅的減免稅優惠主要有:

(1) 對已繳納印花稅的憑證的副本或者抄本免稅。
(2) 對無息、貼息貸款合同免稅。無息、貼息貸款合同,是指中國的各專業銀行

按照國家金融政策發放的無息貸款以及由各專業銀行發送並按有關規定由財政部門或中國人民銀行給予貼息的貸款項目所簽訂的貸款合同。

（3）對房地產管理部門與個人簽訂的用於生活居住的租賃合同免稅。

（4）對農牧業保險合同免稅。

（5）對與高校學生簽訂的高校學生公寓租賃合同，免徵印花稅。

（6）對公租房經營管理單位建造管理公租房涉及的印花稅予以免徵。

（7）對改造安置住房經營管理單位、開發商與改造安置住房相關的印花稅以及購買安置住房的個人涉及的印花稅自2013年7月4日起予以免徵。

（8）為鼓勵金融機構對小型、微型企業提供金融支持，促進小型、微型企業發展，自2014年11月1日至2017年12月31日，對金融機構與小型、微型企業簽訂的借款合同免徵印花稅。

（9）自2014年1月1日起至2018年12月31日止，暫免徵收飛機租賃企業購機環節購銷合同印花稅。

（10）對個人出租、承租住房簽訂的租賃合同，免徵印花稅。

三、印花稅的計算方法和徵收管理

（一）印花稅的計算方法

納稅人的應納稅額，根據應納稅憑證的性質，分別按比例稅率或者定額稅率計算，其計算公式為：

應納稅額＝應稅憑證計稅金額（或應稅憑證件數）×適用稅率

【例9-1】某企業2015年3月開業，當年發生以下有關業務事項：領受工商營業執照、房屋產權證、土地使用證各一張；企業記載資金的帳簿，「實收資本」、「資本公積」為500萬元；其他營業帳簿10本；簽訂產品購銷合同1份，所載金額300萬元；簽訂借款合同1份，記載金額200萬元，當年取得借款利息3.2萬元；簽訂技術服務合同1份，記載金額100萬元；簽訂租賃合同1份，記載支付租賃費80萬元；與其他企業簽訂轉移專用技術使用權書據1份，記載金額200萬元。試計算該企業當年應繳納的印花稅稅額。

【解析】（1）企業領受權利、許可證照應納稅額：

應納稅額＝3×5＝15（元）

（2）企業記載資金的帳簿：

應納稅額＝5,000,000×0.5‰＝2,500（元）

（3）企業其他營業帳簿應納稅額：

應納稅額＝10×5＝50（元）

（4）企業簽訂購銷合同應納稅額：

應納稅額＝3,000,000×0.3‰＝900（元）

（5）企業簽訂借款合同應納稅額：

應納稅額＝2,000,000×0.05‰＝100（元）

(6) 企業簽訂技術服務合同應納稅額：

應納稅額 = 1,000,000 × 0.3‰ = 300（元）

(7) 企業簽訂租賃合同應納稅額：

應納稅額 = 800,000 × 1‰ = 800（元）

(8) 企業簽訂轉讓專有技術使用權合同應納稅額：

應納稅額 = 2,000,000 × 0.5‰ = 1,000（元）

(9) 當年企業應納印花稅稅額：

應納稅額 = 15 + 2,500 + 50 + 900 + 100 + 300 + 800 + 1,000 = 5,665（元）

(二) 印花稅的徵收管理

1. 納稅方法

印花稅根據稅額大小、貼花次數以及稅收徵收管理的需要，分為了三種納稅辦法。

(1) 自行貼花。這種納稅辦法，一般適用於應稅憑證較少，或者貼花次數較少的納稅人。

納稅人在書立、領受或者使用《印花稅暫行條例》中所列舉的應稅憑證時，根據應納稅憑證的性質和適用的稅目稅率，自行計算、自行購花、自行貼花並註銷或畫銷完成，即「三自」的納稅方法。對已貼花的憑證，修改后所載金額增加的，其增加部分應當不貼印花稅票。凡多貼印花稅票者，不得申請退稅或者抵用。

(2) 匯貼或匯繳。這一辦法，一般適用於應納稅額較大或貼花次數頻繁的納稅人。

當一份應納稅額大於 500 元時，應向當地稅務機關申請填寫繳款書或完稅證，將其中一聯粘貼在憑證上或者由稅務機關在憑證上加註完稅標記代替貼花。這就是「匯貼」辦法。

對同一類應稅憑證需頻繁貼花的，納稅人可以根據實際情況自行決定是否採用按期匯總繳納印花稅的方式，匯總繳納的期限為 1 個月。採用按期匯總繳納方式的納稅人應事先告知主管稅務機關。繳納方式一經選定，1 年內不得改變。

(3) 委託代徵。這種辦法主要是通過稅務機關的委託，經由發放或者辦理應納稅憑證的單位代為徵收印花稅稅款。稅務機關應與代徵單位簽訂代徵委託書。所謂發放或者辦理應納稅憑證的單位，是指發放權利、許可證照的單位和辦理憑證的鑒證、公證及其他有關事項的單位。這種單位具體對以下納稅事項進行監督：

①應納稅憑證是否已粘貼印花；

②粘貼的印花是否足額；

③粘貼的印花是否按規定註銷。

對未完成以上納稅手續的，應督促納稅人當場完成。

2. 納稅環節

印花稅應當在書立或領受時貼花。具體是指在合同簽訂時、帳簿啟用時和證照領受時貼花。如果合同是在國外簽訂，並且不便在國外貼花的，應在將合同帶入境時辦理貼花納稅手續。

3. 納稅地點

印花稅一般實行就地納稅。對於全國性商品物資訂貨會（包括展銷會、交易會等）上所簽訂合同應納的印花稅，由納稅人回其所在地后及時辦理貼花完稅手續；對地方主辦、不涉及省際關係的訂貨會、展銷會上所簽合同的印花稅，其納稅地點由各省、自治區、直轄市人民政府自行確定。

第二節　契稅

引言

居民甲有兩套住房，將一套出售給居民乙，成交價格為 100,000 元；將另一套兩室住房與居民丙交換成兩處一室住房，並支付給丙換房差價款 50,000 元。請問什麼是契稅？試計算甲、乙、丙相關行為應繳納的契稅。

一、契稅概述

契稅是在土地使用權、房屋所有權的權屬轉移過程中，向取得土地使用權、房屋所有權的單位和個人徵收的一種稅。因房產的產權發生轉移，一般都要書立契約，契約因此而得名。

中國現行契稅法的基本規範，是 1997 年 7 月 7 日國務院發布並於同年 10 月 1 日開始施行的《中華人民共和國契稅暫行條例》。

徵收契稅有利於增加地方財政收入，有利於保護合法產權，避免產權糾紛。

二、契稅的基本要素

（一）契稅的徵稅對象

契稅是以境內轉移土地、房屋權屬為徵稅對象。具體包括以下內容：

（1）國有土地使用權的出讓。國有土地使用權出讓是指土地使用者向國家交付土地使用權出讓費用，國家將國有土地使用權在一定年限內讓與土地使用者的行為。

（2）土地使用權的轉讓。土地使用權的轉讓是指土地使用者以出售、贈與、交換或者其他方式將土地使用權轉移給其他單位和個人的行為。土地使用權的轉讓不包括農村集體土地承包經營權的轉移。

（3）房屋買賣。房屋買賣，是以貨幣為媒介，出賣者向購買者過渡房產所有權的交易行為。以房產抵債或實物交換房屋，以房產作投資或作股權轉讓視同買賣房屋。

（4）房屋贈與。房屋贈與是指房屋所有者將其房屋無償轉讓給受贈者的行為。

（5）房屋交換。房屋交換是指房屋所有者之間相互交換房屋的行為。

（二）契稅的納稅人

契稅的納稅義務人是境內轉移土地、房屋權屬，承受的單位和個人。境內是指中

華人民共和國實際稅收行政管轄範圍內。土地、房屋權屬是指土地使用權和房屋所有權。單位是指企業單位、事業單位、國家機關、軍事單位和社會團體以及其他組織。個人是指個體經營者及其他個人,包括中國公民和外籍人員。

(三) 契稅的稅率

契稅實行3%~5%的幅度稅率。實行幅度稅率是考慮到中國經濟發展的不平衡,各地經濟差別較大的實際情況。具體適用的稅率由各省、自治區、直轄市人民政府根據各地的實際情況在3%~5%的幅度範圍內確定。

(四) 契稅的計稅依據

契稅的計稅依據為不動產的不含增值稅價格。由於土地、房屋權屬轉移方式不同,定價方法不同,因而具體計稅依據根據不同情況分為以下幾種:

(1) 國有土地使用權出讓、土地使用權出售、房屋買賣,以成交價格為計稅依據。成交價格是指土地、房屋權屬轉移合同確定的價格,包括承受著應交付的貨幣、實物、無形資產或者其他經濟利益。

(2) 土地使用權贈與、房屋贈與,由徵收機關參照土地使用權出售、房屋買賣的市場價格核定。對於《中華人民共和國繼承法》規定的法定繼承人繼承土地、房屋權屬,不徵契稅。非法定繼承人根據遺囑承受死者生前的土地、房屋權屬,屬於贈與行為,應徵收契稅。

(3) 土地使用權交換、房屋交換的計稅依據,為所交換的土地使用權、房屋的價格差額。當交換價格相當時,免徵契稅;當交換價格不等時,由多交付的貨幣、實物、無形資產或者其他經濟利益的一方繳納契稅。

(4) 以劃撥方式取得土地使用權,經批准轉讓房地產時,由房地產轉讓者補交契稅。計稅依據為補交的土地使用權出讓費用或者土地收益。

(5) 房屋附屬設施徵收契稅的依據:

①採取分期付款方式購買房屋附屬設施土地使用權、房屋所有權的,應按合同規定的總價款計徵契稅。

②承受的房屋附屬設施權屬如為單獨計價的,按照當地確定的適用稅率徵收契稅;如與房屋統一計價的,適用與房屋相同的契稅稅率。

(6) 當成交價格明顯低於市場價格且無正當理由的,或者所交換土地使用權、房屋的價格的差額明顯不合理且無正當理由的,徵收機關可以參照市場價格核定計稅依據。

(五) 契稅的稅收優惠

(1) 國家機關、事業單位、社會團體、軍事單位承受土地、房屋用於辦公、教育、醫療、科研和軍事設施的,免徵契稅。

(2) 城鎮職工按規定第一次購買公有住房,免徵契稅。

自2000年11月29日起,對各類公有製單位為解決職工住房而採取集資建房方式建成的普通住房,或由單位購買的普通商品住房,經當地縣級以上人民政府房改部門

批准、按照國家房改政策出售給本單位職工的，如屬職工首次購買住房，均可免徵契稅。

對於個人購買普通住房且該住房屬於家庭唯一住房的，減半徵收契稅。對個人購買 90 平方米及以下普通住房的，且該住房屬於家庭唯一住房的，減按 1% 稅率徵收契稅。

（3）因不可抗力滅失住房而重新購買住房的，酌情減免。不可抗力是指自然災害、戰爭等不可預見、不可避免，並不能克服的客觀情況。

（4）土地、房屋被縣級以上人民政府徵用、占用后，重新承受土地、房屋權屬的，由省級人民政府確定是否減免。

（5）承受荒山、荒溝、荒丘、荒灘土地使用權，並用於農、林、牧、漁業生產的，免徵契稅。

（6）經外交部確認，依照中國有關法律規定以及中國締結或參加的雙邊和多邊條約或協定，應當予以免稅的外國駐華使館、領事館、聯合國駐華機構及其外交代表、領事官員和其他外交人員承受土地、房屋權屬。

經批准減徵、免徵契稅的納稅人，改變有關土地、房屋的用途的，就不再屬於減徵、免徵契稅範圍，並且應當補繳已經減徵、免徵的稅款。

三、契稅的計算方法和徵收管理

（一）契稅的計算方法

契稅應納稅額依照省、自治區、直轄市人民政府確定的適用稅率和稅法規定的計稅依據計算徵收。其計算公式為：

應納稅額 = 計稅依據 × 稅率

根據引言案例計算如下：（假定稅率為 4%）

（1）甲應納契稅 = 50,000 × 4% = 2,000（元）

（2）乙應納契稅 = 100,000 × 4% = 4,000（元）

（3）丙不繳納契稅

（二）契稅的徵收管理

（1）納稅義務發生時間。納稅人在簽訂土地、房屋權屬轉移合同的當天、或者取得其他具有土地、房屋權屬轉移合同性質憑證的當天為納稅義務發生時間。

（2）納稅期限和納稅地點。納稅人應當自納稅義務發生之日起 10 日內，向土地、房屋所在地的契稅徵收機關辦理納稅申報，並在契稅徵收機關核定的期限內繳納稅款，索取完稅憑證。納稅人出具契稅完稅憑證，土地管理部門、房產管理部門才能辦理變更登記手續。

本章小結

思考與練習題

一、選擇題

1. 甲企業將貨物賣給乙企業，雙方訂立了購銷合同，丙企業作為該合同的擔保人，丁先生作為證人，戊單位作為鑒定人，則該購銷合同的合同印花稅的納稅人為（　　）
   A. 甲、乙企業
   B. 甲、乙企業和戊單位
   C. 甲、乙企業和丙企業
   D. 甲、乙企業、戊單位、丙企業、丁先生

2. 下列合同中，屬於印花稅的納稅範圍的有（　　）
   A. 融資租賃合同
   B. 家庭財產兩全保險合同
   C. 電網與用戶之間的合同
   D. 發電廠與電網之間簽訂的銷售合同

3. 下列各項中，應當徵收契稅的有（　　）。
   A. 以房產抵債
   B. 將房產贈與他人
   C. 以房產作投資
   D. 子女繼承父母房產

4. 下列關於契稅徵管制度的表述中，正確的是（　　）。
   A. 對承受國有土地使用權所支付的土地出讓金應計徵契稅
   B. 非法定繼承人根據遺囑承受死者生前的房屋權屬免徵契稅
   C. 對個人購買普通住房且該住房屬於家庭唯一住房的免徵契稅
   D. 以自有房產作股權投資於本人獨資經營的企業應按房產的市場價格繳納契稅

5. 下列各項中，契稅計稅依據可由徵收機關核定的是（　　）。
   A. 土地使用權出售
   B. 國有土地使用權出讓
   C. 土地使用權贈與
   D. 以劃撥方式取得土地使用權

二、計算題

1. 某企業某年2月開業，當年發生以下有關業務事項：領受房屋產權證、工商營業執照、土地使用證各1件；與其他企業訂立轉移專用技術使用權書據1份，所載金

額 100 萬元；訂立產品購銷合同 1 份，所載金額為 200 萬元；訂立借款合同 1 份，所載金額為 400 萬元；企業記載資金的帳簿，「實收資本」、「資本公積」為 800 萬元；其他營業帳簿 10 本。試計算該企業當年應繳納的印花稅稅額。

2. 居民甲有兩套住房，將一套出售給居民乙，成交價格為 300,000 元；將另一套兩室住房與居民丙交換成兩處一室住房，並支付給居民丙換房差價款 90,000 元。試計算甲、乙、丙相關行為應繳納的契稅（假定稅率為 4%）。

第九章練習題答案

【案例分析】

第十章 土地增值稅法

【學習目標】

通過本章的學習，瞭解開徵土地增值稅的目的以及相關原則和政策，掌握各個稅種的稅制要素以及應納稅額的計算；掌握各個稅種的稅收優惠和徵收管理辦法。

【導入案例】

某市一家房地產開發公司 2016 年開發工程項目並取得不含增值稅收入 1.6 億元。該項目成本費用情況如下：

(1) 受讓土地費用：土地出讓金 700 萬元，過戶費等費用 1 萬元。

(2) 房地產開發成本：土地拆遷補償費用 50 萬元，水文地質勘探費用 20 萬元，建築安裝工程費用 4,580 萬元，基礎設施費 800 萬元，公共設施配套費用 600 萬元，開發間接費用 50 萬元，合計 6,100 萬元。

(3) 房地產開發費用：分攤管理費用 120 萬元，銷售費用 50 萬元，財務費用 150 萬元（利息支出不能按轉讓房地產項目計算分攤）。當地政府規定的開發費用扣除比例為 10%。

什麼是土地增值稅？請計算各項業務應納土地增值稅。

第一節 土地增值稅概述

一、土地增值稅的概念

土地增值稅是對有償轉讓國有土地使用權、地上建築物及其附著物的單位和個人，就其轉讓所取得的增值額徵收的一種稅。

現行土地增值稅的基本規範，是 1993 年 12 月 13 日國務院頒布的《中華人民共和國土地增值稅暫行條例》。

二、中國土地增值稅的特點

（一）以轉讓房地產的增值額為計稅依據

土地增值稅的增值額是納稅人轉讓房地產的收入減除規定的準予扣除項目金額后的餘額。準予扣除的項目包括相關成本、費用、稅金及其他扣除項目，因此，土地增

值稅的增值額與企業所得稅類似而與增值稅不同。

(二) 徵稅面比較廣

凡在中國境內轉讓房地產並取得增值收入的單位和個人，除稅法規定免稅的外，均應按照稅法規定繳納土地增值稅。

(三) 實行超率累進稅率

土地增值稅的稅率採用四級超率累進稅率，以增值率為累進依據。增值率是增值額與扣除項目金額的比率，增值率高，適用稅率高，多納稅；增值率低，適用稅率低，少納稅。

(四) 實行按次徵收

土地增值稅是在房地產的轉讓環節徵收，實行按次徵收，每轉讓一次就徵收一次土地增值稅，這一點與營業稅有些類似。

三、土地增值稅的作用

(一) 規範土地和房地產市場交易秩序

過去涉及房地產交易市場的稅收，主要有營業稅、企業所得稅、個人所得稅、契稅等，對轉讓房地產收益只能起到一般的調節作用，對房地產交易因土地增值所獲得的過高收入起不到特殊的調節作用。為扭轉這一局面，國家開徵了土地增值稅，以促進房地產業和整個國民經濟的健康發展。

(二) 抑制房地產投機和炒賣活動，合理調節土地增值收益

由於土地增值稅以轉讓房地產收入的增值額為計稅依據，並實行超率累進稅率，對增值多的多徵，對增值少的少徵，對炒買炒賣房地產獲取暴利者，則要用高稅率進行調節，遏制投機者牟取暴利的行為，維護國家整體利益。

城市土地屬國家所有，新中國成立以來，國家在城市建設方面投入了大量資金，搞了許多基礎設施建設，這是土地增值的一個重要因素。對這部分土地增值收益，國家理應參與土地增值收益分配，並取得較大份額。徵收土地增值稅有利於減少國家土地資源增值收益的流失，同時促進房地產業的正常發展。

(三) 增加國家財政收入

第三產業是中國今後需要重點發展的產業，在第三產業中，房地產業是高附加值的產業，開徵土地增值稅能對土地增值的過高收入進行調節，並為增加國家財政收入開闢新稅源。土地增值稅收入屬於地方財政收入，地方可集中財力用於地方經濟建設。同時，開徵土地增值稅可以規範土地增值收益的分配制度，統一各地土地增值收益收費標準。

第二節　土地增值稅的基本要素

一、土地增值稅的納稅人

土地增值稅的納稅義務人為轉讓國有土地使用權、地上的建築及其附著物（以下簡稱轉讓房地產）並取得收入的單位和個人。單位包括各類企業、事業單位、國家機關和社會團體及其他組織。個人包括個體經營者。

一切行政企事業單位和個人，不論是企業、事業單位、國家機關、社會團體及其他組織，還是個人，不論經濟性質是國有企業、集體企業、私營企業、股份制企業、個體經營者，還是聯營企業、合資企業、合作企業、外商獨資企業、外國企業，不論是中國公民還是外籍個人，也不論是專營還是兼營房地產開發業務的，只要有償轉讓房地產，都是土地增值稅的納稅人，應當就其取得的土地增值收益按規定繳納土地增值稅。

二、土地增值稅的徵稅對象

土地增值稅的徵稅對象是納稅人有償轉讓國有土地使用權、地上的建築及其附著物的產權所取得的增值額。增值額是納稅人轉讓房地產取得的收入減除稅法規定的扣除項目金額后的餘額。

國有土地，是指按國家法律規定屬於國家所有的土地。地上的建築物，是指建於土地上的一切建築物，包括地上地下的各種附屬設施。附著物，是指附著於土地上的不能移動，一經移動即遭損壞的物品。有償轉讓房地產是指以出售或者其他方式有償轉讓房地產的行為，不包括以繼承、贈與方式無償轉讓房地產的行為。

（一）土地增值稅徵稅範圍的界定

準確界定土地增值稅的徵稅範圍十分重要。屬於土地增值稅徵收範圍的房地產必須同時符合以下三個條件：

1. 轉讓的土地使用權必須是國有土地使用權

轉讓土地的使用權是否為國家所有，是判定是否屬於土地增值稅徵稅範圍的標準之一。根據中國《憲法》和《土地管理法》的規定，城市的土地屬於國家所有，農村和城市郊區的土地除由法律規定屬於國家所有的以外，屬於集體所有。國家為了公共利益，可以依照法律規定對集體土地實行徵用，依法被徵用后的土地屬於國家所有。對於屬於國家所有的土地，其土地使用權在轉讓時，按照《土地增值稅暫行條例》規定，屬於土地增值稅的徵稅範圍。而集體所有的土地是不得自行轉讓的，只有根據有關法律規定，由國家徵用以后變為國家所有時，才能進行轉讓。對於違法轉讓集體土地的行為，應在有關部門補辦土地徵用或出讓手續變為國家所有之后，再納入土地增值稅的徵稅範圍。

2. 土地使用權和房屋產權必須發生權屬轉讓

土地使用權、地上的建築物及其附著物的產權是否發生轉讓是判定是否屬於土地增值稅徵稅範圍的標準之二。只有當房地產的產權發生變更時才納入土地增值稅的徵稅範圍，凡土地使用權、房產產權未轉讓的，不徵收土地增值稅。比如房地產的出租、抵押等。

國有土地使用權出讓所取得的收入不屬於土地增值稅的徵稅範圍。國有土地使用權出讓，是指國家以土地所有者的身分將土地使用權在一定年限內讓與土地使用者，並由土地使用者向國家支付土地使用權出讓金的行為，屬於土地買賣的一級市場。土地使用權出讓的出讓方是國家，國家憑藉土地的所有權向土地使用者收取土地的租金。出讓的目的是實行國有土地的有償使用制度，合理開發、利用、經營土地，因此，土地使用權的出讓不屬於土地增值稅的徵稅範圍。而國有土地使用權的轉讓是指土地使用者通過出讓等形式取得土地使用權后，將土地使用權再轉讓的行為，包括出售、交換和贈與，它屬於土地買賣的二級市場。土地使用權轉讓，其地上的建築物、其他附著物的所有權隨之轉讓。土地使用權的轉讓，屬於土地增值稅的徵稅範圍。

3. 轉讓房地產必須是有償轉讓

是否取得收入是判定是否屬於土地增值稅徵稅範圍的標準之三。對於房地產的權屬發生了變更，但權屬人並沒有取得收入的行為，如以繼承、贈與等無償轉讓房地產的行為不屬於土地增值稅的徵稅範圍。需要強調的是，無論是單獨轉讓國有土地使用權，還是房屋產權與國有土地使用權一併轉讓的，只要取得收入，均屬於土地增值稅的徵稅範圍，應對之徵收土地增值稅。

(二) 若干具體情況的判定

1. 房地產出售

出售房地產包括三種具體的情形：

(1) 出售國有土地使用權，又稱地產開發行為，是指土地使用者通過出讓方式，向政府繳納了土地出讓金，有償受讓土地使用權后，僅對土地進行通水、通電、通路和平整地面等土地開發，不進行房產開發，即所謂「將生地變熟地」，然后直接將空地出售出去。這屬於國有土地使用權的有償轉讓並取得收入，應納入土地增值稅的徵稅範圍。

(2) 取得國有土地使用權后進行房屋開發建造然后出售，又稱房地產開發行為。賣房的同時，土地使用權也隨之發生轉讓，既發生了產權的轉讓又取得了收入，所以應納入土地增值稅的徵稅範圍。

(3) 存量房地產的買賣，是指已經建成並已投入使用的房地產，其房屋所有人將房屋產權和土地使用權一併轉讓給其他單位和個人，實際上就是舊房或建築物的出售行為。按照國家有關的房地產法律和法規，這種行為應當到有關部門辦理房產產權和土地使用權的轉移變更手續；原土地使用權屬於無償劃撥的，還應到土地管理部門補交土地出讓金。這種情況既發生了產權的轉讓又取得了收入，應納入土地增值稅的徵稅範圍。

不論哪種情況，房地產出售因其同時符合上述三個標準，所以屬於土地增值稅的徵稅範圍。

2. 以繼承、贈與方式轉讓房地產的

房地產的繼承是指房產的原產權所有人、依照法律規定取得土地使用權的土地使用人死亡以後，由其繼承人依法承受死者房產產權和土地使用權的民事法律行為。

房地產的贈與是指房產所有人、土地使用權所有人將自己所擁有的房地產無償地交給其他人的民事法律行為。但這裡的「贈與」僅指以下情況：

（1）房產所有人、土地使用權所有人將房屋產權、土地使用權贈與直系親屬或承擔直接贍養義務人的。

（2）房產所有人、土地使用權所有人通過中國境內非營利的社會團體、國家機關將房屋產權、土地使用權贈與教育、民政和其他社會福利、公益事業的。社會團體是指中國青少年發展基金會、希望工程基金會、宋慶齡基金會、減災委員會、中國紅十字會、中國殘疾人聯合會、全國老年基金會、老區促進會以及經民政部門批准成立的其他非營利的公益性組織。

由於房地產的繼承、贈與行為只發生了房地產產權的轉讓，但作為房產所有人、土地使用權的所有人並沒有因為權屬的轉讓而取得任何收入，屬於無償轉讓房地產的行為，所以不屬於土地增值稅的徵稅範圍。

3. 房地產的出租

房地產的出租是指房產的產權所有人、依照法律規定取得土地使用權的土地使用人，將房產、土地使用權租賃給承租人使用，由承租人向出租人支付租金的行為。房地產的出租，出租人雖取得了收入，但沒有發生房產產權、土地使用權的轉讓。因此，不屬於土地增值稅的徵稅範圍。

4. 房地產的抵押

房地產的抵押是指房地產的產權所有人、依法取得土地使用權的土地使用人作為債務人或第三人向債權人提供不動產作為清償債務的擔保而不轉移權屬的法律行為。在房地產抵押期間，房產的產權所有人、土地使用權人仍能對房地產行使佔有、使用、收益等權利，沒有發生權屬的變更，因此，不屬於土地增值稅的徵稅範圍。待抵押期滿后，視該房地產是否轉移佔有而確定是否徵收土地增值稅。對於以房地產抵債而發生房地產權屬轉讓的，應納入土地增值稅的徵稅範圍。

5. 房地產的交換

房地產的交換是指一方以房地產與另一方的房地產進行交換的行為。由於房地產的交換既發生了房產產權、土地使用權的轉移，交換雙方又取得了實物形態的收入，因此屬於土地增值稅的徵稅範圍。但對個人之間互換自有居住用房地產的，經當地稅務機關核實，可以免徵土地增值稅。

6. 以房地產進行投資、聯營

對於以房地產進行投資、聯營的，投資、聯營的一方以土地（房地產）作價入股進行投資或作為聯營條件，將房地產轉讓到所投資、聯營的企業中時，暫免徵收土地增值稅。對投資、聯營企業將上述房地產再轉讓的，應徵收土地增值稅。

但所投資、聯營的企業從事房地產開發的，或者房地產開發企業以其建造的商品房進行投資、聯營的，應當徵收土地增值稅。

7. 合作建房

對於一方出地、一方出資金，雙方合作建房，建成後按比例分房自用的，暫免徵收土地增值稅；建成後轉讓的，應徵收土地增值稅。

8. 企業兼併轉讓房地產

在企業兼併中，對被兼併企業將房地產轉讓到兼併企業中的，暫免徵收土地增值稅。

9. 房地產的代建房行為

這種行為是指房地產開發公司代客戶進行房地產的開發，開發完成後向客戶收取代建收入的行為。對於房地產開發公司而言，雖然取得了收入，但沒有發生房地產權屬的轉移，其收入房於勞務收入性質，故不屬於土地增值稅的範圍。

10. 房地產的重新評估

這種情況下，房地產雖然有增值，但其沒有發生房地產權屬的轉移，房產產權、土地使用權人也未取得收入，所以不屬於土地增值稅的徵稅範圍。

三、土地增值稅的稅率

土地增值稅實行四級超率累進稅率，最低稅率為30%，最高稅率為60%。

（1）增值額未超過扣除項目金額50%的部分，稅率為30%。

（2）增值額超過扣除項目金額50%、未超過扣除項目金額100%的部分，稅率為40%。

（3）增值額超過扣除項目金額100%、未超過扣除項目金額200%的部分，稅率為50%。

（4）增值額超過扣除項目金額200%的部分，稅率為60%。

上述所列四級超率累進稅率，每級「增值額未超過扣除項目金額」的比例，均包括本比例數。超率累進稅率如表11－1所示。

表11－1　　　　　　　　土地增值稅四級超率累進稅率表

級數	增值額與扣除項目金額的比率	稅率（%）	速算扣除系數（%）
1	不超過50%的部分	30	0
2	超過50%～100%的部分	40	5
3	超過100%～200%的部分	50	15
4	超過200%的部分	60	35

第三節　轉讓房地產增值額的確定

土地增值稅的計稅依據是增值額，增值額是指納稅人轉讓房地產所取得的收入減除規定的扣除項目金額后的餘額。由於計算土地增值稅是以增值額與扣除項目金額的比率大小分級累進計算徵收的，增值額與扣除項目金額的比率越大，適用的稅率越高，繳納的稅款越多，因此，準確核算增值額是很重要的。

一、應稅收入的確定

納稅人轉讓房地產取得的應稅收入為不含增值稅收入，應包括轉讓房地產的全部價款及有關的經濟收益。從收入的形式來看，包括貨幣收入、實物收入和其他收入。

二、扣除項目的確定

扣除項目涉及的增值稅進項稅額，允許在銷項稅額中計算抵扣的，不計入扣除項目，不允許在銷項稅額中計算抵扣的，可以計入扣除項目。

(一) 取得土地使用權所支付的金額

取得土地使用權所支付的金額包括兩方面的內容：

(1) 納稅人為取得土地使用權所支付的地價款。如果是以協議、招標、拍賣等出讓方式取得土地使用權的，地價款為納稅人所支付的土地出讓金；如果是以行政劃撥方式取得土地使用權的，地價款為按照國家有關規定補交的土地出讓金；如果是以轉讓方式取得土地使用權的，地價款為向原土地使用權人實際支付的地價款。

(2) 納稅人在取得土地使用權時按國家統一規定繳納的有關費用。這是指納稅人在取得土地使用權過程中為辦理有關手續，按國家統一規定繳納的有關登記、過戶手續費。

(二) 房地產開發成本

房地產開發成本是指納稅人房地產開發項目實際發生的成本，包括土地的徵用及拆遷補償費、前期工程費、建築安裝工程費、基礎設施費、公共配套設施費、開發間接費用等。

(1) 土地徵用及拆遷補償費，包括土地徵用費、耕地占用稅、勞動力安置費及有關地上、地下附著物拆遷補償的淨支出、安置動遷用房支出等。

(2) 前期工程費，包括規劃、設計、項目可行性研究和水文、地質、勘察、測繪、「三通一平」等支出。

(3) 建築安裝工程費，指以出包方式支付給承包單位的建築安裝工程費，以自營方式發生的建築安裝工程費。

(4) 基礎設施費，包括開發小區內道路、供水、供電、供氣、排污、排洪、通信、照明、環衛、綠化等工程發生的支出。

(5) 公共配套設施費，包括不能有償轉讓的開發小區內公共配套設施發生的支出。

(6) 開發間接費用，指直接組織、管理開發項目發生的費用，包括工資、職工福利費、折舊費、修理費、辦公費、水電費、勞動保護費、週轉房攤銷等。

(三) 房地產開發費用

房地產開發費用是指與房地產開發項目有關的銷售費用、管理費用和財務費用。在計算土地增值稅時，作為扣除項目的房地產開發費用，不是按納稅人房地產開發項目實際發生的費用進行扣除，而按《土地增值稅暫行條例實施細則》的標準進行扣除。

《土地增值稅暫行條例實施細則》規定，財務費用中的利息支出，凡能夠按轉讓房地產項目計算分攤並提供金融機構證明的，允許據實扣除，但最高不能超過按商業銀行同類同期貸款利率計算的金額。其他房地產開發費用，按取得土地使用權所支付的金額和房地產開發成本兩項金額之和的5%以內計算扣除。凡不能按轉讓房地產項目計算分攤利息支出或不能提供金融機構證明的，房地產開發費用按取得土地使用權所支付的金額和房地產開發成本兩項金額之和的10%以內計算扣除。計算扣除的具體比例，由各省、自治區、直轄市人民政府規定。

(1) 納稅人能夠按轉讓房地產項目計算分攤利息支出，並能提供金融機構的貸款證明的：

允許扣除的房地產開發費用＝利息＋(取得土地使用權所支付的金額＋房地產開發成本)×5%以內（註：利息最高不能超過按商業銀行同類同期貸款利率計算的金額）

(2) 納稅人不能按轉讓房地產項目計算分攤利息支出或不能提供金融機構貸款證明的：

允許扣除的房地產開發費用＝(取得土地使用權所支付的金額＋房地產開發成本)×10%以內

(四) 與轉讓房地產有關的稅金

與轉讓房地產有關的稅金是指在轉讓房地產時繳納的城市維護建設稅、印花稅。因轉讓房地產繳納的教育費附加地方教育附加，視同稅金予以扣除。

(五) 其他扣除項目

對從事房地產開發的納稅人可按取得土地使用權所支付的金額和房地產開發成本兩項金額之和，加計20%的扣除。

其他扣除項目＝(取得土地使用權所支付的金額＋房地產開發成本)×20%

此優惠只適用於從事房地產開發的納稅人，除此之外的其他納稅人不適用。這樣規定目的是為了抑制炒買炒賣房地產的投機行為，保護正常開發投資者的積極性。

(六) 舊房及建築物的評估價格

舊房及建築物的評估價格是指在轉讓已使用的房屋及建築物時，由政府批准設立的房地產評估機構評定的重置成本價乘以成新度折扣率後的價格。評估價格須經當地稅務機關確認。重置成本價是指對舊房及建築物，按轉讓時的建材價格及人工費用計

算，建造同樣面積、同樣層次、同樣結構、同樣建設標準的新房及建築物所需花費的成本費用。成新度折扣率是指按舊房的新舊程度作一定比例的折扣。

評估價格＝重置成本價×成新度折扣率

納稅人轉讓舊房的，應按房屋及建築物的評估價格、取得土地使用權所支付的地價款和按國家統一規定繳納的登記、過戶手續費等有關費用。對取得土地使用權時未支付地價款或不能提供已支付的地價款憑據的，在計徵土地增值稅時不允許扣除。

轉讓舊房及建築物時繳納的稅金及附加，具體包括營業稅、城市維護建設稅、印花稅和教育費附加。

納稅人轉讓舊房及建築物，凡不能取得評估價格，但能提供購房發票的，經當地稅務部門確認，扣除項目（取得土地使用權所支付的金額、舊房及建築物的評估價格）的金額，可按發票所載金額並從購買年度起至轉讓年度止每年加計5%計算。計算扣除項目時「每年」按購房發票所載日期起至售房發票開具之日止，每滿12個月計一年；超過一年，未滿12個月但超過6個月的，可以視同為一年。

對納稅人購房時繳納的契稅，凡能提供契稅完稅憑證的，準予作為「與轉讓房地產有關的稅金」予以扣除，但不作為加計5%的基數。

對於轉讓舊房及建築物，既沒有評估價格，又不能提供購房發票的，地方稅務機關可以根據《中華人民共和國稅收徵收管理法》第35條的規定，實行核定徵收。

三、特殊規定

在實際房地產交易活動中，有些納稅人由於不能準確提供房地產轉讓價格或扣除項目金額，致使增值額不準確，直接影響應納稅額的計算和繳納。

因此，稅法規定納稅人有下列情形之一的，按照房地產評估價格計算徵收。房地產評估價格是指由政府批准設立的房地產評估機構根據相同地段、同類房地產進行綜合評定的價格。

(1) 隱瞞、虛報房地產成交價格的，是指納稅人不報或有意低報轉讓土地使用權、地上建築物及其附著物價款的行為。隱瞞、虛報房地產成交價格，應由評估機構參照同類房地產的市場交易價格進行評估。稅務機關根據評估價格確定轉讓房地產的收入。

(2) 提供扣除項目金額不實的，是指納稅人在納稅申報時不據實提供扣除項目金額的行為。提供扣除項目金額不實的，應由評估機構按照房屋重置成本價乘以成新度折扣率計算的房屋成本價和取得土地使用權時的基準地價進行評估。稅務機關根據評估價格確定扣除項目金額。

(3) 轉讓房地產的成交價格低於房地產評估價格，又無正當理由的，是指納稅人申報的轉讓房地產的實際成交價低於房地產評估機構評定的交易價，納稅人又不能提供憑據或無正當理由的行為。轉讓房地產的成交價格低於房地產評估價格，又無正當理由的，由稅務機關參照房地產評估價格確定轉讓房地產的收入。

第四節　土地增值稅應納稅額的計算

一、土地增值稅的計算步驟

1. 計算增值額
增值額＝轉讓房地產所取得的收入額－準予扣除項目金額
2. 計算增值率
增值率＝增值額÷扣除項目金額
3. 依據增值率確定適用稅率和速算扣除系數
4. 依據適用稅率計算應納稅額

按照納稅人轉讓房地產所取得的增值額和規定的稅率計算徵收。土地增值稅的計算公式是：應納稅額＝$\sum$（每級距的增值額×適用稅率）。

但在實際工作中，分步計算比較繁瑣，一般可以採用速算扣除法計算。即：計算土地增值稅稅額，可按增值額乘以適用的稅率減去扣除項目金額乘以速算扣除系數的簡便方法計算。

應納稅額＝增值額×適用稅率－扣除項目金額×速算扣除系數
具體公式如下：
（1）增值額未超過扣除項目金額50%：
土地增值稅稅額＝增值額×30%
（2）增值額超過扣除項目金額50%，未超過100%：
土地增值稅稅額＝增值額×40%－扣除項目金額×5%
（3）增值額超過扣除項目金額100%，未超過200%：
土地增值稅稅額＝增值額×50%－扣除項目金額×15%
（4）增值額超過扣除項目金額200%：
土地增值稅稅額＝增值額×60%－扣除項目金額×35%
公式中的5%、15%、35%分別為二、三、四級的速算扣除系數。

二、應納稅額的計算舉例

【例10－1】本章導入案例計算如下：
【解析】第一步，計算增值額。
（1）扣除項目金額：
①土地支付金額＝700＋1＝701（萬元）
②房地產開發成本＝6,100（萬元）
③房地產開發費用＝(701＋6,100)×10%＝680.1（萬元）
④稅費：營業稅＝16,000×5%＝800（萬元）

城建稅、教育費附加和地方教育附加 = 800 × (7% + 3% + 2%) = 96（萬元）

⑤加計扣除費用 = (701 + 6,100) × 20% = 1,360.2（萬元）

扣除項目金額合計 = 701 + 6,100 + 680.1 + 96 + 800 + 1,360.2 = 9,737.3（萬元）

第二步，計算增值率。

增值額 = 16,000 − 9,737.3 = 6,262.7（萬元）

增值率 = 6,262.7 ÷ 9,737.3 = 64.32%

第三步，依據增值率確定適用稅率和速算扣除係數。

增值額超過扣除項目金額 50%，未超過 100%，適用稅率 40%，速算扣除係數 5%。

第四步，依據適用稅率計算應納稅額。

應納土地增值稅 = 6,262.7 × 40% − 9,737.3 × 5% = 2,018.215（萬元）

【例 10-2】成都某公司內有一幢 2006 年建造的臨街辦公樓，於 2012 年 3 月轉讓此辦公樓，該辦公樓面積為 6,000 平方米，當時造價 1,000 萬元，經國家批准設立的房地產評估機構評定該樓重置成本價為 3,000 萬元（來自評估報告），成新度折扣率為六成新，轉讓前為取得土地使用權支付土地出讓金和有關費用 500 萬元，轉讓時取得收入 5,400 萬元，營業稅稅率 5%，城建稅稅率 7%，教育費附加徵收比率 3%，地方教育附加徵收比率為 2%；印花稅稅率 0.5‰。計算各項業務應納土地增值稅。

【解析】：取得土地使用權支付的土地出讓金 = 500 萬元

房地產評估價格 = 3,000 × 60% = 1,800（萬元）

與轉讓房地產有關的稅金 = 5,400 × 5% + 5,400 × 5% × (7% + 3% + 2%) + 5,400 × 0.5‰

= 270 + 32.4 + 2.7 = 305.1（萬元）

扣除項目金額 = 500 + 1,800 + 305.1 = 2,605.1（萬元）

增值額 = 5,400 − 2,605.1 = 2,794.9（萬元）

增值率 = 2,794.9 ÷ 2,605.1 = 107.29%

應納稅額 = 2,794.9 × 50% − 2,605.1 × 15% = 1,006.685（萬元）

第五節　土地增值稅的稅收優惠和申報繳納

一、土地增值稅的稅收優惠

(一) 建造普通標準住宅的稅收優惠

納稅人建造普通標準住宅出售，增值額未超過扣除項目金額 20% 的，免徵土地增值稅。所謂「普通標準住宅」，是指按所在地一般民用住宅標準建造的居住用住宅。高級公寓、別墅、度假村等不屬於普通標準住宅。2005 年 6 月 1 日起，普通標準住宅應同時滿足：住宅小區建築容積率在 1.0 以上；單套建築面積在 120 平方米以下；實際成

交價格低於同級別土地上住房平均交易價格1.2倍以下。各省、自治區、直轄市要根據實際情況，制定本地區享受優惠政策普通住房具體標準。允許單套建築面積和價格標準適當浮動，但向上浮動的比例不得超過上述標準的20%。納稅人建造普通標準住宅出售，增值額未超過扣除項目金額20%的，免徵土地增值稅；增值額超過扣除項目金額20%的，應就其全部增值額按規定計稅。

對於納稅人既建造普通標準住宅又進行其他房地產開發的，應分別核算增值額。不分別核算增值額或不能準確核算增值額的，其建造的普通標準住宅不能適用此項免稅規定。

(二) 國家徵用收回的房地產的稅收優惠

因國家建設需要依法徵用、收回的房地產，免徵土地增值稅。

這裡所說的「因國家建設需要依法徵用、收回的房地產」，是指因城市實施規劃、國家建設的需要而被政府批准徵用的房產或收回的土地使用權。

(三) 公租房的稅收優惠

對企事業單位、社會團體以及其他組織轉讓舊房作為公共租賃住房房源且增值額未超過扣除項目金額的20%，免徵土地增值稅。

二、土地增值稅的納稅期限

土地增值稅的納稅人應在轉讓房地產合同簽訂后的7日內，到房地產所在地主管稅務機關辦理納稅申報，並向稅務機關提交房屋及建築物產權、土地使用權證書，土地轉讓、房產買賣合同，房地產評估報告及其他與轉讓房地產有關的資料。納稅人因經常發生房地產轉讓而難以在每次轉讓后申報的，經稅務機關審核同意后，可以定期進行納稅申報，具體期限由稅務機關根據情況確定。

對納稅人在項目全部竣工結算前轉讓房地產取得的收入，由於涉及成本確定或其他原因，而無法據以計算土地增值稅的可以預徵土地增值稅，待該項目全部竣工、辦理結算后再進行清算，多退少補，具體辦法由各省、自治區、直轄市地方稅務局根據當地情況制定。

三、土地增值稅的納稅地點

土地增值稅的納稅人應向房地產所在地主管稅務機關辦理納稅申報，並在稅務機關核定的期限內繳納土地增值稅。房地產所在地是指地產的坐落地。納稅人轉讓的房地產坐落在兩個或兩個以上地區的，應按房地產所在地分別申報納稅。在實際工作中，納稅地點的確定又可分為以下兩種情況：①納稅人是法人的。當轉讓的房地產坐落地與其機構所在地或經營所在地一致時，則在辦理稅務登記的原管轄稅務機關申報納稅即可；如果轉讓的房地產坐落地與其機構所在地或經營所在地不一致時，則應在房地產坐落地所管轄的稅務機關申報納稅。②納稅人是自然人的。當轉讓的房地產坐落地與其居住所在地一致時，則在住所所在地稅務機關申報納稅；當轉讓的房地產坐落地與其居住所在地不一致時，在辦理過戶手續所在地的稅務機關申報納稅。

四、房地產開發企業土地增值稅清算

自 2007 年 2 月 1 日起，各省稅務機關可按以下規定對房地產開發企業土地增值稅進行清算。各省稅務機關可依據以下規定並結合當地實際情況制定具體清算管理辦法。

(一) 土地增值稅的清算單位

土地增值稅以國家有關部門審批的房地產開發項目為單位進行清算，對於分期開發的項目，以分期項目為單位清算。

開發項目中同時包含普通住宅和非普通住宅的，應分別計算增值額。

(二) 土地增值稅的清算條件

1. 符合下列情形之一的，納稅人應進行土地增值稅的清算
(1) 房地產開發項目全部竣工、完成銷售的；
(2) 整體轉讓未竣工決算房地產開發項目的；
(3) 直接轉讓土地使用權的。

2. 符合下列情形之一的，主管稅務機關可要求納稅人進行土地增值稅清算
(1) 已竣工驗收的房地產開發項目，已轉讓的房地產建築面積占整個項目可售建築面積的比例在 85% 以上，或該比例雖未超過 85%，但剩餘的可售建築面積已經出租或自用的；
(2) 取得銷售（預售）許可證滿三年仍未銷售完畢的；
(3) 納稅人申請註銷稅務登記但未辦理土地增值稅清算手續的；
(4) 省稅務機關規定的其他情況。

(三) 非直接銷售和自用房地產的收入確定

(1) 房地產開發企業將開發產品用於職工福利、獎勵、對外投資、分配給股東或投資人、抵償債務、換取其他單位和個人的非貨幣性資產等，發生所有權轉移時應視同銷售房地產，其收入按下列方法和順序確認：
①按本企業在同一地區、同一年度銷售的同類房地產的平均價格確定；
②由主管稅務機關參照當地當年、同類房地產的市場價格或評估價值確定。

(2) 房地產開發企業將開發的部分房地產轉為企業自用或用於出租等商業用途時，如果產權未發生轉移，不徵收土地增值稅，在稅款清算時不列收入，不扣除相應的成本和費用。

(四) 土地增值稅的扣除項目

(1) 房地產開發企業辦理土地增值稅清算時計算與清算項目有關的扣除項目金額，應根據《土地增值稅暫行條例》第六條及《實施細則》第七條的規定執行。除另有規定外，扣除取得土地使用權所支付的金額、房地產開發成本、費用及與轉讓房地產有關稅金，須提供合法有效憑證；不能提供合法有效憑證的，不予扣除。

(2) 房地產開發企業辦理土地增值稅清算所附送的前期工程費、建築安裝工程費、基礎設施費、開發間接費用的憑證或資料不符合清算要求或不實的，地方稅務機關可

參照當地建設工程造價管理部門公布的建安造價定額資料，結合房屋結構、用途、區位等因素，核定上述四項開發成本的單位面積金額標準，並據以計算扣除。具體核定方法由省稅務機關確定。

(3) 房地產開發企業開發建造的與清算項目配套的居委會和派出所用房、會所、停車場（庫）、物業管理場所、變電站、熱力站、水廠、文體場館、學校、幼兒園、托兒所、醫院、郵電通信等公共設施，按以下原則處理：

①建成后產權屬於全體業主所有的，其成本、費用可以扣除；

②建成后無償移交給政府、公用事業單位用於非營利性社會公共事業的，其成本、費用可以扣除；

③建成后有償轉讓的，應計算收入，並準予扣除成本、費用。

(4) 房地產開發企業銷售已裝修的房屋，其裝修費用可以計入房地產開發成本。

房地產開發企業的預提費用，除另有規定外，不得扣除。

(5) 屬於多個房地產項目共同的成本費用，應按清算項目可售建築面積占多個項目可售總建築面積的比例或其他合理的方法，計算確定清算項目的扣除金額。

(五) 土地增值稅清算應報送的資料

符合上述第（二）條第1項規定的納稅人，須在滿足清算條件之日起90日內到主管稅務機關辦理清算手續；符合上述第（二）條第2項規定的納稅人，須在主管稅務機關限定的期限內辦理清算手續。

納稅人辦理土地增值稅清算應報送以下資料：

(1) 房地產開發企業清算土地增值稅書面申請、土地增值稅納稅申報表；

(2) 項目竣工決算報表、取得土地使用權所支付的地價款憑證、國有土地使用權出讓合同、銀行貸款利息結算通知單、項目工程合同結算單、商品房購銷合同統計表等與轉讓房地產的收入、成本和費用有關的證明材料；

(3) 主管稅務機關要求報送的其他與土地增值稅清算有關的證明材料等。

納稅人委託稅務仲介機構審核鑒證的清算項目，還應報送仲介機構出具的「土地增值稅清算稅款鑒證報告」。

(六) 土地增值稅清算項目的審核鑒證

稅務仲介機構受託對清算項目審核鑒證時，應按稅務機關規定的格式對審核鑒證情況出具鑒證報告。對符合要求的鑒證報告，稅務機關可以採信。

稅務機關要對從事土地增值稅清算鑒證工作的稅務仲介機構在准入條件、工作程序、鑒證內容、法律責任等方面提出明確要求，並做好必要的指導和管理工作。

(七) 土地增值稅的核定徵收

房地產開發企業有下列情形之一的，稅務機關可以參照與其開發規模和收入水平相近的當地企業的土地增值稅稅負情況，按不低於預徵率的徵收率核定徵收土地增值稅：

(1) 依照法律、行政法規的規定應當設置但未設置帳簿的；

(2) 擅自銷毀帳簿或者拒不提供納稅資料的；

　　(3) 雖設置帳簿，但帳目混亂或者成本資料、收入憑證、費用憑證殘缺不全，難以確定轉讓收入或扣除項目金額的；

　　(4) 符合土地增值稅清算條件，未按照規定的期限辦理清算手續，經稅務機關責令限期清算，逾期仍不清算的；

　　(5) 申報的計稅依據明顯偏低，又無正當理由的。

(八) 清算后再轉讓房地產的處理

　　在土地增值稅清算時未轉讓的房地產，清算后銷售或有償轉讓的，納稅人應按規定進行土地增值稅的納稅申報，扣除項目金額按清算時的單位建築面積成本費用乘以銷售或轉讓面積計算。

　　單位建築面積成本費用＝清算時的扣除項目總金額÷清算的總建築面積

本章小結

思考與練習題

一、選擇題

　　1. 下列項目不屬於土地增值稅徵稅範圍的有（　　）。

　　A. 以收取出讓金的方式出讓國有土地使用權

　　B. 以繼承方式轉讓房地產

　　C. 以出售方式轉讓國有土地使用權

　　D. 以收取租金的方式出租房地產

　　2. 土地增值稅的最高稅率為（　　）%。

　　A. 20　　　　　　B. 30　　　　　　C. 50　　　　　　D. 60

　　3. 按照土地增值稅有關規定，納稅人提供扣除項目金額不實的，在計算土地增值稅時，應按照（　　）。

　　A. 稅務部門估定的價格扣除

　　B. 稅務部門與房地產主管部門協商的價格扣除

　　C. 房地產評估價格扣除

　　D. 房地產原值減除30%后的餘值扣除

4. 舊房及建築物的評估價格是指在轉讓已使用的房屋及建築物時，由政府批准設立的房地產評估機構評定的（　　　）價乘以成新度折扣率後的價格。
   A. 原價　　　　　　B. 重置成本　　　　C. 折餘價值　　　　D. 市場價格
5. 下列各項中，納稅人應進行土地清算的有（　　　）。
   A. 房地產開發項目全部竣工、完成銷售的
   B. 取得銷售（預售）許可證滿三年仍未銷售完畢的
   C. 整體轉讓未竣工決算房地產開發項目的
   D. 直接轉讓土地使用權
6. 下列對自然人轉讓房地產納稅地點的說法正確的是（　　　）。
   A. 轉讓房地產坐落地與其居住所在地一致的，應在住所所在地稅務機關申報納稅
   B. 轉讓房地產坐落地與其居住所在地一致的，則應在辦理過戶手續所在地的稅務機關申報納稅
   C. 轉讓房地產坐落地與其居住所在地不一致的，則應在辦理過戶手續所在地的稅務機關申報納稅
   D. 轉讓房地產坐落地與其居住所在地不一致的，則應在住所所在地的稅務機關申報納稅

二、判斷題

1. 土地增值稅的徵稅對象是納稅人有償轉讓土地使用權、地上的建築及其附著物的產權所取得的增值額。（　　　）
2. 土地增值稅的增值額是納稅人轉讓房地產的收入減除規定的准予扣除項目金額後的餘額。（　　　）
3. 某房地產公司將待售的花園別墅中的一棟贈給某影視明星，由於該房地產公司未取得收入，則不繳納土地增值稅。（　　　）
4. 《土地增值稅暫行條例實施細則》規定，財務費用中的利息支出，凡能夠按轉讓房地產項目計算分攤並提供金融機構證明的，並沒有任何限制。（　　　）
5. 納稅人建造普通標準住宅出售，增值額未超過扣除項目金額20%的，免徵土地增值稅。（　　　）
6. 房地產開發企業開發建造的與清算項目配套的居委會和派出所用房、會所、停車場（庫）、物業管理場所、變電站、熱力站、水廠、文體場館、學校、幼兒園、托兒所、醫院、郵電通信等公共設施，建成後產權屬於全體業主所有的，不計收入，其成本、費用也不可以扣除。（　　　）

三、計算題

2016年某國有商業企業利用庫房空地進行住宅商品房開發，按照國家有關規定補交土地出讓金2,840萬元，繳納相關稅費160萬元；住宅開發成本2,800萬元；房地產開發費用中的利息支出為300萬元（不能提供金融機構證明）；當年住宅全部銷售完畢，取得不含增值稅銷售收入共計19,000萬元；繳納城市維護建設稅、教育費附加、

地方教育附加 1,064 萬元，繳納印花稅 9.5 萬元。已知：該公司所在省人民政府規定的房地產開發費用的計算扣除比例為 10%。計算該企業銷售住宅應繳納的土地增值稅稅額。

第十章練習題答案　　　　　【案例分析】

第十一章　房產稅、城鎮土地使用稅、耕地占用稅

【學習目標】

通過本章的學習，學生應瞭解城市房產稅、城鎮土地使用稅、耕地占用稅的特點、作用；重點掌握城市房產稅、城鎮土地使用稅、耕地占用稅的徵稅範圍、稅率及應稅稅額的計算；理解城市房產稅、城鎮土地使用稅、耕地占用稅的優惠政策，熟悉各稅種的徵收管理環節。

【導入案例】

某企業 2015 年度共計擁有土地 65,000 平方米，其中子弟學校占地 3,000 平方米、幼兒園占地 1,200 平方米、企業內部綠化占地 2,000 平方米。2015 年度的上半年企業共有房產原值 4,000 萬元（不含子弟學校、幼兒園的房產原值 300 萬元），7 月 1 日起企業將原值 200 萬元、占地面積 400 平方米的一棟倉庫出租給某商場存放貨物，租期 1 年，每月租金收入 1.5 萬元。8 月 10 日對委託施工單位建設的生產車間辦理驗收手續，由在建工程轉入固定資產原值 500 萬元（城鎮土地使用稅 4 元／平方米；房產稅計算餘值的扣除比例 20%）。

該企業當年應繳納的房產稅、城鎮土地使用稅是多少？

第一節　房產稅

一、房產稅概述

(一) 房產稅的概念

房產稅是以房產為徵稅對象，依據房產價格或房產租金收入向房產所有人或經營人徵收的一種財產稅。

房產稅是一個歷史悠久的稅種，最早始於周朝「廛布」。唐朝開徵的「間架稅」、清初的「市廛輸鈔」以及清末和國民黨政府的「房捐」等，均屬房產稅的範疇。新中國成立后，1950 年 1 月，政務院公布了《全國稅政實施要則》，規定全國統一徵收房產稅和地產稅。同年 6 月，為簡並稅種，調整稅收，將房產稅和地產稅合併為房地產稅。1951 年 8 月政務院公布了《城市房地產稅暫行條例》。1973 年工商稅制改革時，把對

企業徵收的城市房地產稅並入工商稅，只對有房產的個人、外商獨資企業和房產管理部門繼續徵收城市房地產稅。

1984年進行工商稅制全面改革，重新恢復對房產徵稅。1986年9月15日，國務院正式發布了《中華人民共和國房產稅暫行條例》，從當年10月1日開始施行。各省、自治區、直轄市人民政府根據該條例規定，先後制定了施行細則。至此，房產稅又在全國範圍內全面徵收。

徵收房產稅有利於地方政府籌集財政收入，有利於加強房產管理。

(二) 房產稅的特點

1. 房產稅屬於財產稅中的個別財產稅

財產稅按徵收方式分類，可分為一般財產稅與個別財產稅。一般財產稅也稱綜合財產稅，是對納稅人擁有的財產綜合課徵的稅收。個別財產稅，也稱特種財產稅，是對納稅人所有的土地、房屋、資本或其他財產分別課徵的稅收。中國現行房產稅屬於個別財產稅。

2. 徵稅範圍限於城鎮的經營性房屋

房產稅的徵稅範圍是在城市、縣城、建制鎮和工礦區，不涉及農村。農村的房屋，大部分是農民居住用房，為了不增加農民負擔，對農村的房屋沒有納入徵稅範圍。另外，對某些擁有房屋但自身沒有納稅能力的單位，如國家撥付行政經費、事業經費和國防經費的單位自用的房產，稅法也通過免稅的方式將這類房屋排除在徵稅範圍之外。

3. 區別房屋的經營使用方式規定徵稅辦法

擁有房屋的單位和個人，既可以自己使用房屋，又可以把房屋用於出租、出典。房產稅根據納稅人經營形式的不同，確定對房屋徵稅可以按房產計稅餘值徵收，又可以按租金收入徵收，使其符合納稅人的經營特點，便於平衡稅收負擔和徵收管理。

二、房產稅的基本要素

(一) 納稅義務人

房產稅以在徵稅範圍內的房屋產權所有人為納稅人。具體為：

(1) 產權屬國家所有的，由經營管理單位納稅；產權屬集體和個人所有的，由集體單位和個人納稅。

(2) 產權出典的，由承典人依照房產餘值繳納房產稅。所謂產權出典，是指產權所有人將房屋、生產資料等的產權，在一定期限內典當給他人使用，而取得資金的一種融資業務。由於在房屋出典期間，產權所有人已無權支配房屋，因此，由對房屋具有支配權的承典人為納稅人。

(3) 產權所有人、承典人不在房屋所在地的，或者產權未確定及租典糾紛未解決的，由房產代管人或者使用人納稅。

對租典糾紛尚未解決的房產，規定由代管人或使用人為納稅人，其主要目的在於加強徵收管理，保證房產稅及時入庫。

(4) 無租使用其他單位房產的應稅單位和個人，依照房產餘值代繳納房產稅。

（5）自 2009 年 1 月 1 日起，外商投資企業、外國企業和組織以及外籍個人，依照《房產稅暫行條例》繳納房產稅。

（二）徵稅對象

房產稅的徵稅對象是房產。所謂房產，是指有屋面和圍護結構（有牆或兩邊有柱），能夠遮風避雨，可供人們在其中生產、學習、工作、娛樂、居住或貯藏物資的場所。包括與房屋不可分割的各種附屬設備或一般不單獨計價的配套設施。

房地產開發企業建造的商品房，在出售前，不徵收房產稅；但對出售前房地產開發企業已使用或出租、出借的商品房應按規定徵收房產稅。

（三）徵稅範圍

房產稅的徵稅範圍為：城市、縣城、建制鎮和工礦區。

1. 城市是指國務院批准設立的市。
2. 縣城是指縣人民政府所在地的地區。
3. 建制鎮是指經省、自治區、直轄市人民政府批准設立的建制鎮。
4. 工礦區是指工商業比較發達、人口比較集中、符合國務院規定的建制鎮標準但尚未設立建制鎮的大中型工礦企業所在地。開徵房產稅的工礦區須經省、自治區、直轄市人民政府批准。

房產稅的徵稅範圍不包括農村，這主要是為了減輕農民的負擔。因為農村的房屋，除農副業生產用房外，大部分是農民居住用房。對農村房屋不納入房產稅徵稅範圍，有利於農業發展，繁榮農村經濟，有利於社會穩定。

（四）稅率

中國現行房產稅採用的是比例稅率。由於房產稅的計稅依據分為從價計徵和從租計徵兩種形式，所以房產稅的稅率也有兩種：一種是按房產原值一次減除 10%～30% 后的餘值計徵的，稅率為 1.2%；另一種是按房產出租的租金收入計徵的，稅率為 12%。自 2008 年 3 月 1 日起，對個人出租住房，不分用途減按 4% 的稅率徵收房產稅。

（五）稅收優惠

房產稅的稅收優惠是根據國家政策需要和納稅人的負擔能力制定的。由於房產稅屬地方稅，因此給予地方一定的減免權限，有利於地方因地制宜處理問題。

目前，房產稅的稅收優惠政策主要有：

（1）國家機關、人民團體、軍隊自用的房產免徵房產稅。但上述免稅單位的出租房產以及非自身業務使用的生產、營業用房，不屬於免稅範圍。

（2）由國家財政部門撥付事業經費的單位，如學校、醫療衛生單位、托兒所、幼兒園、敬老院、文化、體育、藝術這些實行全額或差額預算管理的事業單位所有的，本身業務範圍內使用的房產免徵房產稅。企業辦的各類學校、醫院、托兒所、幼兒園自用的房產，比照上述規定，免徵房產稅。

（3）宗教寺廟、公園、名勝古跡自用的房產免徵房產稅。

（4）個人所有非營業用的房產免徵房產稅。

(5) 經財政部批准免稅的其他房產。

三、房產稅應納稅額的計算

(一) 計稅依據

房產稅的計稅依據是房產的計稅價值或房產的租金收入。按照房產計稅價值徵稅的，稱為從價計徵；按照房產租金收入計徵的，稱為從租計徵。

1. 從價計徵

《房產稅暫行條例》規定，房產稅依照房產原值一次減除10%～30%後的餘值計算繳納。各地扣除比例由當地省、自治區、直轄市人民政府確定。

(1) 房產原值是指納稅人按照會計制度規定，在帳簿固定資產科目中記載的房屋原價。因此，凡按會計制度規定在帳簿中記載有房屋原價的，應以房屋原價按規定減除一定比例後作為房產餘值計徵房產稅；沒有記載房屋原價的，按照上述原則，並參照同類房屋確定房產原值，按規定計徵房產稅。

值得注意的是：自2009年1月1日起，對依照房產原值計稅的房產，不論是否記載在會計帳簿固定資產科目中，均應按照房屋原價計算繳納房產稅。房屋原價應根據國家有關會計制度規定進行核算。對納稅人未按國家會計制度規定核算並記載的，應按規定予以調整或重新評估。

自2010年12月21日起，對按照房產原值計稅的房產，無論會計上如何核算，房產原值均應包含地價，包括為取得土地使用權支付的價款、開發土地發生的成本費用等。宗地容積率低於0.5的，按房產建築面積的2倍計算土地面積並據此確定計入房產原值的地價。

(2) 房產原值應包括與房屋不可分割的各種附屬設備或一般不單獨計算價值的配套設施。主要有：暖氣、衛生、通風、照明、煤氣等設備；各種管線，如蒸汽、壓縮空氣、石油、給水排水等管道及電力、電信、電纜導線；電梯、升降機、過道、曬臺等。屬於房屋附屬設備的水管、下水道、暖氣管、煤氣管等應從最近的探視井或三通管起，計算原值；電燈網、照明線從進線盒連接管起，計算原值。

從2006年1月1日起，為了維持和增加房屋的使用功能或使房屋滿足設計要求凡以房屋為載體，不可隨意移動的附屬設備和配套設施，如給排水、採暖、消防、中央空調、電氣及智能化樓宇設備等，無論在會計核算中是否單獨記帳與核算，都應計入房產原值，計徵房產稅。對於更換房屋附屬設備和配套設施的，在將其價值計入房產原值時，可扣減原來相應設備和設施的價值；對附屬設備和配套設施中易損壞、需要經常更換的零配件，更新後不再計入房產原值。

(3) 納稅人對原有房屋進行改建、擴建的，要相應增加房屋的原值。

(4) 對投資聯營的房產，在計徵房產稅時應予以區別對待。對於以房產投資聯營，投資者參與投資利潤分紅，共擔風險的，按房產餘值作為計稅依據計徵房產稅；對以房產投資，收取固定收入，不承擔聯營風險的，實際是以聯營名義取得房產租金，應根據《房產稅暫行條例》的有關規定由出租方按租金收入計繳房產稅。

(5) 自 2009 年 12 月 1 日起，融資租賃的房產，由承租人自融資租賃合同約定開始日的次月起依照房產餘值繳納房產稅。合同未約定開始日的，由承租人自合同簽訂的次月起依照房產餘值繳納房產稅。

(6) 2007 年 1 月 1 日起，對居民住宅區內業主共有的經營性房產，由實際經營（包括自營和出租）的代管人或使用人繳納房產稅。其中自營的，依照房產原值減除 10%～30% 后的餘值計徵，沒有房產原值或不能將業主共有房產與其他房產的原值準確劃分開的，由房產所在地地方稅務機關參照同類房產核定房產原值；出租的，依照租金收入計徵。

(7) 凡在房產稅徵收範圍內的具備房屋功能的地下建築，包括與地上房屋相連的地下建築以及完全建在地面以下的建築、地下人防設施等，均應當依照有關規定徵收房產稅。

上述具備房屋功能的地下建築是指有屋面和維護結構，能夠遮風避雨，可供人們在其中生產、經營、工作、學習、娛樂、居住或儲藏物資的場所。自用的地下建築，按以下方式計稅：

①工業用途房產，以房屋原價的 50%～60% 作為應稅房產原值

應納房產稅的稅額 = 應稅房產原值 × [1 − (10%～30%)] × 1.2%

②商業和其他用途房產，以房屋原價的 70%～80% 作為應稅房產原值

應納房產稅的稅額 = 應稅房產原值 × [1 − (10%～30%)] × 1.2%

房屋原價折算為應稅房產原值的具體比例，由各省、自治區、直轄市和計劃單列市財政和地方稅務部門在上述幅度內自行確定

③對於與地上房屋相連的地下建築，如房屋的地下室、地下停車場、商場的地下部分等，應將地下部分與地上房屋視為一個整體按照地上房屋建築的有關規定計算徵收房產稅

(8) 對出租房產，租賃雙方簽訂的租賃合同約定有免收租金期限的，免收租金期間由產權所有人按照房產原值繳納房產稅。

2. 從租計徵

《房產稅暫行條例》規定，房產出租的，以不含增值稅的房產租金收入為房產稅的計稅依據。

所謂房產的租金收入，是房屋產權所有人出租房產使用權所得的報酬，包括貨幣收入和實物收入。

如果是以勞務或者其他形式為報酬抵付房租收入的，應根據當地同類房產的租金水平，確定一個標準租金額從租計徵。

出租的地下建築，按照出租地上房屋建築的有關規定計算徵收房產稅。

(二) 應納稅額的計算方法

房產稅的計稅依據有兩種，與之相適應的應納稅額計算也分為兩種：一是從價計徵的計算；二是從租計徵的計算。

1. 從價計徵的計算

從價計徵是按房產的原值減除一定比例后的餘值計徵，其計算公式為：

應納稅額 = 應稅房產原值 × (1 - 扣除比例) × 1.2%

【例 11 - 1】本章導入案例企業應繳納的房產稅計算如下：

自用房產（不含委託建設的生產車間）從價計稅：

(4,000 - 200) × (1 - 20%) × 1.2% = 36.48（萬元）

企業辦的各類學校托兒所、幼兒園自用的房產免徵房產稅

下半年出租倉庫，則上半年 1～6 月共 6 個月的使用期按房產餘值計稅：

200 × (1 - 20%) × 1.2% ÷ 12 × 6 = 0.96（萬元）

出租倉庫按 7 月至當年底共 6 個月租金收入計稅：

1.5 × 6 × 12% = 1.08（萬元）

在建工程完工轉入的房產應自辦理驗收手續之次月起計稅，故應從 9 月計至年底共 4 個月：

500 × (1 - 20%) × 1.2% / 12 × 4 = 1.6（萬元）

2015 年應繳納房產稅 = 36.48 + 0.96 + 1.08 + 1.6 = 40.12（萬元）

2. 從租計徵的計算

從租計徵是按房產的租金收入計徵，其計算公式為：

應納稅額 = 租金收入 × 12%（或 4%）

【例 11 - 2】某公司出租房屋 3 間，年租金收入為 30,000 元（不含增值稅），適用稅率為 12%。請計算其應納房產稅稅額。

【解析】：應納稅額 = 30,000 × 12% = 3,600（元）

四、房產稅的徵收管理

（一）納稅義務發生時間

（1）納稅人將原有房產用於生產經營，從生產經營之月起繳納房產稅。

（2）納稅人自行新建房屋用於生產經營，從建成之次月起繳納房產稅。

（3）納稅人委託施工企業建設的房屋，從辦理驗收手續之次月起繳納房產稅。

（4）納稅人購置新建商品房，自房屋交付使用之次月起繳納房產稅。

（5）納稅人購置存量房，自辦理房屋權屬轉移、變更登記手續，房地產權屬登記機關簽發房屋權屬證書之次月起，繳納房產稅。

（6）納稅人出租、出借房產，自交付出租、出借房產之次月起，繳納房產稅。

（7）房地產開發企業自用、出租、出借本企業建造的商品房，自房屋使用或交付之次月起，繳納房產稅。

（8）自 2009 年 1 月 1 日起，納稅人因房產的實物或權利狀態發生變化而依法終止房產稅納稅義務的，其應納稅款的計算應截止到房產的實物或權利狀態發生變化的當月末。

（二）納稅期限

房產稅實行按年計算、分期繳納的徵收方法，具體納稅期限由省、自治區、直轄市人民政府確定。

（三）納稅地點

房產稅在房產所在地繳納。房產不在同一地方的納稅人，應按房產的坐落地點分別向房產所在地的稅務機關納稅。

（四）納稅申報

房產稅的納稅人應按照條例的有關規定，及時辦理納稅申報，並如實填寫「房產稅納稅申報表」。

第二節　城鎮土地使用稅

一、城鎮土地使用稅概述

（一）城鎮土地使用稅概念

城鎮土地使用稅是以國有土地或集體土地為徵稅對象，對擁有土地使用的單位和個人徵收的一種稅。

早在新中國成立初期，中國就開徵了地產稅。1951 年地產稅與房產稅合併為城市房地產稅。1973 年簡化稅制時，將對國內企業徵收的房地產稅並入了工商稅。中國長期以來對非農業用地基本上實行行政劃撥、無償、無限期使用的辦法。這種土地無償使用制度造成了土地資源的極大浪費。為此，1984 年第二步利改稅時草擬了《土地使用稅暫行條例》（草案），將地產稅從城市房地產稅中劃出，改名為土地使用稅。1988 年國務院發布了《城鎮土地使用稅暫行條例》，並於當年 11 月 1 日起施行。2006 年 12 月 31 日，國務院修改並頒布了《城鎮土地使用稅暫行條例》，從 2007 年 1 月 1 日起施行。2013 年 12 月 7 日根據《國務院關於修改部分行政法規的決定》再次修訂。徵收城鎮土地使用稅有利於促進土地的合理使用，調節土地級差收入，有利於籌集地方財政資金。

（二）城鎮土地使用稅的特點

1. 徵稅對象

中國《憲法》明確規定，城鎮土地的所有權歸國家，單位和個人對占用的土地只有使用權而無所有權。國家既可以憑藉財產權利對土地使用人獲取的收益進行分配，又可以憑藉政治權利對土地使用者進行徵稅。開徵城鎮土地使用稅，實質上是運用國家政治權力，將納稅人獲取的本應屬於國家的土地收益集中到國家手中。農業土地因屬於集體所有，故未納入徵稅範圍。

2. 徵稅範圍

現行城鎮土地使用稅對在中國境內使用土地的單位和個人徵收。徵收範圍較廣的土地使用稅，將在籌集地方財政資金、調節土地使用和收益分配方面發揮積極作用。

3. 實行差別幅度稅額

開徵城鎮土地使用稅的目的之一，在於調節土地的級差收入，而級差收入的產生主要取決於土地的位置。佔有土地位置優越的納稅人可以節約運輸和流通費用，擴大銷售和經營規模，取得額外經濟收益。為了有利於體現國家政策，城鎮土地使用稅實行差別幅度稅額。對不同城鎮適用不同稅額，對同一城鎮的不同地段，根據市政建設狀況和經濟繁榮程度也確定了不等的負擔水平。

二、城鎮土地使用稅的基本要素

(一) 納稅義務人

在城市、縣城、建制鎮、工礦區範圍內使用土地的單位和個人，為城鎮土地使用稅（以下簡稱土地使用稅）的納稅人。

所稱單位，包括國有企業、集體企業、私營企業、股份制企業、外商投資企業、外國企業以及其他企業和事業單位、社會團體、國家機關、軍隊以及其他單位；所稱個人，包括個體工商戶以及其他個人。

城鎮土地使用稅的納稅人通常包括以下幾類：

1. 擁有土地使用權的單位和個人。
2. 擁有土地使用權的單位和個人不在土地所在地的，其土地的實際使用人和代管人為納稅人。
3. 土地使用權未確定或權屬糾紛未解決的，其實際使用人為納稅人。
4. 土地使用權共有的，共有各方都是納稅人，由共有各方分別納稅。

幾個人或幾個單位共同擁有一塊土地的使用權，這塊土地的城鎮土地使用稅的納稅人應是對這塊土地擁有使用權的每一個人或每一個單位。他們應以其實際使用的土地面積占總面積的比例，分別計算繳納土地使用稅。例如，某城市的甲與乙共同擁有一塊土地的使用權，這塊土地面積為1,500平方米，甲實際使用1/3，乙實際使用2/3，則甲應是其所占的土地500平方米（1,500×1/3）的城鎮土地使用稅的納稅人，乙是其所占的土地1,000平方米（1,500×2/3）的城鎮土地使用稅的納稅人。

(二) 徵稅範圍

城鎮土地使用稅的徵稅範圍，包括在城市、縣城、建制鎮和工礦區內的國家所有和集體所有的土地。

上述城市、縣城、建制鎮和工礦區分別按以下標準確認：

(1) 城市是指經國務院批准設立的市。

(2) 縣城是指縣人民政府所在地。

(3) 建制鎮是指經省、自治區、直轄市人民政府批准設立的建制鎮。

(4) 工礦區是指工商業比較發達，人口比較集中，符合國務院規定的建制鎮標準，但尚未設立建制鎮的大中型工礦企業所在地。工礦區的設立須經省、自治區、直轄市人民政府批准。

建立在城市、縣城、建制鎮和工礦區以外的工礦企業不需要繳納城鎮土地使用稅。

(三) 稅率

城鎮土地使用稅採用定額稅率，即採用有幅度的差別稅額，按大、中、小城市和縣城、建制鎮、工礦區分別規定每平方米土地使用稅年應納稅額。具體標準如下：

(1) 大城市 1.5~30 元。
(2) 中等城市 1.2~24 元。
(3) 小城市 0.9~18 元。
(4) 縣城、建制鎮、工礦區 0.6~12 元。

大、中、小城市以公安部門登記在冊的非農業正式戶口人數為依據，按照國務院頒布的《城市規劃條例》中規定的標準劃分。人口在 50 萬以上者為大城市；人口在 20 萬~50 萬之間者為中等城市；人口在 20 萬以下者為小城市，如表 11 達式-1 所示。

表 11-1　　　　　　　　　城鎮土地使用稅稅率表

級別	人口（人）	每平方米稅額（元）
大城市	50 萬以上	1.5~30
中等城市	20 萬~50 萬	1.2~24
小城市	20 萬以下	0.9~18
縣城、建制鎮、工礦區		0.6~12

各省、自治區、直轄市人民政府可根據市政建設情況和經濟繁榮程度在規定稅額幅度內，確定所轄地區的適用稅額幅度。經濟落後地區，土地使用稅的適用稅額標準可適當降低，但降低額不得超過上述規定最低稅額的 30%。經濟發達地區的適用稅額標準可以適當提高，但須報財政部批准。

土地使用稅規定幅度稅額主要考慮到中國各地區存在著懸殊的土地級差收益，同一地區內不同地段的市政建設情況和經濟繁榮程度也有較大的差別。把土地使用稅稅額定為幅度稅額，拉開檔次，而且每個幅度稅額的差距規定為 20 倍。這樣，各地政府在劃分本轄區不同地段的等級，確定適用稅額時有選擇餘地，便於具體劃分和確定。幅度稅額還可以調節不同地區、不同地段之間的土地級差收益，盡可能地平衡稅負。

(四) 稅收優惠

1. 法定免繳城鎮土地使用稅的優惠項目

(1) 國家機關、人民團體、軍隊自用的土地。這部分土地是指這些單位本身的辦公用地和公務用地。如國家機關、人民團體的辦公樓用地，軍隊的訓練場用地等。

(2) 由國家財政部門撥付事業經費的單位自用的土地。這部分土地是指這些單位本身的業務用地。如學校的教學樓、操場、食堂等占用的土地。

(3) 宗教寺廟、公園、名勝古跡自用的土地。宗教寺廟自用的土地，是指舉行宗教儀式等的用地和寺廟內的宗教人員生活用地。

公園、名勝古跡自用的土地，是指供公共參觀遊覽的用地及其管理單位的辦公用地。以上單位的生產、經營用地和其他用地，不屬於免稅範圍，應按規定繳納土地使用

稅,如公園、名勝古跡中附設的營業單位如影劇院、飲食部、茶社、照相館使用的土地。

(4) 市政街道、廣場、綠化地帶等公共用地。

(5) 直接用於農、林、牧、漁業的生產用地。這部分土地是指直接從事於種植養殖、飼養的專業用地,不包括農副產品加工場地和生活辦公用地。

(6) 經批准開山填海整治的土地和改造的廢棄土地,從使用的月份起免繳土地使用稅5~10年。具體免稅期限由各省、自治區、直轄市地方稅務局在《城鎮土地使用稅暫行條例》規定的期限內自行確定。

(7) 對非營利性醫療機構、疾病控製機構和婦幼保健機構等衛生機構自用的土地,免徵城鎮土地使用稅。對營利性醫療機構自用的土地自2000年起免徵城鎮土地使用稅3年。

(8) 企業辦的學校、醫院、托兒所、幼兒園,其用地能與企業其他用地明確區分的,免徵城鎮土地使用稅。

(9) 免稅單位無償使用納稅單位的土地(如公安、海關等單位使用鐵路、民航等單位的土地),免徵城鎮土地使用稅。納稅單位無償使用免稅單位的土地,納稅單位應照章繳納城鎮土地使用稅。納稅單位與免稅單位共同使用、共有使用權土地上的多層建築,對納稅單位可按其占用的建築面積占建築總面積的比例計徵城鎮土地使用稅。

(10) 對行使國家行政管理職能的中國人民銀行總行(含國家外匯管理局)所屬分支機構自用的土地,免徵城鎮土地使用稅。

(11) 為了體現國家的產業政策,支持重點產業的發展,對石油、電力、煤炭等能源用地,民用港口、鐵路等交通用地和水利設施用地,三線調整企業、鹽業、採石場、郵電等一些特殊用地劃分了徵免稅界限和給予政策性減免稅照顧。

2. 由省、自治區、直轄市稅務局確定土地的徵免稅項目

(1) 個人所有的居住房屋及院落用地;

(2) 房產管理部門在房租調整改革前經租的居民住房用地;

(3) 免稅單位職工家屬的宿舍用地;

(4) 集體和個人辦的各類學校、醫院、托兒所、幼兒園用地。

三、城鎮土地使用稅應納稅額的計算

(一) 計稅依據

城鎮土地使用稅以納稅人實際占用的土地面積為計稅依據,土地面積計量標準為每平方米;即稅務機關根據納稅人實際占用的土地面積,按照規定的稅額計算應納稅額,向納稅人徵收土地使用稅。

納稅人實際占用的土地面積按下列辦法確定:

1. 由省、自治區、直轄市人民政府確定的單位組織測定土地面積的,以測定的面積為準。

2. 尚未組織測量,但納稅人持有政府部門核發的土地使用證書的,以證書確認的土地面積為準。

3. 尚未核發土地使用證書的,應由納稅人申報土地面積,據以納稅,待核發土地

使用證以後再作調整。

4. 對在城鎮土地使用稅徵稅範圍內單獨建造的地下建築用地，按規定徵收城鎮土地使用稅。其中，已取得地下土地使用權證的，按土地使用權證確認的土地面積計算應徵稅款；未取得地下土地使用權證或地下土地使用權證上未標明土地面積的，按地下建築垂直投影面積計算應徵稅款。對上述地下建築用地暫按應徵稅款的50%徵收城鎮土地使用稅。

(二) 應納稅額的計算方法

城鎮土地使用稅的應納稅額可以通過納稅人實際占用的土地面積乘以該土地所在地段的適用稅額求得。其計算公式為：

全年應納稅額 = 實際占用應稅土地面積（平方米）× 適用稅額

【例11-3】本章導入案例企業應繳納的城鎮土地使用稅計算如下：

企業辦的學校、幼兒園，其用地能與企業其他用地明確區分的，可免繳城鎮土地使用稅，但企業內部綠化用地照章徵收城鎮土地使用稅。

應納稅額 =（65,000－3,000－1,200）×4 = 243,200（元）

四、城鎮土地使用稅的徵收管理

(一) 納稅期限

城鎮土地使用稅實行按年計算、分期繳納的徵收方法，具體納稅期限由省、治區、直轄市人民政府確定。

(二) 納稅義務發生時間

（1）納稅人購置新建商品房，自房屋交付使用之次月起，繳納城鎮土地使用稅。

（2）納稅人購置存量房，自辦理房屋權屬轉移、變更登記手續，房地產權屬登記機關簽發房屋權屬證書之次月起，繳納城鎮土地使用稅。

（3）納稅人出租、出借房產，自交付出租、出借房產之次月起，繳納城鎮土地使用稅。

（4）以出讓或轉讓方式有償取得土地使用權的，應由受讓方從合同約定交稅時間的次月起繳納城鎮土地使用稅；合同未約定交付時間的，由受讓方從合同簽訂的次月起繳納城鎮土地使用稅。

（5）納稅人新徵用的耕地，自批准徵用之日起滿1年時開始繳納土地使用稅。

（6）納稅人新徵用的非耕地，自批准徵用次月起繳納土地使用稅。

（7）自2009年1月1日起，納稅人因土地的權利發生變化而依法終止城鎮使用稅納稅義務的，其應納稅款的計算應截止到土地權利發生變化的當月末。

(三) 納稅地點和徵收機構

城鎮土地使用稅在土地所在地繳納。納稅人使用的土地不屬於同一省、自治區、直轄市管轄的，由納稅人分別向土地所在地的稅務機關繳納土地使用稅；在同一省、自治區、直轄市管轄範圍內，稅人跨地區使用的土地，其納稅地點由各省、自治區、直轄市地方稅務局確認。

土地使用稅由土地所在地的地方稅務機關徵收，其收入納入地方財政預管理。土地使用稅徵收工作涉及面廣，政策性較強，在稅務機關負責徵收的同時，還必須注意加強同國土管理、測繪等有關部門的聯繫，及時取得土地的權屬資料，溝通情況，共同協作把徵收管理工作做好。

（四）納稅申報

城鎮土地使用稅的納稅人應按照條例的有關規定及時辦理納稅申報，並如實填寫「城鎮土地使用稅納稅申報表」。

第三節　耕地占用稅

一、耕地占用稅概述

（一）耕地占用稅的概念

耕地占用稅是國家對占用耕地建房或從事非農業建設的單位和個人，依其實際占用耕地的面積，按照規定稅額一次性徵收的一種稅。它屬於對特定土地資源占用課稅。開徵耕地占用稅對保護國土資源、促進農業可持續發展，以及強化耕地管理、保護農民的切身利益等，都具有十分重要的意義。現行耕地占用稅法的基本規範，是2007年12月1日，國務院第511號令，重新頒布的《中華人民共和國耕地占用稅暫行條例》（以下簡稱《耕地占用稅暫行條例》）。

（二）耕地占用稅的特點

耕地占用稅作為一個出於特定目的、對特定的土地資源課徵的稅種，與其他稅種相比具有比較鮮明的特點，主要表現在：

1. 兼具資源稅與特定行為稅的性質

耕地占用稅以占用農用耕地建房或從事其他非農用建設的行為為徵稅對象，以約束納稅人占用耕地的行為、促進土地資源的合理運用為課徵目的，除具有資源占用稅的屬性外，還具有明顯的特定行為稅的特點。

2. 採用地區差別稅率

耕地占用稅採用地區差別稅率，根據不同地區的具體情況，分別制定差別稅率，以適應中國地域遼闊、各地區之間耕地質量差別較大、人均佔有耕地面積相差懸殊的具體情況，具有因地制宜的特點。

3. 在占用耕地環節一次性課徵

耕地占用稅在納稅人獲準占用耕地的環節徵收，除對獲準占用耕地后超過兩年未使用者須加徵耕地占用稅外，此後不再徵收耕地占用稅。因而，耕地占用稅具有一次性徵收的特點。

4. 稅收收入專用於耕地開發與改良

耕地占用稅收入按規定應用於建立發展農業專項基金，主要用於開展宜耕土地開

發和改良現有耕地之用，因此，具有「取之於地、用之於地」的補償性特點。

二、耕地占用稅的基本要素

（一）納稅義務人

耕地占用稅的納稅義務人，是占用耕地建房或從事非農業建設的單位和個人。

所稱單位，包括國有企業、集體企業、私營企業、股份制企業、外商投資企業、外國企業以及其他企業和事業單位、社會團體、國家機關、軍隊以及其他單位；所稱個人，包括個體工商戶以及其他個人。

（二）徵稅範圍

耕地占用稅的徵稅範圍包括納稅人為建房或從事其他非農業建設而占用的國家所有和集體所有的耕地。

所謂「耕地」是指種植農業作物的土地，包括菜地、園地。其中，園地包括花圃、苗圃、茶園、果園、桑園和其他種植經濟林木的土地。

占用魚塘及其他農用土地建房或從事其他非農業建設，也視同占用耕地，必須依法徵收耕地占用稅。占用已開發從事種植、養殖的灘塗、草場、水面和林地等從事非農業建設，由省、自治區、直轄市本著有利於保護土地資源和生態平衡的原則，結合具體情況確定是否徵收耕地占用稅。

（三）稅率

由於在中國的不同地區之間人口和耕地資源的分佈極不均衡，有些地區人口稠密，耕地資源相對匱乏；而有些地區則人煙稀少，耕地資源比較豐富。各地區之間的經濟發展水平也有很大差異。考慮到不同地區之間客觀條件的差別以及與此相關的稅收調節力度和納稅人負擔能力方面的差別，耕地占用稅在稅率設計上採用了地區差別定額稅率。稅率規定如下：

（1）人均耕地不超過1畝（1畝＝666.67平方米，下同）的地區（以縣級行政區域為單位，下同），每平方米為10～50元。

（2）人均耕地超過1畝但不超過2畝的地區，每平方米為8～40元。

（3）人均耕地超過2畝但不超過3畝的地區，每平方米6～30元。

（4）人均耕地超過3畝以上的地區，每平方米5～25元。

經濟特區、經濟技術開發區和經濟發達、人均耕地特別少的地區，適用稅額可以適當提高，但最多不得超過上述規定稅額的50％，如表11-2所示。

表11-2　　　　各省、自治區、直轄市耕地占用稅平均稅額表

地區	每平方米/平均稅額（元）
上海	45
北京	40
天津	35

表11－2(續)

地區	每平方米/平均稅額（元）
江蘇、浙江、福建、廣東	30
遼寧、湖北、湖南	25
河北、安徽、江西、山東、河南、重慶、四川	22.5
廣西、海南、貴州、雲南、陝西	20
山西、吉林、黑龍江	17.5
內蒙古、西藏、甘肅、青海、寧夏、新疆	12.5

（四）稅收優惠

1. 免徵耕地占用稅

（1）軍事設施占用耕地。

（2）學校、幼兒園、養老院、醫院占用耕地。

2. 減徵耕地占用稅

（1）鐵路線路、公路線路、飛機場跑道、停機坪、港口、航道占用耕地，減按每平方米2元的稅額徵收耕地占用稅。

根據實際需要，國務院財政、稅務主管部門會商國務院有關部門並報國務院批准後，可以對前款規定的情形免徵或者減徵耕地占用稅。

（2）農村居民占用耕地新建住宅，按照當地適用稅額減半徵收耕地占用稅。

農村烈士家屬、殘疾軍人、鰥寡孤獨以及革命老根據地、少數民族聚居區和邊遠貧困山區生活困難的農村居民，在規定用地標準以內新建住宅繳納耕地占用稅確有困難的，經所在地鄉（鎮）人民政府審核，報經縣級人民政府批准後，可以免徵或者減徵耕地占用稅。

免徵或者減徵耕地占用稅後，納稅人改變原占地用途，不再屬於免徵或者減徵耕地占用稅情形的，應當按照當地適用稅額補繳耕地占用稅。

三、耕地占用稅應納稅額的計算

（一）計稅依據

耕地占用稅以納稅人占用耕地的面積為計稅依據，以平方米為計量單位。

（二）應納稅額的計算方法

耕地占用稅以納稅人實際占用的耕地面積為計稅依據，按適用的定額稅率計稅。其計算公式為：

應納稅額＝實際占用耕地面積(平方米)×適用定額稅率

【例11－4】假設某市一家企業新占用18,600平方米耕地用於工業建設，所占耕地適用的定額稅率為20元/平方米。計算該企業應納的耕地占用稅。

【解析】：應納稅額＝18,600×20 ＝372,000（元）

四、耕地占用稅的徵收管理

耕地占用稅由地方稅務機關負責徵收。土地管理部門在通知單位或者個人辦理占用耕地手續時，應當同時通知耕地所在地同級地方稅務機關。獲準占用耕地的單位或者個人應當在收到土地管理部門的通知之日起 30 日內繳納耕地占用稅。土地管理部門憑耕地占用稅完稅憑證或者免稅憑證和其他有關文件發放建設用地批准書。

納稅人臨時占用耕地，應當依照本條例的規定繳納耕地占用稅。納稅人在批准臨時占用耕地的期限內恢復所占用耕地原狀的，全額退還已經繳納的耕地占用稅。

占用林地、牧草地、農田水利用地、養殖水面以及漁業水域灘塗等其他農用地建房或者從事非農業建設的，比照本條例的規定徵收耕地占用稅。建設直接為農業生產服務的生產設施占用前款規定的農用地的，不徵收耕地占用稅。

本章小結

思考與練習題

一、選擇題

1. 下列房屋及建築物中，屬於房產稅徵稅範圍的是（　　）。
   A. 農村的居民住房　　　　　　　B. 建在室外的露天遊泳池
   C. 個人擁有的市區經營性用房　　D. 尚未使用或出租而待售的商品房

2. 某公司辦公大樓原值 30,000 萬元，2014 年 2 月 28 日將其中部分閒置房間出租，租期 2 年。出租部分房產原值 5,000 萬元，租金每年 1,000 萬元。當地規定房產原值減除比例為 20%，2014 年該公司應繳納房產稅（　　）。
   A. 288 萬元　　　B. 340 萬元　　　C. 348 萬元　　　D. 360 萬元

3. 下列土地中，免徵城鎮土地使用稅的是（　　）。
   A. 營利性醫療機構自用的土地　　　　B. 公園內附設照相館使用的土地
   C. 生產企業使用海關部門的免稅土地　D. 公安部門無償使用鐵路企業的應稅土地

4. 2014 年年底某會計師事務所與政府機關因各自辦公所需共同購得一棟辦公樓，占地面積 5,000 平方米，建築面積 40,000 平方米，樓高 10 層，政府機關占用 7 層。該

樓所在地城鎮土地使用稅的年稅額為 5 元/平方米，則該會計師事務所與政府機關 2015 年共計應繳納城鎮土地使用稅（　　）。

  A. 7,500 元 B. 17,500 元 C. 25,000 元 D. 200,000 元

 5. 下列耕地占用的情形中，屬於免徵耕地占用稅的是（　　）。

  A. 醫院占用耕地   B. 建廠房占用魚塘

  C. 高爾夫球場占用耕地   D. 商品房建設占用林地

 6. 村民張某 2013 年起承包耕地面積 3,000 平方米。2014 年將其中 300 平方米用於新建住宅，其餘耕地仍和去年一樣使用，即 700 平方米用於種植藥材，2,000 平方米用於種植水稻。當地耕地占用稅稅率為 25 元/平方米，張某應繳納的耕地占用稅為（　　）。

  A. 3,750 元 B. 7,500 元 C. 12,500 元 D. 25,000 元

 7. 下列各項中，符合房產稅暫行條例規定的有（　　）。

  A. 將房屋產權出典的，承典人為納稅人

  B. 將房屋產權出典的，產權所有人為納稅人

  C. 房屋產權未確定的，房產代管人或使用人為納稅人

  D. 產權所有人不在房產所在地的，房產代管人或使用人為納稅人

 8. 下列可以成為城鎮土地使用稅納稅人的有（　　）。

  A. 擁有土地使用權的單位和個人 B. 土地的實際使用人

  C. 土地的代管人   D. 共有土地使用權的各方

二、計算題

  位於建制鎮的某公司主要經營農產品種植、銷售業務，公司占地 3 萬平方米，其中農產品的種植用地 2.5 萬平方米，職工宿舍和辦公用地 0.5 萬平方米；房產原值 300 萬元。公司 6 月 30 日簽訂房屋租賃合同一份，將價值 50 萬元的辦公室從 7 月 1 日起出租給他人使用，租期 12 個月，月租 0.2 萬元，每月收不含增值稅租金 1 次（其他相關資料：①適用城鎮土地使用稅稅率每平方米 5 元；②公司所在省規定計算房產餘值的扣除比例為 30%）。

  要求：計算公司當年應繳納的房產稅和城鎮土地使用稅。

    第十一章練習題答案   【案例分析】

第十二章　車船稅、車輛購置稅

【學習目標】

通過本章的學習，學生應瞭解車船稅、車輛購置稅的特點、作用；重點掌握車船稅、車輛購置稅的徵稅範圍、稅率及應稅稅額的計算。理解車船稅、車輛購置稅的優惠政策，熟悉各稅種的徵收管理環節。

【導入案例】

某公司於2014年7月份購買了一輛轎車，當年被盜，但是這輛轎車已經繳納車船稅。請問，該公司能否申請退還這輛被盜車輛的車船稅？

【解析】：根據《車船稅稅法實施細則》的規定，在一個納稅年度內，已經完稅的車船被盜搶、報廢、滅失的，納稅人可以憑有關管理機關出具的證明和完稅證明，向納稅人所在地的主管地方稅務機關申請退還自被盜搶、報廢、滅失月份起，到該納稅年度終了期間的稅款。因此，該公司可以憑相關手續去主管地方稅務機關辦理退還被盜車輛的車船稅款手續。

第一節　車船稅

車船稅法是指國家制定的用以調整車船稅徵收與繳納之間權利及義務關係的法律規範。現行車船稅法的基本規範，是2011年2月25日，由中華人民共和國第十一屆全國人民代表大會常務委員會第十九次會議通過的《中華人民共和國車船稅法》（以下簡稱《車船稅法》），自2012年1月1日起施行。

一、車船稅概述

（一）車船稅的概念

車船稅是以車船為徵稅對象，向擁有車船的單位和個人徵收的一種稅。

（二）車船稅的作用

1. 為地方政府籌集財政資金，支持交通運輸事業發展

改革、開放以來，中國的交通業發展迅速，運輸緊張狀況大為緩解，但矛盾依然存在。開徵車船稅，能夠將分散在車船人手中的部分資金集中起來，增加地方財源，

245

增加對交通運輸建設的財政投入，加快交通運輸業的發展。

2. 有利於車船的管理與合理配置

隨著經濟發展，社會擁有車船的數量急遽增加，開徵車船稅后，購置、使用車船越多，應繳納的車船稅越多，促使納稅人加強對自己擁有的車船的管理和核算，改善資源配置，合理使用車船。

3. 有利於調節財富差異

車船稅除了籌集地方財政收入外，另一重要功能是對個人擁有的財產或財富（如轎車、遊艇等）進行調節，緩解財富分配不公。

二、車船稅的基本要素

（一）納稅義務人

車船稅的納稅義務人，是指在中華人民共和國境內，車輛、船舶（以下簡稱車船）的所有人或者管理人，應當依照《車船稅法》的規定繳納車船稅。從事機動車第三者責任強制保險業務的保險機構為機動車的車船稅扣繳義務人，應當在收取保險費時依法代收車船稅，並出具代收稅款憑證。

（二）徵稅範圍

車船稅的徵收範圍，是指依法應當在中國車船管理部門登記的車船；依法不需要在車船管理部門登記，在單位內部場所行駛或者作業的機動車輛和船舶。

（三）稅目與稅率

車船稅實行定額稅率，即對徵稅的車船規定單位固定稅額（見表 12-1）。

車船稅確定稅額總的原則是：非機動車船的稅負輕於機動車船；人力車的稅負輕於畜力車；小噸位船舶的稅負輕於大船舶。

車輛的具體適用稅額由省、自治區、直轄市人民政府依照車船稅法所附車船稅稅目稅額表規定的稅額幅度和國務院的規定確定。

船舶的具體適用稅額由國務院在車船稅法所附車船稅稅目稅額表規定的稅額幅度內確定。（見表 12-1）

表 12－1　　　　　　　　　　車船稅稅目稅額表

名稱	目錄	計稅單位	年基準稅額（元）	備註
乘用車按發動機氣缸容量（排氣量分檔）	1.0 升（含）以下的	每輛	60～360	核定載客人數 9 人（含）以下
	1.0 升以上至 1.6 升（含）的		300～540	
	1.6 升以上至 2.0 升（含）的		360～660	
	2.0 升以上至 2.5 升（含）的		660～1,200	
	2.5 升以上至 3.0 升（含）的		1,200～2,400	
	3.0 升以上至 4.0 升（含）的		2,400～3,600	
	4.0 升以上的		3,600～5,400	
商用車	客車	每輛	480～1,440	核定載客人數 9 人以上（包括電車）
	貨車	整備質量每噸	16～120	包括半掛牽引車、掛車、客貨兩用汽車、三輪汽車和低速載貨汽車等。
掛車		整備質量每噸	按照貨車稅額的 50% 計算	
其他車輛	專用作業車	整備質量每噸	16～120	不包括拖拉機
	輪式專用機械車	整備質量每噸	16～120	
摩托車		每輛	36～180	
船舶	機動船舶	淨噸位每噸	3～6	拖船、非機動駁船分別按機動船舶稅額 50% 計算。
	遊艇	艇身長度每米	600～2,000	

（1）機動船舶，具體適用稅額為：
①淨噸位小於或者等於 200 噸的，每噸 3 元。
②淨噸位 201 噸～2,000 噸的，每噸 4 元。
③淨噸位 2,001 噸～10,000 噸的，每噸 5 元。
④淨噸位 10,001 噸及其以上的，每噸 6 元。
拖船按照發動機功率每 1 千瓦折合淨噸位 0.67 噸計算徵收車船稅。
（2）遊艇，具體適用稅額為：
①艇身長度不超過 10 米的遊艇，每米 600 元。

②艇身長度超過 10 米但不超過 18 米的遊艇，每米 900 元。
③艇身長度超過 18 米但不超過 30 米的遊艇，每米 1,300 元。
④艇身長度超過 30 米的遊艇，每米 1,800 元。
⑤輔助動力帆艇，每米 600 元。

遊艇艇身長度是遊艇的總長。

(3) 車船稅法及其實施條例涉及的整備質量、淨噸位、艇身長度等計稅單位，有尾數的一律按照含尾數的計稅單位據實計算車船稅應納稅額。

(4) 車船稅法及其實施條例所涉及的排氣量、整備質量、核定載客人數、淨噸位、千瓦、艇身長度，以車船登記管理部門核發的車船登記證書或者行駛證所載數據為準。

依法不需要辦理登記的車船和依法應當登記而未辦理登記或者不能提供車船登記證書、行駛證的車船，以車船出廠合格證明或者進口憑證標註的技術參數、數據為準；不能提供車船出廠合格證明或者進口憑證的，由主管稅務機關參照國家相關標準核定，沒有國家相關標準的參照同類車船核定。

(四) 稅收優惠

1. 法定減免

(1) 捕撈、養殖漁船，是指在漁業船舶管理部門登記為捕撈船或者養殖船的船舶。

(2) 軍隊、武警部隊專用的車船，是指按照規定在軍隊、武警部隊車船管理部門登記，並領取軍用牌照、武警牌照的車船。

(3) 警用車船，是指公安機關、國家安全機關、監獄、勞動教養管理機關和人民法院、人民檢察院領取警用牌照的車輛和執行警務的專用船舶。

(4) 依照法律規定應當予以免稅的外國駐華使館、領事館和國際組織駐華機構及其有關人員的車船。

(5) 對節約能源，使用新能源的車船可以減徵或免徵車船稅；對受嚴重自然災害影響納稅困難以及其他特殊原因確需減、免稅的，可以減徵或免徵車船稅。

(6) 省、自治區、直轄市人民政府根據當地實際情況，可以對公共交通車船，農村居民擁有並主要在農村地區使用的摩托車、三輪汽車和低速載貨汽車定期減徵或者免徵車船稅。

2. 特定減免

(1) 經批准臨時入境的外國車船和中國香港特別行政區、澳門特別行政區、臺灣地區的車船，不徵收車船稅。

(2) 按照規定繳納船舶噸稅的機動船舶，自車船稅法實施之日起 5 年內免徵車船稅。

(3) 依法不需要在車船登記管理部門登記的機場、港口鐵路站場內部行駛或作業的車船，自車船稅法實施之日起 5 年內免徵車船稅。

三、車船稅應納稅額的計算

車船稅由地方稅務機關負責徵收。

（1）購置的新車船，購置當年的應納稅額自納稅義務發生的當月起按月計算。計算公式為：

應納稅額 ＝（年應納稅額÷12）×應納稅月份數

應納稅月份數 ＝ 12－納稅義務發生時間（取月份）＋1

（2）在一個納稅年度內，已完稅的車船被盜搶、報廢、滅失的，納稅人可以憑有關管理機關出具的證明和完稅憑證，向納稅所在地的主管稅務機關申請退還自被盜搶、報廢、滅失月份起至該納稅年度終了期間的稅款。

已辦理退稅的被盜搶車船失而復得的，納稅人應當從公安機關出具相關證明的當月起計算繳納車船稅。

（3）境內單位和個人租入外國籍船舶的，不徵收車船稅。境內單位和個人將船舶出租到境外的，應依法徵收車船稅。

【例12－1】某企業在2015年初擁有整備質量10噸的載貨汽車6輛和小轎車4輛，2015年4月購入整備質量8噸的載貨汽車掛車3輛，當月辦理完登記手續；11月，1輛小轎車被盜，出具了公安機關證明，如當地載貨汽車每噸年稅額60元，小轎車每輛年稅額360元，則該企業2015年共繳納多少車船稅？

【解析】：掛車按照貨車稅額的50%計算車船稅；被盜車輛，可向稅務機關申請退還被盜月份至年度終了期間的稅款。

該企業2015年應納車船稅額 ＝ 10×60×6＋8×60×50%×3×9/12＋360×4－360×2/12＝5,520（元）

四、車船稅的徵收管理

（一）納稅期限

車船稅納稅義務發生時間為取得車船所有權或者管理權的當月。以購買車船的發票或者其他證明文件所載日期的當月為準。

（二）納稅地點

車船稅的納稅地點為車船的登記地或者車船稅扣繳義務人所在地。依法不需要辦理登記的車船，車船稅的納稅地點為車船的所有人或管理人所在地。

（三）納稅申報

車船稅按年申報，分月計算，一次性繳納。納稅年度為公曆1月1日至12月31日。

（1）稅務機關可以在車船登記管理部門、車船檢驗機構的辦公場所集中辦理車船稅徵收事宜。

（2）公安機關交通管理部門在辦理車輛相關登記和定期檢驗手續時，經核查，對沒有提供依法納稅或者免稅證明的，不予辦理相關手續。

（3）已繳納車船稅的車船在同一納稅年度內辦理轉讓過戶的，不另納稅，也不退稅。

（4）納稅人繳納車船稅時，應當提供反映排氣量、整備質量、核定載客人數、淨噸位、千瓦、艇身長度等與納稅相關信息的相應憑證以及稅務機關根據實際需要要求提供的其他資料。納稅人以前年度已經提供前款所列資料信息的，可以不再提供。

（5）納稅人在購買交強險時，由扣繳義務人代收代繳車船稅的，憑註明已收稅款信息的交強險保險單，車輛登記地的主管稅務機關不再徵收該納稅年度的車船稅。再次徵收的，車輛登記地主管稅務機關應予退還。

第二節　車輛購置稅

車輛購置稅法是指國家制定的用以調整車輛購置稅徵收與繳納之間權利及義務關係的法律規範。現行車輛購置稅法的基本規範，是 2000 年 10 月 22 日國務院頒布的《中華人民共和國車輛購置稅暫行條例》（以下簡稱《車輛購置稅暫行條例》），自 2001 年 1 月 1 日實施。

一、車輛購置稅概述

（一）車輛購置稅的概念

車輛購置稅是以在中國境內購置規定的車輛為課稅對象，在特定的環節向車輛購置者徵收的一種稅。就其性質而言，屬於直接稅的範疇。徵收車輛購置稅有利於合理籌集財政資金，規範政府行為，調節收入差距，也有利於配合打擊車輛走私和維護國家權益。

（二）車輛購置稅的特點

車輛購置稅作為一種特殊稅，除具有稅收的共同特點外，還有其自身獨立的特點：

1. 徵收範圍和方法單一

作為財產稅的車輛購置稅，是以購置的特定車輛為課稅對象，而不是對所有的財產或消費財產徵稅，其範圍窄，是一種特種財產稅。同時，根據納稅人購置應稅車輛的計稅價格實行從價計徵，以價格為計稅標準。

2. 徵稅具有特定目的

車輛購置稅具有專門用途，由中央財政根據國家交通建設投資計劃，統籌安排。這種特定目的的稅收，可以保證國家財政支出的需要，既有利於統籌合理地安排資金，又有利於保證特定事業和建設支出的需要。

3. 價外徵收，稅負不發生轉嫁

車輛購置稅的計稅依據中不包含車輛購置稅稅額，車輛購置稅稅額是附加在價格之外的，且納稅人即為負稅人，稅負不發生轉嫁。

二、車輛購置稅的基本要素

(一) 納稅義務人

車輛購置稅的納稅人是指在中國境內購置應稅車輛的單位和個人。其中購置是指購買使用行為、進口使用行為、受贈使用行為、自產自用行為、獲獎使用行為以及以拍賣、抵債、走私、罰沒等方式取得並使用的行為，這些行為都屬於車輛購置稅的應稅行為。

所稱單位，包括國有企業、集體企業、私營企業、股份制企業、外商投資企業、外國企業以及其他企業，事業單位、社會團體、國家機關、部隊以及其他單位。所稱個人，包括個體工商戶及其他個人，既包括中國公民又包括外國公民。

(二) 徵稅範圍

車輛購置稅以列舉的車輛作為徵稅對象，未列舉的車輛不納稅。其徵稅範圍包括汽車、摩托車、電車、掛車、農用運輸車。

為了體現稅法的統一性、固定性、強制性和法律的嚴肅性特徵，車輛購置稅徵收範圍的調整，由國務院決定，其他任何部門、單位和個人無權擅自擴大或縮小車輛購置稅的徵稅範圍。

(三) 稅率

車輛購置稅實行統一比例稅率，稅率為10%。車輛購置稅稅率的調整，由國務院決定並公布。

(四) 稅收優惠

中國車輛購置稅實行法定減免，減免稅範圍的具體規定是：

(1) 外國駐華使館、領事館和國際組織駐華機構及其外交人員自用車輛免稅。

(2) 中國人民解放軍和中國人民武裝警察部隊列入軍隊武器裝備訂貨計劃的車輛免稅。

(3) 設有固定裝置的非運輸車輛免稅。

(4) 有國務院規定予以免稅或者減稅的其他情形的，按照規定免稅或減稅。

根據現行政策規定，上述「其他情形」的車輛，目前主要有以下幾種：

防汛部門和森林消防部門用於指揮、檢查、調度、報汛（警）、聯絡的設有固定裝置的指定型號的車輛；回國服務的留學人員用現匯購買1輛自用國產小汽車，長期來華定居專家購買1輛自用小汽車。

(5) 自2004年10月1日起，對農用三輪運輸車免徵車輛購置稅。

三、車輛購置稅應納稅額的計算

(一) 計稅依據

1. 購買自用應稅車輛計稅依據的確定

納稅人購買自用的應稅車輛的計稅依據為納稅人購買應稅車輛而支付給銷售方的

全部價款和價外費用（不含增值稅）。

購買的應稅自用車輛包括購買自用的國產應稅車輛和購買自用的進口應稅車輛，如從國內汽車市場、汽車貿易公司購買自用的進口應稅車輛。

價外費用是指銷售方價外向購買方收取的基金、集資費、違約金（延期付款利息）和手續費、包裝費、儲存費、優質費、運輸裝卸費、保管費以及其他各種性質的價外收費，但不包括增值稅稅款、銷售方代辦保險等而向購買方收取的保險費，以及向購買方收取的代購買方繳納的車輛購置稅、車輛牌照費。

2. 進口自用應稅車輛計稅依據的確定

納稅人進口自用的應稅車輛以組成計稅價格為計稅依據，組成計稅價格的計算公式為：

組成計稅價格＝關稅完稅價格＋關稅＋消費稅

進口自用的應稅車輛是指納稅人直接從境外進口或委託代理進口自用的應稅車輛，不包括境內購買的進口車輛。而且進口自用的應稅車輛的計稅依據，應根據納稅人提供的、經海關審查確認的有關完稅證明資料確定。

3. 其他自用應稅車輛計稅依據的確定

納稅人自產、受贈、獲獎或者以其他方式取得並自用的應稅車輛的計稅價格，主管稅務機關參照國家稅務總局規定的最低計稅價格核定；

國家稅務總局未核定最低計稅價格的車輛，計稅價格為納稅人提供的有效價格證明註明的價格。有效價格證明註明的價格明顯偏低的，主管稅務機關有權核定應稅車輛的計稅價格。

進口舊車、因不可抗力因素導致受損的車輛、庫存超過 3 年的車輛、行駛 8 萬公里以上的試驗車輛、國家稅務總局規定的其他車輛，計稅價格為納稅人提供的有效價格證明註明的價格。納稅人無法提供車輛有效價格證明的，主管稅務機關有權核定應稅車輛的計稅價格。

2015 年 2 月 1 日起，免稅條件消失的車輛，自初次辦理納稅申報之日起，使用年限未滿 10 年的，計稅價格以免稅車輛初次辦理納稅申報時確定的計稅價格為基準，每滿 1 年扣減 10%；未滿 1 年的，計稅價格為免稅車輛的原計稅價格；使用年限 10 年（含）以上的，計稅價格為 0。

4. 最低計稅價格作為計稅依據的確定

納稅人購買自用或者進口自用應稅車輛，申報的計稅價格低於同類型應稅車輛的最低計稅價格，又無正當理由的，計稅價格為國家稅務總局核定的最低計稅價格。

最低計稅價格是指國家稅務總局依據機動車生產企業或者經銷商提供的車輛價格信息，參照市場平均交易價格核定的車輛購置稅計稅價格。

(二) 應納稅額的計算方法

車輛購置稅實行從價定率的方法計算應納稅額，計算公式為：

應納稅額＝計稅依據×稅率

由於應稅車輛的來源、應稅行為的發生以及計稅依據組成的不同，因而，車輛購

置稅應納稅額的計算方法也有區別。

【例12-2】2015年3月宋某從汽車4S店（增值稅一般納稅人）購置了轎車一輛供自己使用，支付購車款（含增值稅）240,000元，支付工具件和零配件價款（含增值稅）2,000元，取得汽車4S店開具的普通發票；支付代收保險費5,000元並取得保險公司開具的票據。請計算宋某應繳納的車輛購置稅。

【解析】應納稅額 ＝（240,000 + 2,000）÷（1 + 17%）× 10% ＝ 22,222.22（元）

【例12-3】某汽車製造公司將A型汽車3輛轉做本公司固定資產，2輛獎勵給本公司優秀職工。A型汽車不含稅售價為160,000元/輛，國家稅務總局核定的同類型車輛最低計稅價格為170,000元/輛。請計算該汽車製造公司應繳納的車輛購置稅。

【解析】應納稅額 ＝ 170,000 × 3 × 10% ＝ 51,000（元）

自產自用的車輛需要繳納車輛購置稅，獎勵優秀職工的2輛由職工繳納車輛購置稅。

四、車輛購置稅的徵收管理

（一）納稅申報

（1）車輛購置稅實行一車一申報制度，由國家稅務局徵收。納稅人辦理納稅申報時應如實填寫車輛購置稅納稅申報表，同時提供納稅人身分證明；車輛價格證明；車輛合格證明；稅務機關要求提供的其他資料。主管稅務機關應對納稅申報資料進行審核，確定計稅價格、徵收稅款、核發完稅證明。主管稅務機關對已經辦理納稅申報車輛的徵管資料及電子信息按規定保存。

（2）免稅條件消失的車輛，納稅人在辦理納稅申報時，應如實填寫納稅申報表，同時提供以下資料：①發生二手車交易行為的，提供納稅人身分證明、二手車銷售統一發票和車輛購置稅完稅證明（以下簡稱完稅證明）正本原件；②未發生二手車交易行為的，提供納稅人身分證明、完稅證明正本原件及有效證明資料。

（二）納稅環節

車輛購置稅的徵稅環節為使用環節，即最終消費環節。納稅人應當在向公安機關車輛管理機構辦理車輛登記註冊前，繳納車輛購置稅。

（三）納稅地點

納稅人應到下列地點辦理車輛購置稅納稅申報：

（1）需要辦理車輛登記註冊手續的納稅人，向車輛登記註冊地的主管稅務機關辦理納稅申報；

（2）不需要辦理車輛登記註冊手續的納稅人，向納稅人所在地的主管稅務機關辦理納稅申報。

（四）納稅期限

納稅人購買自用應稅車輛的，應自購買之日起60日內申報納稅；進口自用應稅車

輛的，應自進口之日起 60 日內申報納稅；自產、受贈、獲獎或者以其他方式取得並自用應稅車輛的，應自取得之日起 60 日內申報納稅。

上述「購買之日」是指納稅人購車發票上註明的銷售日期；「進口之日」是納稅人報關進口的當天。

免稅車輛因轉讓、改變用途等原因，其免稅條件消失的，納稅人應在免稅條件消失之日起 60 日內到主管稅務機關重新申報納稅。

免稅車輛發生轉讓，但仍屬於免稅範圍的，受讓方應當自購買或取得車輛之日起 60 日內到主管稅務機關重新申報免稅。

(五) 車輛購置稅的退稅管理

(1) 已繳納車輛購置稅的車輛，發生下列情形之一的，準予納稅人申請退稅：
①車輛退回生產企業或者經銷商的；
②符合免稅條件的設有固定裝置的非運輸車輛但已徵稅的；
③其他依據法律法規規定應予退稅的情形。

(2) 納稅人申請退稅時，應如實填寫車輛購置稅退稅申請表（以下簡稱退稅申請表），由本人、單位授權人員到主管稅務機關辦理退稅手續，按下列情況分別提供資料：

①車輛退回生產企業或者經銷商的，提供生產企業或經銷商開具的退車證明和退車發票。

未辦理車輛登記註冊的，提供原完稅憑證、完稅證明正本和副本；已辦理車輛登記註冊的，提供原完稅憑證、完稅證明正本、公安機關車輛管理機構出具的機動車註銷證明。

②符合免稅條件的設有固定裝置的非運輸車輛但已徵稅的，未辦理車輛登記註冊的，提供原完稅憑證、完稅證明正本和副本；已辦理車輛登記註冊的，提供原完稅憑證、完稅證明正本。

③其他依據法律法規規定應予退稅的情形，未辦理車輛登記註冊的，提供原完稅憑證、完稅證明正本和副本；已辦理車輛登記註冊的，提供原完稅憑證、完稅證明正本、公安機關車輛管理機構出具的機動車註銷證明或者稅務機關要求的其他資料。

(3) 車輛退回生產企業或者經銷商的，納稅人申請退稅時，主管稅務機關自納稅人辦理納稅申報之日起，按已繳納稅款每滿 1 年扣減 10% 計算退稅額；未滿 1 年的，按已繳納稅款全額退稅。

其他退稅情形，納稅人申請退稅時，主管稅務機關依據有關規定計算退稅額。

(六) 車輛購置稅的免稅管理

納稅人在辦理車輛購置稅免（減）稅手續時，應如實填寫納稅申報表和車輛購置稅免（減）稅申報表（以下簡稱免稅申報表），除按上述第（2）規定提供資料外，還應根據不同情況，分別提供下列資料：

(1) 外國駐華使館、領事館和國際組織駐華機構及其外交人員自用的車輛，分別提供機構證明和外交部門出具的身分證明；

（2）中國人民解放軍和中國人民武裝警察部隊列入軍隊武器裝備訂貨計劃的車輛，提供訂貨計劃的證明；

（3）設有固定裝置的非運輸車輛，提供車輛內、外觀彩色 5 寸照片；

（4）其他車輛，提供國務院或者國務院授權的主管部門的批准文件。

納稅人在辦理設有固定裝置的非運輸車輛免稅申報時，主管稅務機關應當依據免稅圖冊對車輛固定裝置進行核實無誤後，辦理免稅手續。

本章小結

思考與練習題

一、選擇題

1. 下列各項中，屬於車輛購置稅應稅行為的有（　　）。
   A. 購買使用行為　　　　　　　　B. 進口使用行為
   C. 受贈使用行為　　　　　　　　D. 獲獎使用行為
2. 下列車輛，屬於車輛購置稅徵稅範圍的有（　　）。
   A. 摩托車　　　　B. 無軌電車　　　　C. 掛車　　　　D. 電動自行車
3. 2015 年 5 月張某從汽車 4S 店（增值稅一般納稅人）購置了轎車一輛供自己使用，支付購車款（含增值稅）229,000 元，支付工具件和零配件價款（含增值稅）1,000 元，車輛裝飾費 4,000 元，取得汽車 4S 店開具的普通發票；支付代收保險費 8,000 元並取得保險公司開具的票據。則張某應繳納的車輛購置稅（　　）元。
   A. 20,000　　　　B. 20,684　　　　C. 22,900　　　　D. 24,200
4. 納稅人辦理車輛購置稅納稅申報時，除填寫車輛購置稅納稅申報表外，還應同時提供（　　）。
   A. 納稅人身分證明　　　　　　　B. 車輛價格證明
   C. 保險繳納證明　　　　　　　　D. 車輛合格證明
5. 某航運公司 2015 年度擁有機動船 4 艘，每艘淨噸位 3,000 噸；擁有拖船 1 艘，每艘發動機功率 1,500 千瓦。機動船舶車船稅年基準稅額為：淨噸位 201 噸～2,000 噸的，每噸 4 元，淨噸位 2,001 噸～10,000 噸的，每噸 5 元。該公司 2015 年度應繳納的車船稅為（　　）元。

A. 61,800 B. 62,010 C. 63,000 D. 64,020

6. 天津市張三2015年1月購買一輛小轎車，依法繳納了當年的車船稅660元，2015年3月底，因工作地點變動，張三將該輛轎車轉讓給北京市的李四，則下列表述正確的是（　　）。

A. 張三應向天津市稅務機關申請退還當年的660元車船稅，李四應在北京市繳納660元的車船稅

B. 張三應向天津市稅務機關申請退還已納車船稅550元，李四應在北京市繳納3～12月的車船稅550元

C. 張三應向天津市稅務機關申請退還已納車船稅495元，李四應在北京市繳納4～12月的車船稅495元

D. 當年該轎車既不需要重新繳納車船稅，也不再退稅

7. 下列項目中，以「輛」為計稅依據計算車船稅的有（　　）。

A. 船舶 B. 摩托車 C. 客車 D. 貨車

8. 以下關於中國車船稅稅目稅率的表述正確的有（　　）。

A. 車船稅實行定額稅率

B. 客貨兩用汽車按照貨車徵稅

C. 貨車包括半掛牽引車和掛車

D. 拖船和非機動駁船分別按機動船舶稅額的70%計算

二、計算題

1. 某汽車貿易公司2015年6月進口11輛小轎車，海關審定的關稅完稅價格為25萬元/輛，當月銷售8輛，取得含稅銷售收入240萬元；2輛公司自用；1輛用於抵償債務，合同約定的含稅價格為30萬元。請計算該公司應繳納的車輛購置稅（小轎車關稅稅率28%，消費稅稅率9%）。

2. 某機械製造公司2015年擁有貨車3輛，每輛貨車的整備質量均為1.499噸；掛車1輛，其整備質量為1.2噸；小汽車2輛。已知貨車車船稅稅率為整備質量每噸年基準稅額16元，小汽車車船稅稅率為每輛年基準稅額360元。請計算該公司2015年度應繳納的車船稅。

第十二章練習題答案　　　　　　　　　【案例分析】

第十三章　稅收徵收管理法

【學習目標】

　　稅收徵收管理是徵收和繳納的有機結合，是稅務機關與納稅人雙向互動的鏈條，它們統一於共同的規則——《中華人民共和國稅收徵管法》（以下簡稱《稅收徵管法》）。此法系中國稅法體系中的重要組成部分，屬於稅收程序法。通過本章的學習，應當掌握該法的使用範圍，掌握稅務登記、納稅申報和稅款徵收、稅務檢查的相關規定，理解稅收徵管是徵收、管理、檢查相互聯繫、相互補充、相互依存、相互制約的有機體，能夠對稅收徵收管理有一個全面的認識。

【導入案例】

　　某商場2011年10月份發生了一次火災，使商場經營受損，保險公司雖給予賠償，但賠償部分仍不足以抵補損失。為扭轉局面，該商場的經理沒有從經營上想辦法，卻動起稅收的念頭。他指示工作人員將部分商品轉移到地下倉庫，故意給稅務人員造成一種修整期間、生意冷淡的假象。當稅務機關接到舉報電話後，立即對該商場的實際經營情況進行詳細檢查，發現該商場有逃避納稅義務的行為。便責令其在10天內繳納應納稅款。該商場對稅務機關的通知置之不理，且將一部分銷售收入通過往來帳戶掛在與其關係密切的單位的戶頭上。稅務機關便又責令其提供納稅擔保，該商場仍然充耳不聞。稅務機關為了保證稅款入庫，便扣押、查封了該商場部分價值相當於稅款的商品。請問，該商場的行為屬於什麼行為，稅務機關的處理是否正確，通過本章的學習我們將找到答案。

第一節　稅收徵收管理法概述

　　《中華人民共和國稅收徵收管理法》於1992年9月4日第七屆全國人民代表大會常務委員會第二十七次會議通過，1993年1月1日起施行，1995年2月28日第八屆全國人民代表大會常務委員會第十二次會議修正。2001年4月28日，第九屆全國人民代表大會常務委員會第二十一次會議通過了修訂后的《稅收徵管法》，並於2001年5月1日起施行。

一、《稅收徵管法》的立法目的

《稅收徵管法》第一條規定：「為了規範稅收徵收和繳納行為，加強稅收徵收管理，保障國家稅收收入、保護納稅人合法權益，推進稅收治理現代化，促進經濟和社會發展，根據憲法制定本法。」此條規定對《稅法徵管法》的立法目的作了高度概括。

二、《稅收徵管法》的適用範圍

《稅收徵管法》第二條規定：「凡依法由稅務機關徵收的各種稅收的徵收管理，均適用本法。」這就明確界定了《稅收徵管法》的適用範圍。

中國稅收的徵收機關有稅務、海關、財政等部門，稅務機關徵收各種工商稅收，海關徵收關稅。《稅收徵管法》只適用於由稅務機關徵收的各種稅收的徵收管理。

值得注意的是，目前還有一部分費由稅務機關徵收，如教育費附加。這些費不適用《稅收徵管法》，不能採取《稅收徵管法》規定的措施，其具體管理辦法由各種費的條例和規章決定。

三、《稅收徵管法》的適用主體

（一）稅務行政主體──稅務機關

各級稅務機關是稅收徵管法的徵管主體，《稅收徵管法》第五條規定：「國務院稅務主管部門主管全國稅收徵收管理工作。各地國家稅務局和地方稅務局應當按照國務院規定的稅收徵收管理範圍分別進行徵收管理。」《稅收徵管法》和《稅收徵管法實施細則》規定：「稅務機關是指各級稅務局、稅務分局、稅務所和省以下稅務局的稽查局。稽查局專司逃稅、逃避追繳欠稅、騙稅、抗稅案件的查處。國家稅務總局應明確劃分稅務局和稽查局的職責，避免職責交叉。」上述規定既明確了稅收徵收管理的行政主體（即執法主體），也明確了《稅收徵管法》的遵守主體。

（二）稅務行政管理相對人──納稅人、扣繳義務人和其他有關單位

《稅收徵管法》第四條規定：「法律，行政法規規定負有納稅義務的單位和個人為納稅人。法律、行政法規規定負有代扣代繳、代收代繳稅款義務的單位和個人為扣繳義務人。納稅人、扣繳義務人必須依照法律、行政法規的規定繳納稅款、代扣代繳、代收代繳稅款。」第六條第二款規定：「納稅人、扣繳義務人和其他有關單位應當按照國家有關規定如實向稅務機關提供與納稅和代扣代繳、代收代繳稅款有關的信息。」根據上述規定，納稅人、扣繳義務人和其他有關單位是稅務行政管理的相對人，是《稅收徵管法》的遵守主體，必須按照《稅收徵管法》的有關規定接受稅務管理，享受合法權益。

（三）有關單位和部門

《稅收徵管法》第五條規定：「地方各級人民政府應當依法加強對本行政區域內稅收管理工作的領導或者協調，支持稅務機關依法執行職務，建立、健全涉稅信息提供

機制。各有關部門和單位應當支持、協助稅務機關依法執行職務。」這說明包括地方各級人民政府在內的有關單位和部門同樣是《稅收徵管法》的遵守主體，必須遵守《稅收徵管法》的有關規定。

第二節　稅務管理

一、稅務登記管理

稅務登記是稅務機關對納稅人的生產、經營活動進行登記並據此對納稅人實施稅務管理的一種法定制度。稅務登記又稱納稅登記，它是稅務機關對納稅人實施稅收管理的首要環節和基礎工作，是徵納雙方法律關係成立的依據和證明，也是納稅人必須依法履行的義務。

稅務登記的主管稅務機關是縣以上（含本級，下同）國家稅務局（分局）、地方稅務局（分局），負責稅務登記的設立登記、變更登記、註銷登記和稅務登記證驗證、換證以及非正常戶處理、報驗登記等有關事項。

(一) 設立登記

1. 企業，企業在外地設立的分支機構和從事生產、經營的場所，個體工商戶和從事生產、經營的事業單位（以下統稱從事生產、經營的納稅人），向生產、經營所在地稅務機關申報辦理稅務登記：

（1）從事生產、經營的納稅人領取工商營業執照的，應當自領取工商營業執照之日起30日內申報辦理稅務登記，稅務機關發放稅務登記證及副本；

（2）從事生產、經營的納稅人未辦理工商營業執照但經有關部門批准設立的，應當自有關部門批准設立之日起30日內申報辦理稅務登記，稅務機關發放稅務登記證及副本；

（3）從事生產、經營的納稅人未辦理工商營業執照也未經有關部門批准設立的，應當自納稅義務發生之日起30日內申報辦理稅務登記，稅務機關發放臨時稅務登記證及副本；

（4）有獨立的生產經營權、在財務上獨立核算並定期向發包人或者出租人上交承包費或租金的承包承租人，應當自承包承租合同簽訂之日起30日內，向其承包承租業務發生地稅務機關申報辦理稅務登記，稅務機關發放臨時稅務登記證及副本；

（5）境外企業在中國境內承包建築、安裝、裝配、勘探工程和提供勞務的，應當自項目合同或協議簽訂之日起30日內，向項目所在地稅務機關申報辦理稅務登記，稅務機關發放臨時稅務登記證及副本。

2. 上述規定以外的其他納稅人，除國家機關、個人和無固定生產、經營場所的流動性農村小商販外，均應當自納稅義務發生之日起30日內，向納稅義務發生地稅務機關申報辦理稅務登記，稅務機關發放稅務登記證及副本。

3. 納稅人在申報辦理稅務登記時，應當根據不同情況向稅務機關如實提供以下證

件和資料：
　　（1）工商營業執照或其他核準執業證件；
　　（2）有關合同、章程、協議書；
　　（3）組織機構統一代碼證書；
　　（4）法定代表人或負責人或業主的居民身分證、護照或者其他合法證件。
　　其他需要提供的有關證件、資料，由省、自治區、直轄市稅務機關確定。
　　4. 納稅人在申報辦理稅務登記時，應當如實填寫稅務登記表。
　　5. 納稅人提交的證件和資料齊全且稅務登記表的填寫內容符合規定的，稅務機關應當日辦理並發放稅務登記證件。納稅人提交的證件和資料不齊全或稅務登記表的填寫內容不符合規定的，稅務機關應當場通知其補正或重新填報。
　　6. 稅務登記證件的主要內容包括：納稅人名稱、稅務登記代碼、法定代表人或負責人、生產經營地址、登記類型、核算方式、生產經營範圍（主營、兼營）、發證日期、證件有效期等。
　　7. 已辦理稅務登記的扣繳義務人應當自扣繳義務發生之日起30日內，向稅務登記地稅務機關申報辦理扣繳稅款登記。稅務機關在其稅務登記證件上登記扣繳稅款事項，稅務機關不再發放扣繳稅款登記證件。
　　根據稅收法律、行政法規的規定可不辦理稅務登記的扣繳義務人，應當自扣繳義務發生之日起30日內，向機構所在地稅務機關申報辦理扣繳稅款登記。稅務機關發放扣繳稅款登記證件。

（二）變更登記

　　納稅人稅務登記內容發生變化的，應當向原稅務登記機關申報辦理變更稅務登記。
　　1. 納稅人已在工商行政管理機關辦理變更登記的，應當自工商行政管理機關變更登記之日起30日內，向原稅務登記機關如實提供下列證件、資料，申報辦理變更稅務登記：
　　（1）工商登記變更表及工商營業執照；
　　（2）納稅人變更登記內容的有關證明文件；
　　（3）稅務機關發放的原稅務登記證件（登記證正、副本和登記表等）；
　　（4）其他有關資料。
　　2. 納稅人按照規定不需要在工商行政管理機關辦理變更登記，或者其變更登記的內容與工商登記內容無關的，應當自稅務登記內容實際發生變化之日起30日內，或者自有關機關批准或者宣布變更之日起30日內，持下列證件到原稅務登記機關申報辦理變更稅務登記：
　　（1）納稅人變更登記內容的有關證明文件；
　　（2）稅務機關發放的原稅務登記證件（登記證正、副本和稅務登記表等）；
　　（3）其他有關資料。
　　3. 納稅人提交的有關變更登記的證件、資料齊全的，應如實填寫稅務登記變更表，符合規定的，稅務機關應當日辦理；不符合規定的，稅務機關應通知其補正。

4. 稅務機關應當於受理當日辦理變更稅務登記。納稅人稅務登記表和稅務登記證中的內容都發生變更的，稅務機關按變更后的內容重新發放稅務登記證件；納稅人稅務登記表的內容發生變更而稅務登記證中的內容未發生變更的，稅務機關不重新發放稅務登記證件。

(三) 停業、復業登記

實行定期定額徵收方式的個體工商戶需要停業的，應當在停業前向稅務機關申報辦理停業登記，如實填寫停業復業報告書，說明停業理由、停業期限、停業前的納稅情況和發票的領、用、存情況，並結清應納稅款、滯納金、罰款。稅務機關應收存其稅務登記證件及副本、發票領購簿、未使用完的發票和其他稅務證件。

納稅人在停業期間發生納稅義務的，應當按照稅收法律、行政法規的規定申報繳納稅款。

納稅人的停業期限不得超過一年。納稅人應當於恢復生產經營之前，向稅務機關申報辦理復業登記，如實填寫停業復業報告書，領回並啟用稅務登記證件、發票領購簿及其停業前領購的發票。

納稅人停業期滿不能及時恢復生產經營的，應當在停業期滿前到稅務機關辦理延長停業登記，並如實填寫停業復業報告書。

(四) 註銷登記

1. 納稅人發生解散、破產、撤銷以及其他情形，依法終止納稅義務的，應當在向工商行政管理機關或者其他機關辦理註銷登記前，持有關證件和資料向原稅務登記機關申報辦理註銷稅務登記；按規定不需要在工商行政管理機關或者其他機關辦理註冊登記的，應當自有關機關批准或者宣告終止之日起 15 日內，持有關證件和資料向原稅務登記機關申報辦理註銷稅務登記。

2. 納稅人被工商行政管理機關吊銷營業執照或者被其他機關予以撤銷登記的，應當自營業執照被吊銷或者被撤銷登記之日起 15 日內，向原稅務登記機關申報辦理註銷稅務登記。

3. 納稅人因住所、經營地點變動，涉及改變稅務登記機關的，應當在向工商行政管理機關或者其他機關申請辦理變更、註銷登記前，或者住所、經營地點變動前，持有關證件和資料，向原稅務登記機關申報辦理註銷稅務登記，並自註銷稅務登記之日起 30 日內向遷達地稅務機關申報辦理稅務登記。

4. 境外企業在中國境內承包建築、安裝、裝配、勘探工程和提供勞務的，應當在項目完工、離開中國前 15 日內，持有關證件和資料，向原稅務登記機關申報辦理註銷稅務登記。

5. 納稅人辦理註銷稅務登記前，應當向稅務機關提交相關證明文件和資料，結清應納稅款、多退 (免) 稅款、滯納金和罰款，繳銷發票、稅務登記證件和其他稅務證件，經稅務機關核準后，辦理註銷稅務登記手續。

(五) 外出經營報驗登記

1. 納稅人到外縣 (市) 臨時從事生產經營活動的，應當在外出生產經營以前，持

稅務登記證到主管稅務機關開具外出經營活動稅收管理證明（以下簡稱外管證）。

2. 稅務機關按照一地一證的原則，發放外管證，外管證的有效期限一般為 30 日，最長不得超過 180 天。

3. 納稅人應當在外管證註明地進行生產經營前向當地稅務機關報驗登記，並提交下列證件、資料：

（1）稅務登記證件副本；

（2）外管證。

納稅人在外管證註明地銷售貨物的，除提交以上證件、資料外，應如實填寫外出經營貨物報驗單，申報查驗貨物。

4. 納稅人外出經營活動結束，應當向經營地稅務機關填報外出經營活動情況申報表，並結清稅款、繳銷發票。

5. 納稅人應當在外管證有效期屆滿后 10 日內，持外管證回原稅務登記地稅務機關辦理外管證繳銷手續。

（六）證照管理

1. 稅務登記證件包括稅務登記證及其副本、臨時稅務登記證及其副本；扣繳稅款登記證件包括扣繳稅款登記證及其副本。納稅人辦理下列事項時，必須提供稅務登記證件：

（1）開立銀行帳戶；

（2）領購發票。

納稅人辦理其他稅務事項時，應當出示稅務登記證件，經稅務機關核準相關信息后辦理手續。

2. 稅務機關應當加強稅務登記證件的管理，採取實地調查、上門驗證等方法，或者結合稅務部門和工商部門之間，以及國家稅務局（分局）、地方稅務局（分局）之間的信息交換比對進行稅務登記證件的管理。

3. 稅務登記證式樣改變，需統一換發稅務登記證的，由國家稅務總局確定。

4. 納稅人、扣繳義務人遺失稅務登記證件的，應當自遺失稅務登記證件之日起 15 日內，書面報告主管稅務機關，如實填寫稅務登記證件遺失報告表，並將納稅人的名稱、稅務登記證件名稱、稅務登記證件號碼、稅務登記證件有效期、發證機關名稱在稅務機關認可的報刊上刊登遺失聲明，憑報刊上刊登的遺失聲明到主管稅務機關補辦稅務登記證件。

（七）非正常戶處理

1. 已辦理稅務登記的納稅人未按照規定的期限申報納稅，在稅務機關責令其限期改正后，逾期不改正的，稅務機關應當派員實地檢查，查無下落並且無法強制其履行納稅義務的，由檢查人員製作非正常戶認定書，存入納稅人檔案，稅務機關暫停其稅務登記證件、發票領購簿和發票的使用。

2. 納稅人被列入非正常戶超過三個月的，稅務機關可以宣布其稅務登記證件失效，其應納稅款的追徵仍按《稅收徵管法》及其《實施細則》的規定執行。

二、憑證、帳簿的管理

憑證是納稅人用來記錄經濟業務，明確經濟責任，並據以登記帳簿的書面證明。帳簿是納稅人、扣繳義務人連續地記錄其各種經濟業務的帳冊或簿籍。帳簿、憑證管理是繼稅務登記之後稅收徵管的又一重要環節，在稅收徵管中佔有十分重要的地位。

（一）對帳簿、憑證設置的管理

納稅人、扣繳義務人必須按照有關法律、行政法規和國務院財政、稅務主管部門的規定設置帳簿，根據合法、有效憑證記帳，進行核算。

從事生產、經營的納稅人應當自領取營業執照或者發生納稅義務之日起 15 日內，按照國家有關規定設置帳簿。

生產、經營規模小又確無建帳能力的納稅人，可以聘請經批准從事會計代理記帳業務的專業機構或者經稅務機關認可的財會人員代為建帳和辦理帳務；聘請上述機構或者人員有實際困難的，經縣以上稅務機關批准，可以按照稅務機關的規定，建立收支憑證粘貼簿、進貨銷貨登記簿或者使用稅控裝置。

扣繳義務人應當自稅收法律、行政法規規定的扣繳義務發生之日起 10 日內，按照所代扣、代收的稅種，分別設置代扣代繳、代收代繳稅款帳簿。

納稅人、扣繳義務人使用徵納雙方認可的電子憑證，可以作為記帳核算、計算應納稅額的依據。

（二）會計核算和備案的基本要求

納稅人使用的會計核算軟件應當符合國家有關規定，並能正確、完整核算其收入或者所得。

使用計算機進行會計核算的納稅人，應當在使用前將會計核算軟件及其使用說明書、有關資料報送稅務機關備案。

納稅人、扣繳義務人的財務、會計制度或者財務、會計處理辦法與國務院或者國務院財政、稅務主管部門有關稅收的規定抵觸的，依照國務院或者國務院財政、稅務主管部門有關稅收的規定計算應納稅款、代扣代繳和代收代繳稅款。

（三）帳簿、憑證保管的基本要求

從事生產、經營的納稅人、扣繳義務人必須按照國務院財政、稅務主管部門規定的保管期限保管帳簿、會計憑證、完稅憑證及其他有關資料。向自然人納稅人支付所得的單位和個人應當主動向納稅人提供相關支付憑證，自然人納稅人應當妥善保存與其納稅義務相關的憑證及有關資料。

帳簿、會計憑證、完稅憑證及其他有關資料不得偽造、變造或者擅自損毀。

帳簿、記帳憑證、報表、完稅憑證、發票、出口憑證以及其他有關涉稅資料，除法律、行政法規另有規定外，應當保存 10 年。

（四）發票管理

稅務機關是發票的主管機關，負責發票的印製、領購、開具、取得、保管、繳銷

的管理和監督。

1. 發票印製管理

增值稅專用發票由國務院稅務主管部門確定的企業印製；其他發票，按照國務院稅務主管部門的規定，分別由省、自治區、直轄市國家稅務局、地方稅務局確定企業印製。未經上述規定的稅務機關確定，不得印製發票。

2. 發票領購管理

依法辦理稅務登記的單位和個人，在領取稅務登記證后，向主管稅務機關申請領購發票。對無固定經營場地或者財務制度不健全的納稅人申請領購發票，主管稅務機關有權要求其提供擔保人，不能提供擔保人的，可以視其情況，要求其提供保證金，並限期繳銷發票。對發票保證金應設專戶儲存，不得挪作他用。納稅人可以根據自己的需要申請領購普通發票。增值稅專用發票只限於增值稅一般納稅人領購使用。

3. 發票的開具和保管管理

單位、個人在購銷商品、提供或者接受經營服務以及從事其他經營活動中，應當按照規定開具、使用、取得發票。

填開發票的單位和個人必須在發生經營業務確認營業收入時開具發票。未發生經營業務一律不准開具發票。

向消費者個人零售小額商品或者提供零星服務的，是否可免予逐筆開具發票，由省稅務機關確定。

單位和個人在開具發票時，必須做到按照號碼順序填開，填寫項目齊全，內容真實，字跡清楚，全部聯次一次打印，內容完全一致，並在發票聯和抵扣聯加蓋發票專用章。

開具發票后，如發生銷貨退回需開紅字發票的，必須收回原發票並註明「作廢」字樣或取得對方有效證明；如發生銷售折讓的，必須在收回原發票並註明「作廢」字樣后重新開具銷售發票或取得對方有效證明后開具紅字發票。

使用發票的單位和個人應當妥善保管發票。發生發票丟失情形時，應當於發現丟失當日書面報告稅務機關，並登報聲明作廢。

4. 發票發放領用的服務與監管

（1）及時為納稅人提供清晰的發票領用指南。通過印發提示卡或涉稅事項告知卡，引導納稅人快速辦理發票領用手續。推行免填單、預填單、勾選等方式，補充採集國標行業、登記註冊類型等稅務機關所需的數據，以核定應納稅種、適用的發票票種、版別及數量，讓納稅人切實感受到稅務機關的優質服務。

（2）簡化發票申領程序。稅務機關應根據實際情況，設定統一、規範的發票申領程序，並將發票申領程序公開。申領普通發票原則上取消實地核查，統一在辦稅服務廳即時辦結。一般納稅人申請增值稅專用發票（包括增值稅專用發票和貨物運輸業增值稅專用發票）最高開票限額不超過 10 萬元的，主管稅務機關不需事前進行實地查驗。可在此基礎上適當擴大不需事前實地查驗的範圍，實地查驗的範圍和方法由各省國稅機關確定。

（3）不斷提高發票管理信息化水平。積極探索建立風險監控指標，通過比對分析

納稅人的開票信息，及時調整納稅人申領發票的版別和數量。做好網路發票應用工作，推動網路發票數據分析利用，完善網路發票平臺實時查詢和日常監控管理功能，為社會提供便捷的網路發票信息查詢服務。同時，探索電子發票的推廣與應用。

（五）稅控管理

稅控管理是指稅務機關利用稅控裝置對納稅人的生產經營情況進行監督和管理，以保障國家稅收收入，防止稅款流失，提高稅收徵管工作效率，降低徵收成本的各項活動的總稱。

《稅收徵管法》規定：「國家根據稅收徵收管理的需要，積極推廣使用稅控裝置。納稅人應當按照規定安裝、使用稅控裝置，不得損毀或者擅自改動稅控裝置。」

三、訊息披露管理

（1）納稅人及與納稅相關的第三方應當按照規定提交涉稅信息。

（2）從事生產、經營的單位和個人在其經濟活動過程中，一個納稅年度內向其他單位和個人給付5,000元以上的，應當向稅務機關提供給付的數額以及收入方的名稱、納稅人識別號。

單次給付現金達到5萬元以上的，應當於5日內向稅務機關提供給付的數額以及收入方的名稱、納稅人識別號。

（3）銀行和其他金融機構應當按照規定的內容、格式、時限等要求向稅務機關提供本單位掌握的帳戶持有人的帳戶、帳號、投資收益以及帳戶的利息總額、期末餘額等信息。對帳戶持有人單筆資金往來達到5萬元或者1日內提取現金5萬元以上的，銀行和其他金融機構應當按照規定向稅務機關提交相關信息。

稅務機關從銀行和其他金融機構獲取的納稅人信息只能用於稅收目的，不得向第三方披露。

（4）網路交易平臺應當向稅務機關提供電子商務交易者的登記註冊信息。

（5）稅務機關依法實施特別納稅調整的，可以要求納稅人或者其稅務代理人提交稅收安排。

（6）政府有關部門和機構應當向財政、稅務機關提供本單位掌握的市場主體資格、人口身分、專業資質、收入、財產、支出等與徵稅有關的信息，具體辦法由國務院另行規定。

四、納稅申報管理

（1）納稅人、扣繳義務人應當依法自行計算應納稅額和扣繳稅款，依照法律、行政法規規定或者稅務機關依照法律、行政法規的規定確定的申報期限、申報內容如實辦理納稅申報，報送納稅申報表、財務會計報告或者代扣代繳、代收代繳稅款報告表以及稅務機關根據實際需要要求納稅人報送的其他納稅資料。

納稅人、扣繳義務人對納稅申報、扣繳稅款申報的真實性和合法性承擔責任。

（2）納稅人辦理納稅申報後發現需要修正的，可以修正申報。

(3) 納稅人、扣繳義務人可以直接到稅務機關辦理納稅申報或者報送代扣代繳、代收代繳稅款報告表以及財務會計報告，也可以按照規定採取郵寄、數據電文或者其他方式辦理上述申報、報送事項。

納稅人、扣繳義務人使用徵納雙方認可的電子簽名報送的各類電子資料，與紙質資料具有同等的法律效力。

(4) 納稅人、扣繳義務人不能按期辦理納稅申報或者報送代扣代繳、代收代繳稅款報告表的，經稅務機關核準，可以延期申報。

經核準延期辦理前款規定的申報、報送事項的，應當在納稅期內按照上期實際繳納的稅額或者稅務機關核定的稅額預繳稅款，並在核準的延期內辦理稅款結算。

(5) 稅務機關可以對定期定額繳納稅款的納稅人實行簡易申報、簡並徵期。

第三節 稅款徵收

稅款徵收是稅收徵收管理工作中的中心環節，是全部稅收徵管工作的目的和歸宿，在整個稅收工作中占據著極其重要的地位。

一、稅款徵收的原則

(1) 稅務機關只能依照法律，行政法規的規定徵收稅款。

(2) 稅務機關不得違反法律、行政法規的規定開徵、停徵、多徵、少徵、提前徵收或延續緩徵收稅款或者攤派稅款。

(3) 稅務機關徵收稅款必須遵守法定權限和法定程序。

(4) 稅務機關徵收稅款或扣押、查封商品、貨物或其他財產時必須向納稅人開具完稅憑證或開付扣押、查封的收據或清單。

(5) 稅款、滯納金、罰款統一由稅務機關上繳國庫。

(6) 稅款優先。稅務機關徵收稅款，稅收優先於無擔保債權，《企業破產法》另有規定的除外；納稅人欠繳的稅款發生在納稅人以其財產設定抵押、質押或者納稅人的財產被留置之前的，稅收應當先於抵押權、質權、留置權執行；納稅人欠繳稅款，同時又被行政機關決定處以罰款、沒收違法所得的，稅收優先於罰款、沒收違法所得。

二、稅款徵收的方式

稅款徵收方式是指稅務機關根據各稅種的不同特點、徵納雙方的具體條件而確定的計算徵收稅款的方法和形式。稅款徵收的方式主要有：

(一) 查帳徵收

查帳徵收是由納稅人依據帳簿記載，先自行計算繳納，事後經指稅務機查帳核實，如有不符時，可多退少補。這種方式一般適用於財務會計制度較為健全，會計記錄完整能夠認真履行納稅義務的納稅單位。

(二) 查定徵收

查定徵收是指稅務機關根據納稅人的從業人員、生產設備、採用原材料等因素，對其產制的應稅產品查實核定產量、銷售額並據以徵收稅款的方式。這種方式一般適用於帳冊不夠健全但是能夠控製原材料或進銷貨的納稅單位。

(三) 查驗徵收

查驗徵收是指稅務機關對納稅人應稅商品，通過查驗數量，按市場一般銷售單價計算其銷售收入並據以徵稅的方式。這種方式一般適用於經營品種比較單一、經營地點、時間和商品來源不固定的納稅單位。

(四) 定期定額徵收

定期定額徵收是指稅務機關通過典型調查，逐戶確定營業額和所得額並據以徵稅的方式。這種方式一般適用於無完整考核依據的小型納稅單位。

(五) 其他方式

其他方式包括委託代徵稅款、郵寄納稅、利用網路申報、用 IC 卡納稅方式。

三、稅款徵收制度

(一) 代扣代繳、代收代繳稅款制度

代收代繳是指稅務機關根據國家有關規定可以委託有關單位代徵少數零星分散的稅收；代扣代繳是指由扣繳義務人在特定的環節扣繳稅款，並按期向國庫或國庫經收處解繳。

(二) 延期繳納稅款制度

納稅人、扣繳義務人必須按照法律、行政法規規定或者稅務機關依照法律、行政法規的規定確定的期限，繳納或者解繳稅款。但是，考慮到納稅人在履行納稅義務的過程中，可能會遇到特殊困難的客觀情況，為了保護納稅人的合法權益，《稅收徵管法》規定：「納稅人因有特殊困難，不能按期繳納稅款的，經縣以上稅務局（分局）局長批准，可以延期繳納稅款，但是最長不得超過三個月。納稅人補繳稅款數額較大難以一次繳清的，經縣以上稅務局（分局）局長批准，可以分期繳納，但最長不得超過一年。」

(三) 稅收滯納金徵收制度

納稅人未按照規定期限繳納稅款的，扣繳義務人未按照規定期限解繳稅款的，稅務機關除責令限期繳納外，從滯納稅款之日起，按日加收滯納稅款萬分之五的滯納金。

(四) 減免稅收制度

納稅人可以依照法律、行政法規的規定辦理減稅、免稅退稅。地方各級人民政府、各級人民政府主管部門、單位和個人違反法律、行政法規規定，擅自做出的減稅、免稅、退稅決定和下達的稅收收入指標無效，稅務機關不得執行，並向上級稅務機關

報告。

(五) 稅額核定制度

納稅人有下列情形之一的，稅務機關有權核定其應納稅額：

(1) 依照法律、行政法規的規定可以不設置帳簿的。

(2) 依照法律、行政法規的規定應當設置但未設置帳簿的。

(3) 擅自銷毀帳簿或者拒不提供納稅資料的。

(4) 雖設置帳簿，但帳目混亂或者成本資料、收入憑證、費用憑證殘缺不全，難以查帳的。

(5) 發生納稅義務，未按照規定的期限辦理納稅申報，經稅務機關責令限期申報，逾期仍不申報的。

(6) 納稅人申報的計稅依據明顯偏低，又無正當理由的。

(六) 稅收調整制度

這裡所說的稅收調整制度，主要指的是關聯企業的稅收調整制度。

納稅人與關聯方之間的業務往來，應當按照獨立企業之間的業務往來收取或者支付價款、費用；不按照獨立企業之間的業務往來收取或者支付價款、費用，而減少其應納稅的收入或者所得額的，稅務機關有權進行合理調整。

(1) 按照獨立企業之間進行的相同或者類似業務活動的價格。

(2) 按照再銷售給無關聯關係的第三者的價格所應取得的收入和利潤水平。

(3) 按照成本加合理的費用和利潤。

(4) 按照其他合理的方法。

調整期限：納稅人與其關聯企業未按照獨立企業之間的業務往來支付價款、費用的，稅務機關自該業務往來發生的納稅年度起3年內進行調整；有特殊情況的，可以自該業務往來發生的納稅年度起10年內進行調整。

(七) 稅收保全措施

稅收保全措施是指稅務機關對可能由於納稅人的行為或者某種客觀原因，致使以後稅款的徵收不能保證或難以保證的案件，採取限制納稅人處理或轉移商品、貨物或其他財產的措施。

《稅收徵管法》規定：稅務機關有根據認為納稅人有不履行納稅義務可能的，可以在規定的納稅期之前，責令限期繳納稅款；在限期內發現納稅人有明顯的轉移、隱匿其應納稅的商品、貨物以及其他財產跡象的，稅務機關應責令其提供納稅擔保。如果納稅人不能提供納稅擔保，經縣級以上稅務局（分局）局長批准，稅務機關可以採取下列稅收保全措施：

(1) 書面通知納稅人開戶銀行或者其他金融機構凍結納稅人的金額相當於應納稅款的存款、匯款；

(2) 扣押、查封納稅人的價值相當於應納稅款的商品、貨物或者其他財產。

稅務機關採取上述規定的措施應當書面通知納稅人並製作現場筆錄。

纳税人在前款规定的限期内缴纳税款的，税务机关必须立即解除税收保全措施；限期期满仍未缴纳税款或者缴纳不足的，经县以上税务局（分局）局长批准，税务机关可以书面通知纳税人开户银行或者其他金融机构从其冻结的存款、汇款中扣缴税款，或者依法拍卖或者变卖所扣押、查封的商品、货物或者其他财产，以拍卖或者变卖所得抵缴税款。

个人及其所扶养家属维持生活必需的住房和用品，不在税收保全措施的范围之内。

纳税人在限期内已缴纳税款，税务机关未立即解除税收保全措施，使纳税人的合法利益遭受损失的，税务机关应当承担赔偿责任。

税务机关采取税收保全措施的期限一般不得超过六个月；案情重大复杂的，经国务院税务主管部门批准可以延长一次，但延长期限不超过六个月。

（八）税收强制执行措施

税收强制执行措施是指当事人不履行法律、行政法规规定的义务，有关国家机关采用法定的强制手段，强迫当事人履行义务的行为。强制执行措施与税收保全措施不同，它不是通过提前征收来实现防止和杜绝纳税人逃避纳税义务的目的，而是在纳税人未履行纳税义务的情况下对纳税人、扣缴义务人采取的一种特别措施。

《税收征管法》规定：纳税人、扣缴义务人未按照规定的期限缴纳或者解缴税款，纳税担保人未按照规定的期限缴纳所担保的税款，由税务机关责令限期缴纳，逾期仍未缴纳的，经县以上税务局（分局）局长批准，税务机关可以采取下列强制执行措施：

（1）书面通知其开户银行或者其他金融机构划拨其存款、汇款至缴清税款为止；

（2）扣押、查封、依法拍卖或者变卖其价值相当于应纳税款的商品、货物或者其他财产，以拍卖或者变卖所得抵缴税款。

税务机关采取强制执行措施时，对上述所列纳税人、扣缴义务人、纳税担保人未缴纳的税收利息同时强制执行。

税务机关采取上述规定的强制执行措施应当书面通知纳税人、扣缴义务人、纳税担保人，并制作现场笔录。

对纳税人、扣缴义务人、纳税担保人的财产实施强制执行有困难的，税务机关可以依法提请纳税人、扣缴义务人、纳税担保人所在地或者财产所在地人民法院执行。

个人及其所扶养家属维持生活必需的住房和用品，不在强制执行措施的范围之内。

（九）欠税清缴制度

（1）纳税人欠缴税款未结清，又不提供纳税担保的，税务机关可以决定不准纳税人或者其法定代表人、主要税收利益相关人出境；税务机关立案查处涉嫌重大税收违法情形的，可以决定不准纳税人或者其法定代表人、财产实际拥有者或者管理者、直接责任人出境。

对决定不准出境的人员，税务机关应当按照规定及时通知出入境边防检查机关予以协助，或者提请公安机关出入境管理机构不予签发出（国）境证件。

（2）纳税人有合并、分立情形的，应当向税务机关报告，并依法缴清税款。纳税人合并时未缴清税款的，应当由合并后的纳税人继续履行未履行的纳税义务；纳税人

分立時未繳清稅款的，分立后的納稅人對未履行的納稅義務應當承擔連帶責任。

（3）未繳清稅款的納稅人的財產贈與他人或者被繼承的，以受贈人或者繼承人為繳納稅款的責任人，但以其所受贈或者繼承的財產為限。

（4）公司解散未清繳稅款的，原有限責任公司的股東、股份有限公司的控股股東，以及公司的實際控製人以出資額為限，對欠繳稅款承擔清償責任。

（5）欠繳稅款數額較大的納稅人在處分其不動產或者大額資產之前，應當向稅務機關報告。

（十）稅款的退還和追徵制度

（1）稅款的退還。納稅人超過應納稅額繳納的稅款，自結算繳納稅款之日起 5 年內可以向稅務機關要求退還多繳的稅款並加算銀行同期存款利息，稅務機關及時查實后應當立即退還；涉及從國庫中退庫的，依照法律、行政法規中有關國庫管理的規定退還。

稅務機關發現納稅人多繳稅款的，應當自發現之日起 10 日內辦理退還手續；納稅人發現多繳稅款，要求退還的，稅務機關應當自接到納稅人退還申請之日起 30 日內查實並辦理退還手續。

（2）稅款的追徵。因納稅人、扣繳義務人過失造成少報、少繳稅款的，稅務機關在 5 年內可以要求納稅人、扣繳義務人補繳稅款。

對未辦理納稅申報以及逃避繳納稅款、抗稅、騙稅的，稅務機關在 15 年內可以追徵其未繳或者少繳的稅款或者所騙取的稅款。

第四節　稅務檢查

稅務檢查是稅務機關根據稅收法律、行政法規的規定對納稅人、扣繳義務人履行納稅義務和扣繳義務的情況進行審查監督的活動。對稅務機關而言，通過稅務檢查有利於徵稅機關及時瞭解和發現納稅主體履行義務的情況及存在的問題，檢查稅收徵收管理的質量，有利於稅務機關對稅收徵收管理實行有效的控製。對納稅人而言，稅務檢查有利於其防微杜漸，增強依法納稅意識，提高其經營管理水平。

一、稅務檢查的職責

1. 稅務機關在履行稅額確認、稅務稽查及其他管理職責時有權進行下列稅務檢查：

（1）檢查納稅人的帳簿、會計憑證、報表和有關資料，檢查扣繳義務人代扣代繳、代收代繳稅款相關帳簿、會計憑證和有關資料。檢查自然人納稅人取得收入的單位與納稅相關的帳簿和資料。對實行計算機記帳的，有權進入相關應用系統，對電子會計資料進行檢查，納稅人應當按照稅務機關的要求提供數據接口和查詢權限；應用系統不能滿足檢查需要的，納稅人或者軟件所有人應當提供與應用系統相關的源代碼等軟件技術支持。

（2）到納稅人的生產、經營場所和貨物存放地檢查納稅人應納稅的商品、貨物或者其他財產，檢查扣繳義務人與代扣代繳、代收代繳稅款有關的經營情況。

（3）責成納稅人、扣繳義務人提供與納稅或者代扣代繳、代收代繳稅款有關的文件、證明材料和有關資料。

（4）詢問納稅人、扣繳義務人以及其他涉稅當事人與納稅或者代扣代繳、代收代繳稅款有關的問題和情況。

（5）到車站、碼頭、機場、郵政企業，及其分支機構檢查納稅人托運、郵寄應納稅商品、貨物或者其他財產。

（6）經縣以上稅務局（分局）局長批准，憑全國統一格式的檢查存款、匯款帳戶許可證明，查詢納稅人、扣繳義務人在銀行或者其他金融機構的存款、匯款及證券交易結算資金帳戶。稅務機關在調查稅收違法案件時，經設區的市、自治州以上稅務局（分局）局長批准，可以查詢案件涉嫌人員的存款、匯款及證券交易結算資金帳戶。稅務機關查詢所獲得的資料，不得用於稅收以外的用途。

（7）到網路交易平臺提供機構檢查網路交易情況，到網路交易支付服務機構檢查網路交易支付情況。

（8）到納稅人、扣繳義務人和納稅擔保人的財物受託人處檢查財物委託情況。

（9）檢查涉嫌取得虛假發票的非納稅單位和個人的發票使用情況。

（10）檢查未登記為生產、經營場所卻用於生產、經營的場所。

（11）到相關部門查詢、複製納稅人財產登記情況及身分信息。

2. 納稅人、扣繳義務人必須接受稅務機關依法進行的稅務檢查，如實反映情況，提供有關資料，不得拒絕、隱瞞。

3. 稅務機關依法進行稅務檢查時，有權向有關單位和個人調查納稅人、扣繳義務人和其他當事人與納稅或者代扣代繳、代收代繳稅款有關的情況，有關單位和個人有義務向稅務機關如實提供有關資料及證明材料。

4. 納稅人涉嫌逃避繳納稅款等稅收違法行為的，稅務機關應當立案查處。

稅務機關在調查稅收違法案件時，納稅人以鎖門、鎖櫃等方式隱藏涉稅證據或者財產、物品拒絕檢查的，經縣以上稅務局（分局）局長批准，可以強行進入納稅人生產、經營場所，或者對納稅人所持或者控製的涉稅財物、帳簿憑證、資料等強行開封、開鎖，實施強制檢查、調取證據。稅務機關實施強制檢查、調取證據，應當在公安機關協助和保護下進行，公安機關應當予以協助和保護。

對與案件有關的情況和資料，可以記錄、錄音、錄像、照相和複製。

5. 稅務機關派出的人員進行稅務檢查時，應當出示稅務檢查證和稅務檢查通知書，並有責任為被檢查人保守秘密；未出示稅務檢查證和稅務檢查通知書的，被檢查人有權拒絕檢查。

二、稅務檢查的形式和方法

(一) 稅務檢查的形式

（1）重點檢查。重點檢查指對公民舉報、上級機關交辦或有關部門轉來的有偷稅

行為或偷稅嫌疑的，納稅申報與實際生產經營情況有明顯不符的納稅人及有普遍逃稅行為的行業的檢查。

(2) 分類計劃檢查。分類計劃檢查指根據納稅人歷來納稅情況、納稅人的納稅規模及稅務檢查間隔時間的長短等綜合因素，按事先確定的納稅人分類、計劃檢查時間及檢查頻率而進行的檢查。

(3) 集中性檢查。集中性檢查指稅務機關在一定時間、一定範圍內，統一安排、統一組織的稅務檢查，這種檢查一般規模比較大，如以前年度的全國範圍內的稅收、財務大檢查就屬於這類檢查。

(4) 臨時性檢查。臨時性檢查指由各級稅務機關根據不同的經濟形勢、偷逃稅趨勢、稅收任務完成情況等綜合因素，在正常的檢查計劃之外安排的檢查。如行業性解剖、典型調查性的檢查等。

(5) 專項檢查。專項檢查指稅務機關根據稅收工作實際，對某一稅種或稅收徵收管理某一環節進行的檢查。比如增值稅一般納稅專項檢查、漏徵漏管戶專項檢查等。

(二) 稅務檢查的方法

稅務檢查方法是指稅務機關根據國家法律法規，對納稅義務人、扣繳義務人履行納稅義務、扣繳義務的情況進行檢查時，所採取的檢查順序、步驟、形式等程序的總稱。

稅務檢查方法包括全查法、抽查法、順查法、逆查法、現場檢查法、調帳檢查法、比較分析法、控製計算法、審閱法、核對法、觀察法、外調法、盤存法、交叉稽核法。

第五節　法律責任

一、違反稅務管理基本規定行為的法律責任

1. 納稅人有下列行為之一的，由稅務機關責令限期改正，可以處 2,000 元以下的罰款；情節嚴重的，處 2,000 元以上 1 萬元以下的罰款：

(1) 未按照規定的期限申報辦理稅務登記、變更或者註銷登記的；
(2) 未按照規定設置、保管帳簿或者保管會計憑證和有關資料的；
(3) 未按照規定將會計核算軟件、使用說明書及有關資料報送稅務機關備查的；
(4) 未按照規定將其全部銀行帳號向稅務機關報告的；
(5) 未按照規定安裝、使用稅控裝置，或者損毀或者擅自改動稅控裝置的；
(6) 未按照規定向稅務機關報送涉稅信息的。

2. 納稅人不辦理稅務登記的，由稅務機關責令限期改正；逾期不改正的，經稅務機關提請，由工商行政管理機關吊銷其營業執照。

3. 納稅人未按照規定使用稅務登記證件，或者轉借、塗改、損毀、買賣、偽造稅務登記證件的，處 2,000 元以上 1 萬元以下的罰款；情節嚴重的，處 1 萬元以上 5 萬元以下的罰款。

二、扣繳義務人違反帳簿、憑證管理的法律責任

扣繳義務人未按照規定設置、保管代扣代繳、代收代繳稅款帳簿或者保管代扣代繳、代收代繳稅款會計憑證及有關資料的，由稅務機關責令限期改正，可以處 2,000 元以下的罰款；情節嚴重的，處 2,000 元以上 5,000 元以下的罰款。

三、納稅人、扣繳義務人未按照規定進行納稅申報的法律責任

納稅人未按照規定的期限辦理納稅申報和報送納稅資料的，或者扣繳義務人未按照規定的期限向稅務機關報送代扣代繳、代收代繳稅款報告表和有關資料的，由稅務機關責令限期改正，可以處 2,000 元以下的罰款；情節嚴重的，可以處 2,000 元以上 1 萬元以下的罰款。

四、逃避繳納稅款的法律責任

納稅人採取欺騙、隱瞞手段進行虛假納稅申報或者不申報，逃避繳納稅款的，由稅務機關追繳其不繳或者少繳的稅款，並處不繳或者少繳的稅款 50% 以上三倍以下的罰款；涉嫌犯罪的，移送司法機關依法處理。

扣繳義務人採取前款所列手段，不繳或者少繳已扣、已收稅款，由稅務機關追繳其不繳或者少繳的稅款，並處不繳或者少繳稅款的 50% 以上三倍以下的罰款；涉嫌犯罪的，移送司法機關依法處理。

五、進行虛假申報或不進行申報行為的法律責任

納稅人、扣繳義務人編造虛假計稅依據的，由稅務機關責令限期改正，並處 5 萬元以下的罰款。

納稅人、扣繳義務人因過失違反稅收法律、行政法規，造成未繳或者少繳稅款的，稅務機關除按照規定追繳其未繳或者少繳的稅款外，並處未繳或者少繳稅款的 50% 以下的罰款。

納稅人、扣繳義務人自法律、行政法規規定或者稅務機關依照法律、行政法規的規定確定的申報繳納稅款期限屆滿之日起至稅務檢查前辦理修正申報，並繳納稅款的，處補繳稅款的 20% 以下的罰款。

六、欠稅的法律責任

納稅人、扣繳義務人欠繳應納稅款，採取轉移或者隱匿財產的手段，妨礙稅務機關追繳欠繳的稅款的，由稅務機關追繳欠繳的稅款，並處欠繳稅款 50% 以上三倍以下的罰款；涉嫌犯罪的，移送司法機關依法處理。

納稅人、扣繳義務人辦理了納稅申報或者稅務機關向納稅人、扣繳義務人送達了稅額確認通知書，但在規定期限內不繳或者少繳應納或者應解繳的稅款，經稅務機關責令限期繳納，逾期仍未繳納的，稅務機關除依照規定採取強制執行措施追繳其不繳或者少繳的稅款外，可以處不繳或者少繳的稅款 50% 以上三倍以下的罰款。納稅人有

特殊困難不能及時完全履行納稅義務的，稅務機關可以與納稅人達成執行協議，約定分階段履行；納稅人採取補救措施的，可以減免加處的罰款或者滯納金。

七、騙取出口退稅的法律責任

以假報出口或者其他欺騙手段，騙取國家出口退稅款，由稅務機關追繳其騙取的退稅款，並處騙取稅款一倍以上五倍以下的罰款；涉嫌犯罪的，移送司法機關依法處理。對騙取國家出口退稅款的，稅務機關可以在規定期間內停止為其辦理出口退稅。

八、欺騙手段取得稅收優惠資格的法律責任

納稅人以欺騙手段取得稅收優惠資格的，稅務機關應當取消其稅收優惠資格，並處 5 萬元以下的罰款；導致不繳或者少繳稅款的，依照本法第九十七條逃避繳納稅款規定處理。涉嫌犯罪的，移送司法機關依法處理。

稅務機關取消納稅人稅收優惠資格后，應當及時通知其登記管理機關。

九、抗稅的法律責任

以暴力、威脅方法拒不繳納稅款的，是抗稅，除由稅務機關追繳其拒繳的稅款外，並處 20 萬元以下的罰款；涉嫌犯罪的，移送司法機關依法處理。

十、扣繳義務人不履行扣繳義務的法律責任

扣繳義務人應扣未扣、應收而不收稅款的，由稅務機關向納稅人追繳稅款，對扣繳義務人處應扣未扣、應收未收稅款 50% 以上一倍以下的罰款。

十一、不配合稅務機關依法檢查的法律責任

納稅人、扣繳義務人逃避、拒絕或者以其他方式阻撓稅務機關檢查的，由稅務機關責令改正，可以處 1 萬元以下的罰款；情節嚴重的，處 1 萬元以上 5 萬元以下的罰款。

十二、違法發票管理的法律責任

偽造、變造發票的，由稅務機關沒收違法所得和作案工具，處 50 萬元以下的罰款；非法買賣、非法代開發票的，由稅務機關沒收違法所得，處 50 萬元以下的罰款；涉嫌犯罪的，移送司法機關依法處理。

虛構、虛增交易，開具或者接受與經營交易事實不符的發票或者抵扣列支憑證的，構成虛開發票。虛開發票的，處虛開稅額二倍以下罰款；涉嫌犯罪的，移送司法機關依法處理。

十三、有稅收違法行為而拒不接受稅務機關處理的法律責任

從事生產、經營的納稅人、扣繳義務人有本法規定的稅收違法行為，拒不接受稅務機關處理的，稅務機關可以收繳其發票或者停止向其發售發票。

十四、銀行及其他金融機構拒絕配合稅務機關依法執行職務的法律責任

納稅人、扣繳義務人的開戶銀行或者其他金融機構拒絕接受稅務機關依法檢查納稅人、扣繳義務人存款帳戶，或者拒絕執行稅務機關做出的凍結存款或者扣繳稅款的決定，或者在接到稅務機關的書面通知後幫助納稅人、扣繳義務人轉移存款，造成稅款流失的，由稅務機關處 10 萬元以上 50 萬元以下的罰款，對直接負責的主管人員和其他直接責任人員處 1,000 元以上 1,000 元以下的罰款。

負有提供涉稅信息協助義務和其他協助義務的納稅人、扣繳義務人以及其他有關單位和個人未按照本法規定履行提供涉稅信息和其他協助義務的，經稅務機關責令限期改正逾期仍不改正的，由稅務機關對其處 2,000 元以上 1 萬元以下的罰款；造成國家稅款重大損失的，處 10 萬元以下的罰款。

十五、稅務機關、稅務人員未依法執行職務的法律責任

（1）稅務機關違反規定擅自改變稅收徵收管理範圍和稅款入庫預算級次的，責令限期改正，對直接負責的主管人員和其他直接責任人員依法給予警告、記過或者記大過的處分；情節嚴重的，給予降級、撤職或者開除的處分。

（2）稅務人員徇私舞弊，對依法應當移交司法機關追究刑事責任的不移交的，依法給予處分；情節嚴重涉嫌犯罪的，移送司法機關依法處理。

（3）稅務機關、稅務人員查封、扣押納稅人個人及其所扶養家屬維持生活必需的住房和用品的，責令退還，依法給予處分；涉嫌犯罪的，移送司法機關依法處理。

（4）稅務人員與納稅人、扣繳義務人勾結，唆使或者協助納稅人、扣繳義務人有違反本法規定的行為的，依法給予處分；涉嫌犯罪的，移送司法機關依法處理。

（5）稅務人員利用職務上的便利，收受或者索取納稅人、扣繳義務人財物或者謀取其他不正當利益的，依法給予處分；涉嫌犯罪的，移送司法機關依法處理。

（6）稅務人員徇私舞弊或者玩忽職守，不徵或者少徵應徵稅款，致使國家稅收遭受重大損失的，依法給予處分；涉嫌犯罪的，移送司法機關依法處理。

（7）稅務人員濫用職權，故意刁難納稅人、扣繳義務人的，調離稅收工作崗位，並依法給予處分。

（8）稅務人員對控告、檢舉稅收違法違紀行為的納稅人、扣繳義務人以及其他檢舉人進行打擊報復的，依法給予處分；涉嫌犯罪的，移送司法機關依法處理。

（9）違反法律、行政法規的規定提前徵收、延緩徵收或者攤派稅款的，由其上級機關或者行政監察機關責令改正，對直接負責的主管人員和其他直接責任人員依法給予處分。

（10）違反法律、行政法規的規定，擅自做出稅收的開徵、停徵或者減稅、免稅、退稅、補稅以及其他同稅收法律、行政法規相抵觸的決定的，除依照本法規定撤銷其擅自做出的決定外，補徵應徵未徵稅款，退還不應徵收而徵收的稅款，並由上級機關和行政監察機關對於直接負責的主管人員和其他直接責任人員給予處分；涉嫌犯罪的，移送司法機關依法處理。

(11) 稅務人員在徵收稅款或者查處稅收違法案件時，未按照本法規定進行迴避的，對直接負責的主管人員和其他直接責任人員，依法給予處分。

(12) 未按照本法規定為納稅人、扣繳義務人、檢舉人保密的，對直接負責的主管人員和其他直接責任人員，由所在單位或者有關單位依法給予處分。

此外，行政處罰，罰款額在 5,000 元以下的，可以由縣以下稅務分局、稅務所決定。

本章小結

思考與練習題

一、單項選擇題

1.《稅收徵管法》及其實施細則規定，從事生產、經營的納稅人應當自領取（　　）之日起 15 日內，設置帳簿。

　　A. 稅務登記證　　　B. 發票領購簿　　　C. 營業執照　　　C. 財務專用章

2. 查定徵收一般適用於（　　）。

　　A. 經營品種比較單一、經營地點、時間和商品來源不固定的納稅單位

　　B. 無完整考核依據的小型納稅單位

　　C. 小額、零散稅源的徵收

　　D. 帳冊不夠健全，但是能夠控製原材料或進銷貨的納稅單位

3. 稅務檢查的形式有（　　）。

　　A. 不定項檢查　　　B. 全部檢查　　　C. 抽取樣本檢查　　　D. 重點檢查

4. 某城市稅務分局對轄區內一家內資企業進行稅務檢查時，發現該企業故意少繳營業稅 58 萬元，遂按相關執法程序對該企業做出補繳營業稅、城建稅並加收滯納金（滯納時間 50 天）和罰款（與各自的稅款等額）的處罰決定。該企業於當日接受了稅務機關的處罰，補繳的營業稅、城建稅及滯納金、罰款合計為（　　）。

　　A. 1,215,100 元　　　B. 1,216,115 元　　　C. 1,241,200 元　　　D. 1,256,715 元

5. 納稅人被工商行政管理機關吊銷營業執照的，應當自營業執照被吊銷之日起（　　）日內，向稅務機關申請辦理註銷登記。

　　A. 10　　　B. 15　　　C. 20　　　D. 30

二、多項選擇題

1. 根據《稅收徵管法》規定，下列屬於稅收保全措施的有（　　）。
   A. 書面通知納稅人開戶銀行或者其他金融機構凍結納稅人的金額相當於應納稅款的存款
   B. 扣押、查封納稅人的價值相當於應納稅款的商品、貨物或者其他財產，以拍賣所得抵繳稅款
   C. 書面通知納稅人開戶銀行或者其他金融機構從其存款中扣繳稅款
   D. 扣押、查封納稅人的價值相當於應納稅款的商品、貨物或者其他財產

2. 稅務機關徵收稅款的方式有（　　）。
   A. 查帳徵收　　　B. 查驗徵收　　　C. 查定徵收　　　D. 定期定額徵收

3. 稅務檢查方法有（　　）。
   A. 全查法　　　B. 抽查法　　　C. 審閱法　　　D. 順查法

4. 除按照規定不需要發給稅務登記證件的外，納稅人辦理下列（　　）事項時，必須持稅務登記證件。
   A. 開立銀行帳戶　　　　　　B. 納稅申報
   C. 領購發票　　　　　　　　D. 繳納稅款

5. 下列各項中，不適用《稅收徵收管理法》的是（　　）。
   A. 關稅　　　　　　　　　　B. 海關代徵的消費稅
   C. 房產稅　　　　　　　　　D. 教育費附加

第十三章練習題答案　　　　　　　　【案例分析】

參考文獻

1. 中國註冊會計師協會. 稅法 [M]. 北京：經濟科學出版社，2015.
2. 徐孟洲. 稅法原理 [M]. 北京：中國人民大學出版社，2008.
3. 李曉紅. 稅法 [M]. 北京：清華大學出版社，北京交通大學出版社，2009.
4. 馬海濤. 中國稅制 [M]. 4 版. 北京：中國人民大學出版社，2009.
5. 全國註冊稅務師執業資格考試教材編寫組. 稅法 [M]. 北京：中國稅務出版社，2010.
6. 蘇春林. 稅法與納稅操作 [M]. 2 版. 北京：中國人民大學出版社，2008.
7. 瞿炎辰. 中國稅制 [M]. 上海：華東理工大學出版社，2009.
8. 裴淑紅，原曉青. 稅法 [M]. 北京：化學工業出版社，2009.
9. 高金平. 最新稅收政策疑難解析 [M]. 北京：中國財政經濟出版社，2009.
10. 楊則文. 稅收實務 [M]. 北京：機械工業出版社，2009.
11. 谷成. 中國稅制 [M]. 北京：清華大學出版社，2010.
12. 曹利. 企業納稅實務 [M]. 北京：機械工業出版社，2009.
13. 劉穎. 2015 年註冊會計師考試應試指導及全真模擬測試《稅法》[M]. 北京：經濟科學出版社，2015.
14. 國家稅務總局網. www.chinatax.gov.cn.
15. 中國稅務網. www.ctax.gov.cn.
16. 中國稅務報電子版. www.ctaxnews.net.cn.

國家圖書館出版品預行編目(CIP)資料

中國稅收理論與實務 / 鄭劭 主編. -- 第四版.
-- 臺北市：崧博出版：崧燁文化發行, 2018.09

　面　；　公分

ISBN 978-957-735-472-3(平裝)

1.稅務 2.稅收 3.中國

567.92　　　107015212

書　名：中國稅收理論與實務
作　者：鄭劭 主編
發行人：黃振庭
出版者：崧博出版事業有限公司
發行者：崧燁文化事業有限公司
E-mail：sonbookservice@gmail.com
粉絲頁　　　　　網　址：
地　址：台北市中正區重慶南路一段六十一號八樓 815 室
8F.-815, No.61, Sec. 1, Chongqing S. Rd., Zhongzheng Dist., Taipei City 100, Taiwan (R.O.C.)
電　話：(02)2370-3310　傳　真：(02) 2370-3210
總經銷：紅螞蟻圖書有限公司
地　址：台北市內湖區舊宗路二段 121 巷 19 號
電　話：02-2795-3656　傳真：02-2795-4100　網址：
印　刷：京峯彩色印刷有限公司（京峰數位）

　本書版權為西南財經大學出版社所有授權崧博出版事業有限公司獨家發行
　電子書繁體字版。若有其他相關權利及授權需求請與本公司聯繫。

定價：500 元
發行日期：2018 年 9 月第四版
◎ 本書以POD印製發行